Intermediate Financial Accounting

中级财务会计

崔文娟 □ 编著

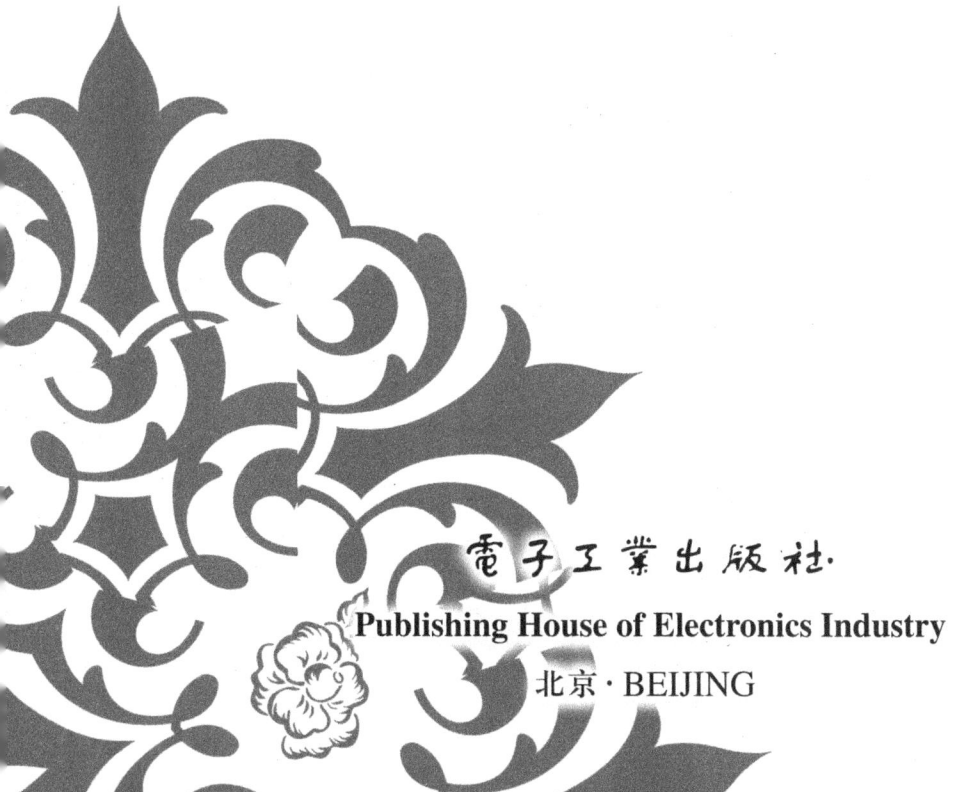

电子工业出版社
Publishing House of Electronics Industry
北京·BEIJING

内 容 简 介

本书以最新的会计准则、税率为基础，主要介绍了财务会计的基本理论，金融资产核算业务，货币资金的核算，存货核算业务，长期股权投资核算业务，固定资产、无形资产、投资性房地产核算业务，流动负债与非流动负债核算业务，所有者权益核算业务，收入、费用与利润核算业务，所得税会计，财务报表及附注等。

本书适合全国高校会计专业的高年级本科生、研究生，以及实际从事会计工作的人员学习与使用。

未经许可，不得以任何方式复制或抄袭本书之部分或全部内容。
版权所有，侵权必究。

图书在版编目（CIP）数据

中级财务会计 / 崔文娟编著. —北京：电子工业出版社，2020.12
ISBN 978-7-121-40127-5

I. ①中⋯ II. ①崔⋯ III. ①财务会计—高等学校—教材 IV. ①F234.4

中国版本图书馆 CIP 数据核字(2020)第 242281 号

责任编辑：石会敏
印　　刷：北京虎彩文化传播有限公司
装　　订：北京虎彩文化传播有限公司
出版发行：电子工业出版社
　　　　　北京市海淀区万寿路 173 信箱　　邮编：100036
开　　本：787×1092　1/16　印张：18.5　字数：494.4 千字
版　　次：2020 年 12 月第 1 版
印　　次：2023 年 3 月第 3 次印刷
定　　价：55.00 元

凡所购买电子工业出版社图书有缺损问题，请向购买书店调换。若书店售缺，请与本社发行部联系，联系及邮购电话：(010)88254888，88258888。

质量投诉请发邮件至 zlts@phei.com.cn，盗版侵权举报请发邮件至 dbqq@phei.com.cn。
本书咨询联系方式：738848961@qq.com。

前　言

中级财务会计是会计学专业的核心课程，是连接会计学原理与高级财务会计的桥梁与纽带，也是解读企业经营活动内核的一门重要课程。本教材根据我国最新的《企业会计准则》并结合《国际财务报告准则》，介绍如何将企业的主要经济业务转换为会计语言，通过确认、计量和报告，以财务报表的形式输出，提供管理者受托责任履行情况的说明并为企业的利益相关者提供对决策有用的信息，为财务、金融、审计等相关工作提供信息基础。

本教材为北京科技大学 2019 年度立项的校级规划教材，在内容组织和结构编排上争取做到深入浅出、融会贯通。全书分为 13 章，主要内容包括概论，金融资产，货币资金和应收项目，存货，长期股权投资，固定资产，无形资产，投资性房地产，负债，所有者权益，收入、费用与利润，所得税会计和财务报表。

与本教材配套的视频课程已于2019年9月上线中国大学MOOC平台，在2019年9月至2020年12月三次开课期间选课人数达 15 000 余人，受到学员的高度评价，预期以后的每个学期都将在该平台开课一次，平台上不仅有相应的视频课程供学员学习，而且有配套的讲义、练习和章节测试等供学员预习、复习。

本教材从编写立项、结构安排到具体写作的每个环节，都得到电子工业出版社石会敏编辑的通力支持与帮助，在此表示衷心的感谢！

对于本教材中可能存在的不足甚至错误，恳请老师、同学和各位读者朋友不吝指正。

本书主要作为普通高等教育经济管理类专业教材，也可供相关专业人员参考。

编者

目 录

第一章 概论 ································· 1
  本章学习提示 ····························· 1
  第一节 财务会计目标 ····················· 2
    一、财务会计与管理会计的联系与区别 ································· 2
    二、财务会计的目标 ····················· 3
  第二节 财务会计的基本假设 ············· 3
    一、会计主体假设 ······················· 4
    二、持续经营假设 ······················· 4
    三、会计分期假设 ······················· 4
    四、货币计量假设 ······················· 5
  第三节 财务会计信息质量要求 ·········· 5
  第四节 财务会计要素 ····················· 7
    一、资产 ··································· 8
    二、负债 ··································· 8
    三、所有者权益 ·························· 9
    四、收入 ··································· 9
    五、费用 ································· 10
    六、利润 ································· 10
  第五节 财务会计要素的确认与计量 ··· 11
    一、财务会计要素的确认 ············· 11
    二、财务会计要素的计量 ············· 11
  思考题 ······································· 13

第二章 金融资产 ··························· 14
  本章学习提示 ···························· 14
  第一节 金融资产概述 ··················· 15
    一、金融资产的定义 ··················· 15
    二、金融资产的分类 ··················· 15
  第二节 以摊余成本计量的金融资产 ··· 17
  第三节 以公允价值计量且其变动计入其他综合收益的金融资产 ··· 24
  第四节 以公允价值计量且其变动计入当期损益的金融资产 ··· 28
  第五节 金融资产的重分类 ············· 30
    一、金融资产重分类的原则 ·········· 30
    二、金融资产重分类的计量 ·········· 31
  思考题 ······································· 35
  练习题 ······································· 35

第三章 货币资金与应收项目 ············· 37
  本章学习提示 ···························· 37
  第一节 货币资金 ························· 38
    一、库存现金 ···························· 38
    二、银行存款 ···························· 41
    三、其他货币资金 ······················ 45
  第二节 应收票据 ························· 47
    一、应收票据的分类 ··················· 47
    二、应收票据的计价 ··················· 47
  第三节 应收账款 ························· 50
    一、应收账款的确认 ··················· 50
    二、应收账款的计价 ··················· 50
    三、应收账款坏账 ······················ 52
  第四节 预付账款与其他应收款 ······· 55
    一、预付账款 ···························· 55
    二、其他应收款 ························· 56
  思考题 ······································· 57
  练习题 ······································· 57

第四章 存货 ································· 59
  本章学习提示 ···························· 59
  第一节 存货的内涵及分类 ············· 60

一、存货的定义及确认条件………… 60
　　二、存货的分类……………………… 61
　　三、存货管理的重要性……………… 61
第二节　存货的初始计量…………………… 62
　　一、外购存货………………………… 62
　　二、委托加工存货…………………… 64
　　三、自制存货………………………… 65
　　四、投资者投入的存货……………… 66
　　五、接受捐赠的存货………………… 67
　　六、盘盈的存货……………………… 67
第三节　存货发出的核算…………………… 67
　　一、存货发出的计价方法…………… 68
　　二、存货发出的账务处理…………… 70
第四节　存货的期末计量…………………… 70
　　一、存货期末计量的原则…………… 70
　　二、存货的减值迹象………………… 70
　　三、可变现净值的确定……………… 71
　　四、存货跌价准备的计提…………… 72
第五节　计划成本法………………………… 72
　　一、计划成本法的科目设置………… 72
　　二、计划成本法的日常核算………… 73
第六节　存货的盘点………………………… 75
　　一、存货的盘存制度………………… 75
　　二、存货清查处理程序……………… 75
　　三、存货盘盈、盘亏的处理………… 76
思考题…………………………………………… 77
练习题…………………………………………… 77

第五章　长期股权投资………………………… 79
本章学习提示…………………………………… 79
第一节　长期股权投资概述………………… 80
　　一、长期股权投资的含义…………… 80
　　二、长期股权投资的范围…………… 80
第二节　长期股权投资的初始计量… 81
　　一、企业合并形成的长期股权投资… 81
　　二、非企业合并方式形成的长期
　　　　股权投资………………………… 84

第三节　长期股权投资的后续计量… 85
　　一、长期股权投资的成本法………… 85
　　二、长期股权投资的权益法………… 86
　　三、长期股权投资的减值…………… 91
第四节　长期股权投资核算方法的
　　　　转换……………………………… 92
　　一、因增资造成的权益法转成本法的核算· 92
　　二、因减资造成的成本法转权益法的
　　　　核算……………………………… 93
思考题…………………………………………… 95
练习题…………………………………………… 96

第六章　固定资产……………………………… 98
本章学习提示…………………………………… 98
第一节　固定资产概述……………………… 99
　　一、固定资产的定义………………… 99
　　二、固定资产的特点………………… 99
　　三、固定资产的分类………………… 99
　　四、固定资产的确认条件…………… 100
第二节　固定资产的初始计量……………… 101
　　一、外购的固定资产………………… 101
　　二、自行建造的固定资产…………… 104
　　三、投资者投入的固定资产………… 106
　　四、接受捐赠的固定资产…………… 106
　　五、租入的固定资产………………… 107
　　六、取得存在弃置义务的固定
　　　　资产……………………………… 108
第三节　固定资产的后续计量……………… 109
　　一、固定资产折旧…………………… 109
　　二、固定资产的折旧方法及账务
　　　　处理……………………………… 110
　　三、固定资产的后续支出…………… 112
第四节　固定资产的处置…………………… 114
　　一、处置固定资产的账务处理……… 114
　　二、持有待售资产…………………… 115
第五节　固定资产的期末计量……………… 117
思考题…………………………………………… 119

练习题……………………………119

第七章　无形资产……………………120
本章学习提示…………………………120
第一节　无形资产概述………………121
一、无形资产的定义与特征…………121
二、无形资产的具体内容……………121
三、无形资产的分类…………………122
四、无形资产的确认条件……………123
第二节　无形资产的初始计量………123
一、外部取得的无形资产……………123
二、内部研究与开发的无形资产……125
第三节　无形资产的后续计量………127
一、估计无形资产使用寿命应当考虑的相关因素…………………………127
二、无形资产的摊销…………………128
三、无形资产的减值…………………128
第四节　无形资产的出租与处置……129
一、无形资产的出租…………………129
二、无形资产的处置…………………129
思考题…………………………………130
练习题…………………………………131

第八章　投资性房地产………………132
本章学习提示…………………………132
第一节　投资性房地产概述…………133
一、投资性房地产的定义及其特征…………………………………133
二、投资性房地产的范围……………133
三、投资性房地产的后续计量模式…………………………………134
第二节　投资性房地产的确认与初始计量…………………………134
一、投资性房地产的确认……………134
二、投资性房地产的初始计量………134
第三节　投资性房地产的后续计量…………………………135
一、采用成本模式后续计量…………135

二、采用公允价值模式后续计量……136
三、投资性房地产后续计量模式的变更……………………………137
四、与投资性房地产有关的后续支出……………………………139
第四节　投资性房地产的转换………140
一、房地产转换形式…………………140
二、投资性房地产转换日的确定……140
三、投资性房地产转换的账务处理……………………………140
第五节　投资性房地产的处置………143
思考题…………………………………145
练习题…………………………………145

第九章　负债……………………………147
本章学习提示…………………………147
第一节　负债概述………………………148
一、负债的定义………………………148
二、负债的分类………………………148
第二节　流动负债………………………148
一、流动负债的分类…………………148
二、短期借款…………………………149
三、以公允价值计量且其变动计入当期损益的金融负债……………150
四、应付账款…………………………151
五、应付票据…………………………152
六、合同负债…………………………153
七、应付职工薪酬……………………153
八、应交税费…………………………157
第三节　非流动负债……………………172
一、长期借款…………………………172
二、应付债券…………………………173
三、长期应付款………………………175
四、或有事项…………………………175
五、借款费用资本化…………………178
思考题…………………………………182
练习题…………………………………182

第十章 所有者权益 183
本章学习提示 183
第一节 所有者权益概述 184
一、企业的组织形式 184
二、所有者权益的内涵 186
第二节 实收资本与资本公积 187
一、概念界定 187
二、账务处理 189
第三节 其他权益工具与其他综合收益 191
一、其他权益工具 191
二、其他综合收益 192
第四节 留存收益 194
一、留存收益的定义 194
二、利润分配的账务处理 194
第五节 股利分派与股票分割 196
一、股利分派 196
二、股票分割 199
思考题 200
练习题 200

第十一章 收入、费用与利润 201
本章学习提示 201
第一节 收入的内涵 202
第二节 收入的确认与计量 203
一、识别与客户订立的合同 203
二、识别单项履约义务 205
三、确定交易价格 206
四、将交易价格分摊至各单项履约义务 208
五、履行每一单项履约义务时确认收入 210
第三节 具体收入的确认与计量 213
一、一般销售商品业务的账务处理 213
二、委托代销业务 214
三、分期收款销售 216
四、附有客户额外购买选择权的销售 217

五、附有销售退回条件的销售 218
第四节 费用 219
一、管理费用 219
二、销售费用 220
三、财务费用 221
第五节 利润 222
一、利润的定义 222
二、利润的构成 222
三、净利润的结转与分配 223
思考题 224
练习题 224

第十二章 所得税会计 226
本章学习提示 226
第一节 所得税会计概述 227
一、纳税影响会计法 227
二、资产负债表债务法的一般程序 229
第二节 资产、负债的计税基础及暂时性差异 230
一、资产与负债的计税基础 230
二、暂时性差异 230
三、具体资产项目的暂时性差异分析 232
四、具体负债项目的暂时性差异 236
五、特殊项目产生的暂时性差异 237
第三节 递延所得税负债及递延所得税资产的确认 238
一、递延所得税负债的确认和计量 238
二、递延所得税资产的确认和计量 239
三、适用税率变化对已确认递延所得税资产和递延所得税负债的影响 241
第四节 所得税费用的确认与计量 241
一、所得税费用的概念 241
二、当期所得税 242
三、递延所得税 242
四、所得税费用的计量 242

第五节 资产负债表债务法的一般
　　　　核算程序……………………243
　　一、资产负债表债务法的一般核算
　　　　程序概述……………………243
　　二、资产负债表债务法下既有永久性
　　　　差异又有暂时性差异时的会计
　　　　处理…………………………244
　思考题……………………………247
　练习题……………………………247

第十三章 财务报表……………………249
　本章学习提示……………………249
　第一节 财务报表概述………………250
　　一、财务报表体系……………250
　　二、财务报表的分类…………250
　　三、财务报表编制的质量要求…251
　第二节 资产负债表…………………252
　　一、资产负债表的格式和内容…252
　　二、资产负债表的作用………254
　　三、资产负债表的局限性……254
　　四、资产负债表的资料来源…255
　　五、资产负债表各项目的填列方法·256

第三节 利润表………………………260
　　一、利润表的格式和内容……261
　　二、利润表的编制方法………261
　　三、利润表的编制要求………264
第四节 现金流量表…………………266
　　一、现金的概念………………266
　　二、现金流量的分类…………266
　　三、现金流量表的格式与内容……267
第五节 所有者权益变动表…………276
　　一、所有者权益变动表的结构和
　　　　内容…………………………276
　　二、所有者权益变动表的结构及编制
　　　　方法…………………………276
第六节 财务报表附注………………278
　　一、财务报表附注的性质及作用……278
　　二、财务报表附注的内容……278
第七节 财务报表的审计……………281
　　一、财务报表审计的委托人…281
　　二、审计报告的作用…………281
　　三、注册会计师出具的审计报告……282
思考题………………………………285

第一章 概 论

本章学习提示

学习内容：

通过本章的学习，了解财务会计的目标以及其与管理会计的区别与联系；理解财务会计的基本假设；掌握财务会计信息质量要求和财务会计的基本要素等。

学习要点：

1. 财务会计的目标；
2. 四个会计基本假设；
3. 八个会计信息质量要求；
4. 六个会计要素；
5. 会计计量属性。

第一节 财务会计目标

一、财务会计与管理会计的联系与区别

财务会计和管理会计是会计学的两个分支，也是会计信息系统的两个基本的子系统。两者的核算对象相同，从总体上讲都是企业的经济活动；两者的信息源相同，均来源于企业经济活动的原始信息；货币计量单位提供的财务信息也有重叠部分，只是两者对同源信息进行加工整理所运用的方法不同，服务于信息需求的对象不同。两者的差别主要体现在以下几个方面：

1. 使用者不同

财务会计主要为企业外部利益相关者的投资决策和监督提供信息服务，也称为外部会计。它通过对企业日常发生的经济活动进行记录、整理和汇总，形成相关凭证、账簿并定期编制财务报告等，为企业内外部各利益相关者提供企业财务状况、经营成果和现金流量等信息。

管理会计主要为企业内部管理人员的经营决策提供信息服务，也称为内部会计。它通过应用一系列特定的理论概念和专门的技术方法对源于财务会计、统计和生产经营业务等方面的相关数据进行加工、处理、分析、整合，为企业内部管理层面提供有效经营和优化决策等信息，以便他们更好地制定经营决策，编制计划、预算和实施控制考核。

2. 使用目的不同

财务会计一般是对企业过去已经发生的经济事项进行事后的记录和汇总，监督和评价已经发生的经营活动，考核经营者过去的业绩。

管理会计在决策时也会使用已经发生的信息，但它不是为了说明过去，而是将其作为控制和考评现在、预测未来的依据。管理会计面向未来的特点，不但提高了企业经济活动的预见性和计划性，也增强了管理会计参与企业决策和业绩评价的功能。

3. 限制不同

财务会计对外提供报告时必须严格遵守企业会计准则，按照会计原则和会计程序处理日常经济事项，其会计核算的方法前后各期也要保持一致，不得随意变更。如需变更必须及时在财务报告中说明变更的情况，如变更的原因以及变更对利润的影响数额等。会计信息披露过程中如果违反了相关的法律和法规，需要承担相应的法律责任。

管理会计不存在统一的标准或固定的规范和依据，不受企业会计准则的影响，并且管理会计提供的信息一般不负法律责任。

4. 精确程度不同

财务会计反映的是过去发生的经济活动，其注重的是可证实性和货币性信息，因此财务会计对其提供的信息的精确度要求很高。

相对财务会计，管理会计主要以企业未来发生的经济行为作为信息加工的对象，其生成的信息是面向未来的。由于影响未来经济活动的不确定因素较多，加之管理会计对信息时效性的要求较高，所以管理会计提供的信息是相对精确的。

5. 提供信息的时效不同

财务会计信息是历史记录的汇总，并且报告可推迟。例如，中国某上市公司可以在会计年度结束四个月内披露财务报告。管理会计则提供当前和未来导向的信息，为决策提供及时的依据。

二、财务会计的目标

纵观会计理论界对财务会计目标的研究，归纳起来主要有两大流派，即受托责任派和决策有用派。

受托责任派认为，会计的目标是以适当的方式有效反映受托人的受托责任及履行情况。换言之，会计应向委托人报告受托人的经营活动及成果并以反映经营业绩和评价为中心。其依据是资源所有者将资源的经营管理权授予受托人，同时通过相关的法规、合约和惯例等来激励和约束受托人的行为，受托人接受委托，对资源进行有效管理和经营，并通过向资源提供者如实报告资源的受托情况来解除其受托责任。受托责任派强调会计信息的可靠性，在重视资产负债表的基础上格外重视利润表。

决策有用派认为，会计的目标是向会计信息使用者提供对其决策有用的信息。换言之，会计应当为现在的和潜在的投资者、债权人及其他信息使用者提供有利于投资和信贷决策等信息。其依据是资源的所有权和经营权分离后，在资本市场介入的情况下，资源所有者对受托资源有效管理的关注程度会降低，转而更为关注所投资的企业在资本市场上的风险与报酬。决策有用派强调会计信息的相关性，即要求信息具有预测价值、反馈价值和及时性，更关注企业未来的现金流量表。

中国《企业会计准则——基本准则》第四条规定：企业应当编制财务会计报告（又称财务报告）。财务会计报告的目标是向财务会计报告使用者提供与企业财务状况、经营成果和现金流量等有关的会计信息，反映企业管理层受托责任履行情况，有助于财务会计报告使用者做出经济决策。财务会计报告使用者包括投资者、债权人、政府及其有关部门和社会公众等。从这一规定中可见中国财务报告的目标体现了两种观点的融合。

第二节　财务会计的基本假设

财务会计的基本假设是财务会计赖以存在的经济、政治和社会环境的基本前提，是更为基础和理论性的概念，一般在会计实践中长期奉行，无须证明便为人们所接受，是从事会计工作、研究会计问题的前提。具体而言，财务会计的基本假设是财务会计进行确认、计量和报告的前提，是对会计核算所处的时间、空间环境等所做的合理设定，包括会计主体、持续经营、会计分期和货币计量四种会计假设。

一、会计主体假设

会计主体是指财务会计为之服务的特定单位或组织,是会计确认、计量、记录和报告的空间范围。为了向财务报告使用者反映企业财务状况、经营成果和现金流量,提供与其决策有用的信息,会计核算和财务报告的编制集中反映特定对象的活动,并将特定对象与其他经济实体进行区别,才能实现财务报告的目标。

会计主体不同于法律主体。会计主体是会计核算和监督的组织,只要是独立核算的单位都是一个会计主体,如一个公司、一个商店、一个车间、一个家庭都可以成为一个会计主体。法律主体是指法律关系的参加者,只有那些在法律上具有独立法人资格的组织和单位才能成为法律主体,并在法律关系中享有权利且承担义务。

一般而言,一个法律主体是一个会计主体。因为只要是一个法律主体,无论其规模多大,也无论其采取什么样的企业组织形式,都要有自己的会计工作,进而成为一个独立的会计主体。但一个会计主体不一定是一个法律主体。例如,在企业集团一个母公司拥有若干个子公司,企业集团在母公司的统一领导下开展经营活动。母子公司虽然是不同的法律主体(母子公司都是会计主体),但为了全面地反映企业集团的财务状况、经营成果和现金流量,有必要将这个企业集团作为一个会计主体,编制合并会计报表(此处的企业集团不是一个法律主体)。又如,独立核算的生产车间、销售部门也可以作为一个会计主体来反映其财务状况,但它们都不是法律主体。

会计主体的经济活动还应与会计主体所有者的个人活动区分开。

二、持续经营假设

持续经营是指在可预见的将来,企业会按当前的规模和状态经营,不会面临破产清算的风险。如果不存在明显的反证,一般都认为企业将无限期地经营下去。这里的反证指企业的经营将在可以预计的时刻结束,如合同规定的经营期满、企业资不抵债而濒临破产清算等情况。

之所以要对企业的持续经营做出假定,主要的原因是如果缺乏这项假设,会计核算的许多原则(如权责发生制)将不能应用。另一个原因是企业在持续经营的状态下和处于清算的状态时所采纳的会计处理是不同的,如对固定资产在持续经营下采纳实际成本法,而在清算状态下采取公允价值如市价、评估价值等;对于在持续经营下的财务报表中存在的一些本期支出,收益期间延伸至以后各期间的预付性费用,如长期待摊费用在清算状态下的财务报表中将不复存在,因为它们并不代表任何的支付能力。

三、会计分期假设

会计分期是指将一个企业持续经营的生产经营活动划分为多个连续的、长短相同的期间。会计分期的目的在于通过会计期间的划分,据以结算盈亏,按期编制财务报告,及时向财务报告使用者提供企业的财务状况、经营成果和现金流量等信息。

《中华人民共和国会计法》第十一条规定：会计年度自公历1月1日起至12月31日止。会计年度根据国家的不同情况而定，可以采用历年制，即从每年1月1日起至12月31日止为一个会计年度；也可以不采用历年制，如瑞典、澳大利亚等国家采用7月制，从每年7月1日起至下年6月30日止为一个会计年度；加拿大、英国等国家采用4月制，即从每年4月1日起至下年3月31日止为一个会计年度；美国等国家采用10月制，即从每年10月1日起至下年9月30日止为一个会计年度。

会计期间除了年度，还有月度、季度和半年度。小于一个完整会计年度的报告期间称为会计中期。

四、货币计量假设

货币计量是指会计主体在会计核算过程中采用货币作为主要计量单位，记录并反映会计主体的经营情况。企业使用的计量单位较多，为了全面且综合地反映企业的生产经营活动，会计核算客观上需要统一的计量单位作为计量尺度。货币作为商品的一般等价物，用以计量资产、负债、所有者权益、收入、费用和利润。因此，会计必须以货币计量作为前提。需要说明的是，其他计量单位，如实物计量单位、劳动工时等，在会计核算中也可以使用，但不占主要地位。

在中国，企业需对所有经济业务采用同一种货币作为统一尺度来进行计量。若企业的经济业务有两种以上的货币计量，应该选用一种作为基准，称为记账本位币。记账本位币以外的货币称为外币。《中华人民共和国会计法》第十二条规定：会计核算以人民币为记账本位币。业务收支以人民币以外的货币为主的单位，可以选定其中一种货币作为记账本位币，但是编报的财务会计报告应当折算为人民币。

需要注意的是，货币计量假设的同时要假定币值稳定，因为只有在币值稳定或相对稳定的情况下，不同时间点的资产的价值才有可比性，不同期间的收入和费用才能进行比较，并计算确定其经营成果，会计核算提供的会计信息才能真实反映会计主体的经济活动情况。

综上所述，会计核算的四项基本假设具有相互依存、相互补充的关系。会计主体假设限定了会计核算的空间范围；持续经营假设限定了会计核算的计量基础；会计分期假设限定了会计核算的时间范围；货币计量假设限定了会计核算的计量单位。

第三节　财务会计信息质量要求

财务会计信息质量要求是企业财务会计报告提供高质量会计信息的基本规范。主要包括可靠性、相关性、可理解性、可比性、实质重于形式、重要性、谨慎性和及时性。

1. 可靠性

可靠性也称为客观性或真实性，是对会计信息质量的一项基本要求。会计信息是国家宏观经济管理部门、投资者、债权人、企业经营者等进行决策的重要依据，真实的会计信息能够使之做出正确的决策，虚假的、扭曲的会计信息会使之做出错误的决策。因此，该原则要求会计核算的各个环节、各个方面(凭证、账簿、报表等)必须真实，不得虚构和造假。

在会计实务中，有些数据只能根据会计人员的经验和对未来的预测进行计算。如固定资产折旧年限的确定、预期信用损失发生的金额等，都会受到个人主观意志的影响。不同的会计人员对同一经济业务的处理出现不同的计量结果是在所难免的。但是，会计人员应在统一的标准下将可能发生的误差降到最低程度，以保证会计信息的可靠性。

2. 相关性

相关性又称有用性，要成为有用的信息，必须与使用者的决策需求相关。当信息通过帮助使用者评估过去、现在或将来的事项，影响使用者的经济决策时，信息就具有相关性。或者信息能帮助使用者验证过去所做的预测或评价，也说明信息具有相关性。

不同的会计信息使用者其信息需求并不完全一致，有的差异会很大。相关性并不是要求企业提供的会计信息完全满足所有会计信息使用者的要求，这几乎是不可能的。相关性要求只能是提供通用的会计信息，使用者通过对通用会计信息进行加工整理，才能够得到其所需要的会计信息。

3. 可理解性

可理解性也称明晰性，是对会计信息质量的一项重要要求。提供会计信息的目的在于使用，要使用就必须让使用者理解会计信息的内涵，明确会计信息的内容。信息能否被使用者所理解，取决于信息本身是否易懂，也取决于使用者理解信息的能力。可理解性要求会计人员尽可能传递表达易被人理解的会计信息，而使用者也应设法提高自身的综合素质，以增加理解会计信息的能力。

4. 可比性

可比性包括两方面的含义：同一企业在不同时期的会计信息纵向可比；不同企业在同一时期的会计信息横向可比。按可比性要求，同一企业不同时期发生的相同或相似的交易或事项，应当采用前后一致的会计政策，不得随意变更。需要变更的，应当在财务报告附注中加以说明。不同企业发生的相同或相似的交易或事项，应当采用规定的会计政策，确保会计信息口径一致，相互可比。

5. 实质重于形式

实质重于形式，是指对交易或事项进行确认、计量、报告时，其经济实质重于其法律形式。例如，企业对短期租赁(不超过12个月的租赁)和低价值租赁(单项租赁资产为全新资产时价值较低的租赁)以外的其他所有租赁方式租入的设备等资产，从法律形式上看，该项资产的所有权在出租方，承租方只拥有使用权，不应作为承租方的资产加确认。但是会计处理上将其相当于承租方自有的资产，在设备租赁期间，该租赁设备作为承租方的资产加以确认，同时确认租赁负债，并分别计提折旧和利息费用。

6. 重要性

重要性是指企业会计在全面反映财务状况和经营成果的同时，对各类会计事项应当区分其重要程度，采用不同的会计处理方法，有简有详，区别对待；对资产、负债、利润等有较大影响，且进而影响财务会计报告使用者做出合理判断的重大会计事项，必须按照国家规定的会计方法和程序进行会计处理，并在财务会计报告中予以充分、准确地披露。但对次要的会计事项，在不影响会计信息真实性和不至于误导财务会计报告使用者做出正确判断的前提下，则可适当简化，也不必详细报告。

7. 谨慎性

谨慎性也称稳健性，是指当某一会计事项有多种不同方法可供选择时，为保障企业财力不受侵害、不给会计信息使用者提供使其盲目乐观的信息，在会计上应尽可能选择一种不导致虚增盈利的做法为原则。由于在经济生活中存在着不确定因素和风险因素，表现在会计上，对会计事项的确认、计量需要运用一定的判断或估计，按谨慎性原则，凡是可以预见的损失和费用都应予以确认和计量，而没有把握的收入则不能予以确认和计量。即不得多计资产或收益、少计负债或费用。例如，对企业的应收账款提取坏账准备，就是对预计不能收回的应收账款先行作为本期的费用，计入当期损益，待以后坏账实际发生时，因为事先已提取了坏账准备，其经营风险可以得到适当降低。

企业在运用谨慎性原则时，不能以谨慎性原则为借口任意计提各种准备，即秘密准备。例如，有些企业在计提坏账准备、存货跌价准备等减值准备时，在前一年度大量多提减值准备，待后一年度再予以转回，达到人为调节利润的目的。这种行为属于滥用谨慎性，是不符合会计准则要求的。

8. 及时性

信息的报告如果不适当地拖延，就可能失去其相关性，过时的信息效用也会降低。按及时性的要求，企业要及时收集会计信息，会计事项的会计处理应在本期内进行，财务会计报告要在规定时间内及时报出。

及时性要求可能会影响到可靠性要求。过于强调及时性，可能会使某些信息的提供缺乏扎实的基础，可靠性有可能降低。企业需要在及时性与可靠性之间做出权衡，以期最大限度地满足信息使用者的需求。

第四节 财务会计要素

财务会计要素是对会计对象所做的基本分类，是会计核算对象的具体化，是用于反映会计主体财务状况和经营成果的基本单位，也是构成会计报表的基本要素。

会计要素分为反映企业财务状况的会计要素和反映企业经营成果的会计要素。我国《企业会计准则》将会计要素界定为资产、负债、所有者权益、收入、费用和利润。其中资产、负债和所有者权益是反映企业财务状况的会计要素；收入、费用与利润是反映企业经营成果的会计要素。

一、资产

资产是指企业过去的交易或事项形成的、由企业拥有或控制的、预期会给企业带来经济利益的资源。

根据定义,资产具有以下特征。

1. 资产是由企业过去的交易或者事项形成的

资产应当由企业过去的交易或者事项所形成,过去的交易或者事项包括购买、生产、建造行为,或者其他交易或事项,只有过去的交易或者事项才能产生资产,企业预期在未来发生的交易或者事项不形成资产。例如,企业有购买某项存货的意愿或计划,但是购买行为尚未发生,就不符合资产的定义,不能因此而确认存货资产。

2. 资产应为企业拥有或者控制的资源

资产作为一项资源,应为企业拥有或者控制,具体是指企业享有某项资源的所有权,或者虽然不享有某项资源的所有权,但该资源能被企业控制。

通常在判断资产是否存在时,所有权是考虑的首要因素,但在有些情况下,虽然某些资产不为企业所拥有,即企业并不享用其所有权,但企业控制这些资产,同样表明企业能够从这些资产中获取经济利益。

3. 资产预期会给企业带来经济利益

资产预期会给企业带来经济利益是指资产直接或间接导致现金或现金等价物流入企业的潜力。这种潜力可以来自企业日常的生产经营活动,也可以是非日常活动;带来的经济利益可以是现金或者现金等价物,是可以转化为现金或者现金等价物的形式,或者是减少现金或现金等价物流出的形式。

如果某一项目预期不能给企业带来经济利益,就不能将其确认为企业的资产,前期已经确认为资产的项目,如果不能再为企业带来经济利益,也不能继续将其确认为企业的资产。

资产按照流动性可以划分为流动资产与非流动资产。其中,流动资产是指可以在 1 年内或者超过 1 年的 1 个营业周期内变现或者耗用的资产,包括库存现金、银行存款、交易性金融资产、应收及预付款项、存货等。非流动资产是指不可以在 1 年内或者超过 1 年的 1 个营业周期内变现或者耗用的资产,包括长期股权投资、固定资产、无形资产等。

二、负债

负债是指企业过去的交易或者事项形成的、预期会导致经济利益流出企业的现时义务。

根据定义,负债具有以下特征。

1. 负债是由企业过去的交易或事项形成的

只有过去的交易或者事项才形成负债,企业将在未来发生的承诺、签订的合同等交易或者事项，不形成负债。

2. 负债的清偿预期会导致经济利益流出企业

预期会导致经济利益流出企业也是负债的一个本质特征。企业在履行现时义务清偿负债时，导致经济利益流出企业的形式多种多样，如用现金偿还或以实物资产形式偿还，以提供劳务形式偿还，部分转移资产、部分提供劳务形式偿还，将负债转为资本等。

3. 负债是企业承担的现时义务

现时义务是指企业在现行条件下已承担的义务。未来发生的交易或者事项形成的义务，不属于现时义务，不应当确认为负债。

负债一般按其偿还速度或偿还时间的长短划分为流动负债和非流动负债两类。流动负债是指将在1年或超过1年的一个营业周期内偿还的债务，主要包括短期借款、应付票据、应付账款、预收货款、应付职工薪酬、应交税费、应付利润、其他应付款等。非流动负债是指偿还期在1年或超过1年的一个营业周期以上的债务，包括长期借款、应付债券、长期应付款等。

三、所有者权益

所有者权益又称为净资产，是企业资产扣除负债后由所有者享有的剩余权益，公司的所有者权益又称为股东权益。所有者权益的来源包括所有者投入的资本，直接计入所有者权益的利得与损失、留存收益等，具体项目包括实收资本、其他权益工具、资本公积、其他综合收益、盈余公积和未分配利润等。

直接计入所有者权益的利得和损失，是指不应当计入当期损益、会导致所有者权益发生增减变动的、与所有者投入资本或者向所有者分配利润无关的利得或损失。

留存收益是指企业历年实现的净利润留存于企业的部分，主要包括累计计提的盈余公积和未分配利润。

四、收入

收入是指企业在日常活动中所形成的、会导致所有者权益增加的、与所有者投入资本无关的经济利益的总流入。

根据定义，收入具有以下特征。

1. 收入是企业在日常活动中形成的

日常活动是指企业为完成其经营目标所从事的经常性活动以及与之相关的活动。这里的理解包括两个层面：一是企业为完成其经营目标所从事的经常性活动；二是与经常性活动相关的活动。比如，工业企业制造并销售产品、商品流通企业销售商品、保险公司签发保单、咨询公司提供咨询服务、软件企业为客户开发软件、安装公司提供安装服务、商业银行对外贷款、租赁公司出租资产等，均属于企业为完成其经营目标所从事的经常性活动，由此产生的经济利益的总流入构成收入。而工业企业转让无形资产使用权、出售不需用原材料等，则属于与经营性活动相关的活动，由此产生的经济利益的总流入也构成收入。

2. 收入会导致所有者权益的增加

由于收入最终会导致所有者权益的增加，因此不会导致所有者权益增加的经济利益的流入不能确认为收入。

3. 收入是与所有者投入资本无关的经济利益的总流入

一般而言，收入只有在经济利益很可能流入企业时才导致企业资产增加或负债减少。但是，经济利益的流入有时是所有者投入资本所致，所有者投入资本的增加不应当确认为收入，应当直接构成所有者权益。

五、费用

费用是指企业在日常活动中形成的、会导致所有者权益减少的、与向所有者分配利润无关的经济利益的总流出。

根据定义，费用具有以下特征。

1. 费用是企业在日常活动中形成的

日常活动所产生的费用通常包括销售成本、期间费用等。企业非日常活动所形成的经济利益的流出不能确认为费用。

2. 费用会导致所有者权益的减少

费用相关的经济利益的流出会导致所有者权益的减少，不会导致所有者权益减少的经济利益的流出不符合费用的定义，不应确认为费用。

3. 费用是与向所有者分配利润无关的经济利益的总流出

费用的发生应当会导致经济利益的流出，从而导致企业资产的减少或负债的增加。但企业向所有者分配利润也会导致经济利益的流出，而该经济利益的流出属于对投资者投资回报的分配，不应确认为费用。

六、利润

利润是指企业在一定会计期间的经营成果。它反映的是企业的经营业绩情况，是业绩考核的重要指标。利润包括收入减去费用后的净额、直接计入当期利润的利得和损失等。其中，收入减去费用后的净额反映的是企业日常活动的经营业绩，直接计入当期利润的利得和损失反映的是企业非日常活动的业绩。企业应当严格区分收入和利得、费用和损失，以更加全面地反映企业的经营业绩。

利润反映的是收入减去费用、利得减去损失后的净额。因此，利润的确认主要依赖于收入和费用以及利得和损失的确认，其金额的确定也主要取决于对收入、费用、利得和损失金额的计量。

第五节 财务会计要素的确认与计量

一、财务会计要素的确认

《企业会计准则——基本准则》中规定了会计要素的确认条件,主要包括以下方面:
① 符合要素的定义。有关经济业务确认为一项要素,首先必须符合该要素的定义。
② 有关的经济利益很可能流入或流出企业。这里的"很可能"表示经济利益流入或流出的可能性在50%以上。
③ 可计量性,即有关的价值以及流入或流出的经济利益能够可靠地计量。如果不能可靠计量,确认就没有意义。

举例来说,《企业会计准则——基本准则》规定的资产确认条件为:符合《企业会计准则——基本准则》规定的资产定义的资源,在同时满足以下条件时,确认为资产:①与该资源有关的经济利益很可能流入企业;②该资源的成本或者价值能够可靠地计量。

负债的确认条件不仅需要符合《企业会计准则——基本准则》规定的负债定义,还需要同时满足以下两个条件:①与该义务有关的经济利益很可能流出企业;②未来流出的经济利益的金额能够可靠地计量。

所有者权益的确认主要取决于资产、负债、收入、费用等要素。

收入的确认根据不同收入来源的特征而有所不同。当企业与客户之间的合同同时满足下列条件时,企业应当在客户取得相关商品控制权时确认收入:①合同各方已批准该合同并承诺将履行各自义务;②该合同明确了合同各方与所转让商品或提供劳务(以下简称"转让商品")相关的权利和义务;③该合同有明确的与所转让商品相关的支付条款;④该合同具有商业实质,即履行该合同将改变企业未来现金流量的风险、时间分布或金额;⑤企业因向客户转让商品而有权取得的对价很可能收回。

费用的确认除了应当符合费用定义,还应当满足严格的条件:一是与费用相关的经济利益应当很可能流出企业;二是经济利益流出企业的结果会导致资产的减少或者负债的增加;三是经济利益的流出金额能够可靠计量。

利润的确认主要依赖收入、费用、利得和损失金额的确认,其金额的确定也取决于收入、费用、利得和损失金额的确认。

二、财务会计要素的计量

财务会计要素的计量是为了将符合确认条件的会计要素登记入账并列报于财务报表而确定其金额的过程。企业应当按照规定的会计计量属性进行计量,确定相关金额。

会计计量属性是指会计要素的数量特征或外在表现形式,反映了会计要素金额的确定基础,主要包括历史成本、重置成本、可变现净值、现值和公允价值。

1. 历史成本

历史成本又称实际成本，是为取得或制造某项财产物资实际支付的现金或现金等价物。在历史成本的计量属性下，资产按照购置时支付的现金或现金等价物的金额，或者按照购置资产时所付出的代价的公允价值计算。负债按照因承担现时义务而收到的款项或资产的金额、承担现时义务的合同金额、日常活动中为偿还负债预期需要支付的现金或现金等价物的金额计算。例如，某企业购置固定资产，价款100万元，用银行存款支付，不考虑其他因素，该固定资产按历史成本计价，金额为100万元。

2. 重置成本

重置成本又称现行成本，是指按照当前市场条件，重新取得同样的一项资产所需要支付的现金或者现金等价物金额。在重置成本的计量属性下，资产按照现在购买相同或者相似的资产所需支付的现金或者现金等价物的金额计量。负债按照偿付该项负债所需支付的现金或者现金等价物的金额计量。例如，在企业资产清查中，盘盈一台机器设备，其同类设备市场价为50万元，该设备按重置成本计价，金额为50万元。

3. 可变现净值

可变现净值指在正常的经营活动中，以预计售价减去进一步加工成本和预计销售费用以及相关税费后的净值。在可变现净值的计量属性下，资产按照其正常对外销售所能收到现金或者现金等价物的金额扣减该资产至完工时估计将要发生的成本、估计的销售费用以及相关税费后的金额计算。例如，某公司期末库存商品的账面价值为100万元，同期市场售价为80万元，销售该种库存商品需要发生销售费用等相关税费为10万元，则该种库存商品按照可变现净值计价为80-10=70万元。

4. 现值

现值指对未来现金流量以恰当的折现率进行折价后的价值，是考虑货币时间价值的一种计量属性。在现值计量属性下，资产按照预计从其持续使用和最终处置中所产生的未来净现金流入量的折现金额计算。负债按照预计期限内需要偿还的未来净现金流出量的折现金额计算。例如，某公司一项固定资产原值为100万元，累计折旧为20万元，预计未来现金流量的现值为50万元，则该固定资产按照现值计价的金额为50万元。

5. 公允价值

公允价值是指市场参与者在计量日发生的有序交易中，出售一项资产所能收到或者转移一项负债所需支付的价格。在公允价值计量属性下，资产和负债按照市场参与者在计量日发生的有序交易中出售资产所能收到或者转移负债所需支付的价格计量。

市场参与者，是指在相关资产或者负债的主要市场(或者不存在主要市场情况下的最有利市场)中，相互独立的、熟悉资产或负债情况的、能够且愿意进行资产或负债交易的买方或者卖方。有序交易是在计量日前一段时期内该资产或负债具有惯常市场活动的交易，不包括被迫清算和抛售。如果判定交易是有序的，则以交易价格为基础确定公允价值。

思 考 题

1. 财务会计与管理会计的区别与联系是什么?
2. 财务会计的目标是什么?
3. 财务会计的基本假设有哪些? 含义是什么?
4. 财务会计的信息质量要求有哪些?
5. 财务会计要素有哪几个? 含义是什么?
6. 财务会计要素的计量基础有哪些?

第二章
金融资产

本章学习提示

学习内容：

通过本章的学习，理解金融资产的含义；掌握金融资产分类的原则；掌握各类金融资产初始金额的确定规则；掌握各类金融资产期末计量的规则和方法；掌握各类金融资产处置的会计处理方法；理解各类金融资产重分类的意义及会计处理规则。

学习要点：

1. 金融资产的定义；
2. 金融资产分类的原则；
3. 债权投资计量的实际利率法；
4. 其他债权投资的会计核算；
5. 其他权益工具投资的会计核算；
6. 金融资产的重分类。

第一节 金融资产概述

金融工具对经济的影响随着金融市场的发展和交易量的扩大日益加重。衍生金融工具市场发展超前和监管滞后的矛盾严重困扰着整个国际金融市场。会计作为监管的重要一环，从金融资产确认、计量和报告等方面完善会计监管，有助于金融工具市场的健康发展。

一、金融资产的定义

按照《企业会计准则第 22 号——金融工具确认和计量》的定义：金融工具是指形成一个企业的金融资产，并形成其他单位的金融负债或权益工具的合同。从这个定义可以看出，金融工具是一种"合同"，这种"合同"的签订，会形成一项金融资产和一项金融负债或权益工具。比如，甲企业发行一项 5 年期债券，乙企业购入该项债券，双方签订购销合同，这个合同就是一项金融工具，甲企业产生了一项金融负债，乙企业产生了一项金融资产。

金融工具包括金融资产、金融负债和权益工具。

金融资产是指企业持有的现金、其他方的权益工具以及符合下列条件之一的资产：

① 从其他方收取现金或其他金融资产的合同权利；

② 在潜在有利条件下，与其他方交换金融资产或金融负债的合同权利；

③ 将来须用或可用企业自身权益工具进行结算的非衍生工具合同，且企业根据该合同将收到可变数量的自身权益工具；

④ 将来须用或可用企业自身权益工具进行结算的衍生工具合同，但以固定数量的自身权益工具交换固定金额的现金或其他金融资产的衍生工具合同除外。

金融资产主要包括库存现金、银行存款、应收账款、应收票据、应收利息、应收股利、其他应收款、贷款、垫款、债权投资、股权投资、基金投资、衍生金融资产等。

二、金融资产的分类

金融资产的分类是其确认和计量的基础。企业应当结合管理金融资产的业务模式和合同现金流量特征，将取得的金融资产在初始确认时进行合理分类，且分类一经确定，不得随意变更。

我国《企业会计准则第 22 号——金融工具确认与计量》规定，企业应当根据其管理金融资产的业务模式和金融资产的合同现金流量特征，将金融资产划分为以下三类：

① 以摊余成本计量的金融资产；

② 以公允价值计量且其变动计入其他综合收益的金融资产；

③ 以公允价值计量且其变动计入当期损益的金融资产。

1. 企业管理金融资产的业务模式

企业管理金融资产的业务模式是指企业如何管理其金融资产以产生现金流量。业务模式决定企业所管理金融资产现金流量的来源是收取合同现金流量、出售金融资产，还是两者兼有。

企业确定其管理金融资产的业务模式时，应当注意以下方面：

① 企业应当在金融资产组合的层次上确定管理金融资产的业务模式，而不必按照单个金融资产逐项确定业务模式。

② 企业应当以企业关键管理人员决定的对金融资产进行管理的特定业务目标为基础确定。

③ 企业应当以客观事实为依据确定管理金融资产的业务模式，不得以按照合理预期不会发生的情形为基础确定。

如果金融资产实际现金流量的实现方式不同于评估业务模式时的预期（如企业出售的金融资产数量超出或少于在对资产做出分类时的预期），只要企业在评估业务模式时已经考虑了当时所有可获得的相关信息，这一差异不构成企业财务报表的前期差错，也不改变企业在该业务模式下持有的剩余金融资产的分类。但是，企业在评估新的金融资产的业务模式时，应当考虑这些信息。

2. 金融资产的合同现金流量特征

金融资产的合同现金流量特征是指金融工具合同约定的、反映相关金融资产经济特征的现金流量属性。企业分类为以摊余成本计量的金融资产、以公允价值计量且其变动计入其他综合收益的金融资产（债务工具投资），其合同现金流量特征，应当与基本借贷安排相一致。即相关金融资产在特定日期产生的合同现金流量仅为对本金和以未偿付本金金额为基础的利息的支付。

利息为广义概念，包括：①货币时间价值；②与特定时期未偿付本金金额相关的信用风险；③其他基本借贷风险；④成本和利润的对价。

3. 金融资产分类的具体条件

金融资产同时符合下列条件的，应当分类为以摊余成本计量的金融资产。

① 企业管理该金融资产的业务模式是以收取合同现金流量为目标；

② 该金融资产的合同条款规定，在特定日期产生的现金流量，仅为对本金和以未偿付本金金额为基础的利息的支付。

金融资产同时符合下列条件的，应当分类为以公允价值计量且其变动计入其他综合收益的金融资产。

① 企业管理该金融资产的业务模式既以收取合同现金流量为目标又以出售该金融资产为目标。

② 该金融资产的合同条款规定，在特定日期产生的现金流量，仅为对本金和以未偿付本金金额为基础的利息的支付。

分类为以摊余成本计量的金融资产和以公允价值计量且其变动计入其他综合收益的金融资产之外的金融资产，企业应当将其分类为以公允价值计量且其变动计入当期损益的金融资产。

① 权益工具投资的合同现金流量评估一般不符合基本借贷安排，因此应分类为以公

允价值计量且其变动计入当期损益的金融资产(交易性金融资产)。

② 企业可以将非交易性权益工具投资指定为以公允价值计量且其变动计入其他综合收益的金融资产(其他权益工具投资)，并按规定确认股利收入，该指定一经做出，不得撤销。

指定为以公允价值计量且其变动计入其他综合收益的金融资产，其公允价值的后续变动计入其他综合收益，无须计提减值准备。除获得的股利(明确代表投资成本部分收回的股利除外)计入当期损益外，其他相关的利得和损失(包括汇兑损益)均应当计入其他综合收益，且后续不得转入当期损益。当金融资产终止确认时，之前计入其他综合收益的累计利得或损失应当从其他综合收益中转出，计入留存收益。

③ 金融资产满足下列条件之一的，表明企业持有该金融资产或承担该金融负债的目的是交易性的：取得相关金融资产的目的，主要是为了近期出售或回购；相关金融资产在初始确认时属于集中管理的可辨认金融工具组合的一部分，且有客观证据表明近期实际存在短期获利模式；相关金融资产属于衍生金融工具。只有不符合上述条件的非交易性权益工具投资才可以指定为"以公允价值计量且其变动计入其他综合收益的金融资产"。

4. 不同类金融资产的重分类

企业改变其管理金融资产的业务模式时，应当对相关金融资产进行重分类。业务模式未发生改变的，企业不得对相关金融资产进行重分类。

企业对金融资产进行重分类，应当自重分类日起采用未来适用法进行相关会计处理，不得对以前已经确认的利得、损失(包括减值损失或利得)或利息进行追溯调整。重分类日，是指导致企业对金融资产进行重分类的业务模式发生变更后的首个报告期间的第一天。例如，甲上市公司决定于2×20年3月22日改变其管理某金融资产的业务模式，则重分类日为2×20年4月1日(即下一个季度会计期间的期初)；乙上市公司决定于2×20年10月15日改变其管理某金融资产的业务模式，则重分类日为2×21年1月1日。

第二节　以摊余成本计量的金融资产

以摊余成本计量的金融资产主要指企业所持有的债权投资。债权投资的企业业务管理模式以特定日期收取合同现金流量为目的，债权投资的合同现金流量特征与基本信贷安排一致，即收取现金流量仅为对本金和以未偿付本金金额为基础计算的利息。

金融资产的摊余成本是指该金融资产的初始确认金额经下列调整后的结果：

① 扣除已偿还的本金(如提前偿还的本金，计算时要将这部分本金扣除掉)；

② 加上或减去采用实际利率法将该初始确认金额与到期日金额之间的差额进行摊销形成的累计摊销额(利息调整的摊销)；

③ 扣除累计计提的信用减值准备(仅适用于金融资产)。

即摊余成本=初始确认金额−已收回或偿还的本金±累计摊销额−累计计提的信用减值准备。

1. 以摊余成本计量的金融资产的初始计量

以摊余成本计量的金融资产的初始计量采用公允价值和交易费用之和计量，实际支付的款项中包含的已到付息期但尚未领取的利息,应当单独确认为应收项目。

交易费用是指可直接归属于购买、发行或处置金融资产新增的外部费用。新增的外部费用是指企业不购买、发行或处置金融工具就不会发生的费用,包括支付给代理机构咨询公司、券商等的手续费和佣金及其他必要支出,不包括债券溢价、折价、融资费用、内部管理成本及其他与交易不直接相关的费用。

企业应当设置"债权投资"科目,并分别设置"成本""利息调整"和"应计利息"三个明细科目进行核算。其中"成本"反映债权投资的面值;"利息调整"反映债权投资初始入账金额与面值的差额,以及按照实际利率法分期摊销后该差额的摊余金额;"应计利息"反映企业计提的到期一次还本付息债权投资应计未计的利息。具体账务处理如下所示:

借:持有至到期投资——成本(面值)
　　　　　　——利息调整(差额,也可能在贷方)
　　　　　　——应计利息(到期一次还本付息债券,实际付息款中包含的利息)
　　应收利息(分次付息、到期还本债券,实际支付的款项中包含的利息)
　贷:银行存款等

需要注意的是"债券投资——利息调整"中不仅包括溢折价,还包括佣金、手续费等。

【例2-1】2×20年1月1日,甲公司购入乙公司于当日发行且可上市交易的债券50万张,支付价款4 795.06万元。该债券期限为5年,每张面值为100元,实际年利率为7%,票面年利率为6%,于每年12月31日支付当年度利息。甲公司以收取合同本金及相关利息为目的,甲公司将取得的乙公司债券划分为以摊余成本计量的金融资产(债权投资)。

甲公司取得乙公司债券时的财务处理如下所示(单位:万元):

借:债权投资——成本(面值)　　　　　　　　　　　5 000
　贷:银行存款　　　　　　　　　　　　　　　　　　4 795.06
　　债权投资——利息调整(折价记贷方)　　204.94(5 000−4 795.06)

【例2-2】A公司2×20年1月1日购入B公司债券,面值1 000万元,票面利率为6%,该债券于2×19年年初发行,每年年末付息,到期还本。假定B公司本应于2×19年年末结付的利息延至3月10日才兑付。债券买价1 100万元,另付交易费用4万元,A公司将其作为以摊余成本计量的金融资产(债权投资)计量。

债权投资的入账成本=1100(买价)−60(1000×6%)(已到付息期但尚未收到的利息)+4(交易费用)=1 044(万元),相关账务处理如下所示(单位:万元):

借:持有至到期投资——成本(面值)　　　　　　　　1 000
　　　　　　——利息调整(溢价记借方)　　　　　　　　44
　　应收利息(债券买入时所含的已到付息期但尚未领取的利息)　60
　贷:银行存款　　　　　　　　　　　　　　　　　　1 104

2. 以摊余成本计量的金融资产的后续计量

以摊余成本计量的金融资产的后续计量采用实际利率法。

在摊余成本计算公式中，第二项调整金额"累计摊销额"利用实际利率法计算得到。

(1) 实际利率法

实际利率法是按照金融资产或金融负债的实际利率计算其摊余成本及各期利息收入或利息费用的方法。

实际利率指将金融资产或金融负债在预期存续期间或适用的更短期间内的未来现金流量，折现为该金融资产当前摊余成本所使用的利率，与票面利率相对。企业在初始确认以摊余成本计量的金融资产时，应当计算确定实际利率，并在相关金融资产预期适用的更短期间内保持不变(如企业提前收回一部分本金，此时不能调整实际利率，只能改变投资的摊余成本)。企业在确定实际利率时，应当在考虑金融资产所有合同条款(包括提前还款权、看涨期权、类似期权等)的基础上预计未来现金流量，但不应考虑预期信用损失。

金融资产合同各方之间支付或收取的、属于实际利率组成部分的各项收费、交易费用及溢价或折价等，应当在确定实际利率时予以考虑。金融资产的未来现金流量或存续期间无法可靠预计时，应当采用该金融资产在整个合同期内的合同现金流量。

企业对付款额或收款额的估计数进行修正时，应调整此金融资产(或金融工具组)的账面价值以反映实际和修正后的预计现金流量。企业应通过按金融工具初始实际利率计算预计未来现金流量的现值来重估金融工具的账面价值，相关调整金融作为收入或费用，计入当期损益。

(2) 实际利率法产生原因举例

当债券票面利率高于同期银行存款利率时，大多数人更愿意去购买此债券进行投资。如果大家都去争相购买，按照价值规律，债券发行商此时会适当抬高价格(如面值1 000元的债券按1 010元卖出)，只要折算的实际利率不低于银行存款利率，购买者有利可图，则债券仍然可以顺利地溢价发行；反之，如果债券票面利率低于同期银行存款利率，大家更愿意把钱存入银行或进行其他的投资，导致该项债券无人问津，债券发行商只能折价发行才会有人购买(如面值1000元的债券按950元卖出)。由于债券溢价或折价发行事实的存在，才导致债券发行后存续期内的实际利息与票面利息之间产生差异。

下面以"债权投资"举例说明：

投资者在初期购入债券时支付了1 000元购买面值是1 250元的债券，这个1 000元就是借给对方的钱，也就是期初摊余成本。可以把"摊余成本"简单地理解为本金，即借出的本金，所以取得时应该按取得债券的面值(1 250元)计入"债权投资——成本"科目的借方，把实际支付的1 000元计入"银行存款"或"其他货币资金——存出投资款"科目的贷方。两者的差额250元就是"债权投资——利息调整"，要在以后每期逐渐摊销掉。

取得该债券时的账务处理如下(单位：元)：

借：债权投资——成本　　　　　　　　　　　　　　1 250
　　贷：银行存款(或"其他货币资金——存出投资款")　　1 000

债权投资——利息调整

在计算第一期利息时,用"期初摊余成本(实际支付的1 000元)×实际利率(如10%)=投资收益100元","实际利率"是市场上真实的利率,这样计算得到的100元就是投资者真正应该获得的利息收益。而按"面值1250×票面利率(如6%)=75"得到的75元是当期实际收到的利息。两者有了25元的差额,是当期应该摊销的利息调整。

在第一期收到了75元利息,而实际应该获得100元,说明还有25元没收回,则可以理解成又借给对方25元,于是现在借出的本金就是1 000元+25元=1 025元了,这就是"摊余成本"的本质。

债权投资的利息调整采用实际利率法摊销,对于投资者而言,债券未来现金流量的现值即期初摊余成本;对于债券发行方而言,期初摊余成本意味着自己实际承担债务。对于双方来说,实际利率和票面利率不一致时,表面上的现金流入或流出,即根据面值乘以票面利率计算的应收利息或应付利息,本身并不是双方实际得到的收益或承担的费用,而实际利率法摊销正好解决了这个问题。

(3)采用实际利率法以摊余成本对有关金融资产后续计量的一般步骤

① 计算出实际利率,即某项金融资产的未来现金流量现值等于当前账面价值的折现值;
② 计算各期摊余成本、实际利息、本期摊销额,以表格形式列示;
③ 根据上述计算得出的数据,进行相应账务处理,具体会计分录如下所示:

借:应收利息(分期付息债券按票面利率计算的利息)
　　债权投资——应计利息(到期一次还本付息债券按票面利率计算的利息)
　　　　　　——利息调整(差额,或贷方)
贷:投资收益(期初账面余额乘以实际利率计算确定的利息收入)

【例2-3】甲公司于2×19年1月1日购入中原公司发行的2年期债券,支付价款41 486万元,债券面值40 000万元,每半年付息一次,到期还本。甲公司根据其管理该债券的业务模式和该债券的合同现金流量特征,将该债券分类为以摊余成本计量的金融资产。该债券票面利率8%,实际利率6%,采用实际利率法摊销,甲公司债权投资的摊余成本计算如表2-1所示。

表2-1 利息调整分摊表　　　　　　　　　　单位:万元

日期	期初摊余成本 (a)	实际利息 (b)	现金流入 (c)	摊销的利息调整 $(e=c-b)$	期末摊余成本 $(d=a+b-c)$
2×19年6月30日	41 486	1 244.58	1 600	355.42	41 130.58
2×19年12月31日	41 130.58	1 233.92	1 600	366.08	40 764.50
2×20年6月30日	40 764.50	1 222.93	1 600	377.07	40 387.43
2×20年12月31日	40 387.43	1 212.57*	41 600	387.43	0

*1 212.57=41 600−40 387.43。

甲公司每年的账务处理如下所示(单位:万元):

(1)2×19年1月1日:

```
借：债权投资——成本                           40 000
    债权投资——利息调整                        1 486
  贷：银行存款                                41 486
```
2×19 年 6 月 30 日：
```
借：应收利息                              1 600（40 000×8%÷2）
  贷：投资收益                            1 244.58（41 486×6%÷2）
      债权投资——利息调整                    355.42
借：银行存款                                 1 600
  贷：应收利息                                1 600
```
此时债权投资的摊余成本=41 486+1 244.58-1 600=41 130.58（万元）

(2) 2×19 年 12 月 31 日：
```
借：应收利息                              1 600（40 000×8%÷2）
  贷：投资收益                            1 233.92（41 130.58×6%÷2）
      债权投资——利息调整                    366.08
借：银行存款                                 1 600
  贷：应收利息                                1 600
```
此时债权投资的摊余成本=41 130.58+1 233.92-1 600=40 764.50（万元）

(3) 2×20 年 6 月 30 日：
```
借：应收利息                              1 600（40 000×8%÷2）
  贷：投资收益                            1 222.93（40 764.50×6%÷2）
      债权投资——利息调整                    377.07
借：银行存款                                 1 600
  贷：应收利息                                1 600
```
此时债权投资的摊余成本=40 764.50+1 222.93-1 600=40 387.43（万元）

(4) 2×20 年 12 月 31 日：
```
借：应收利息                              1 600（40 000×8%÷2）
  贷：投资收益                            1 212.57
      债权投资——利息调整              387.43（1 486-355.42-366.08-377.07）
借：银行存款                                 1 600
  贷：应收利息                                1 600
借：银行存款                                40 000
  贷：债权投资——成本                         40 000
```

【例 2-4】2×20 年 1 月 1 日，长江公司购买了黄河公司同日发行的 5 年期公司债券，长江公司支付价款 85 万元，另付交易费用 0.56 万元，该债券面值为 100 万元，票面年利率为 4%，实际年利率为 7%，利息及本金到期归还。长江公司根据其管理该债券的业务模式和该债券的合同现金流量特征，将该债券分类为以摊余成本计量的金融资产。

长江公司每年利息收益计算过程如表 2-2 所示。

表 2-2 利息调整分摊表   单位：万元

日期	期初摊余成本(a)	实际利息(b)	现金流入(c)	期末摊余成本(d=a+b-c)
2×20 年 12 月 31 日	85.56	5.99	0	91.55
2×21 年 12 月 31 日	91.55	6.41	0	97.96
2×22 年 12 月 31 日	97.96	6.86	0	104.82
2×23 年 12 月 31 日	104.82	7.34	0	112.16
2×24 年 12 月 31 日	112.16	7.84*	120	0

*7.84=120−112.16。

长江公司每年的账务处理如下所示(单位：万元)：

(1) 2×20 年 1 月 1 日购入该债券时：

借：债权投资——成本　　　　　　　　　　　　　　　　　　100
　　贷：银行存款　　　　　　　　　　　　　　　　　　　　　85.56
　　　　债权投资——利息调整　　　　　　　　　　　　　　　14.44

(2) 2×20 年 12 月 31 日：

借：债权投资——应计利息　　　　　　　　　　　　　　　　4
　　　　　　　——利息调整　　　　　　　　　　　　　　　　1.99
　　贷：投资收益　　　　　　　　　　　　　　　　　　　　　5.99

(3) 2×21 年 12 月 31 日：

借：债权投资——应计利息　　　　　　　　　　　　　　　　4
　　　　　　　——利息调整　　　　　　　　　　　　　　　　2.41
　　贷：投资收益　　　　　　　　　　　　　　　　　　　　　6.41

(4) 2×22 年 12 月 31 日：

借：债权投资——应计利息　　　　　　　　　　　　　　　　4
　　　　　　　——利息调整　　　　　　　　　　　　　　　　2.86
　　贷：投资收益　　　　　　　　　　　　　　　　　　　　　6.86

(5) 2×23 年 12 月 31 日：

借：债权投资——应计利息　　　　　　　　　　　　　　　　4
　　　　　　　——利息调整　　　　　　　　　　　　　　　　3.34
　　贷：投资收益　　　　　　　　　　　　　　　　　　　　　7.34

(6) 2×24 年 12 月 31 日：

最后一期利息调整的金额=14.44−1.99−2.41−2.86−3.34=3.84(万元)

借：债权投资——应计利息　　　　　　　　　　　　　　　　4
　　　　　　　——利息调整　　　　　　　　　　　　　　　　3.84
　　贷：投资收益　　　　　　　　　　　　　　　　　　　　　7.84

到期收回本金和利息

```
借：银行存款                                          120
    贷：债权投资——成本                              100
            ——应计利息                              20
```

3. 以摊余成本计量的金融资产的提前出售与到期兑现

如果有证据表明企业某项以摊余成本计量的金融资产不符合其确认条件，企业可能会将该项投资提前出售。企业提前出售以摊余成本计量的金融资产时，应将所取得的价值与该金融资产的账面价值之间的差额计入投资收益。以摊余成本计量的金融资产的期限届满时按面值收回该金融资产和应收未收的利息。

【例2-5】 2×20年10月1日，长江公司将2×17年1月1日按面值购入(面值为160 000元)期限5年、票面利率为5%、每年12月31日付息的黄河公司债券全部出售，实际收到的出售价款为164 800元，其账务处理如下所示(单位：元)：

```
借：银行存款                                      164 800
    贷：债权投资——成本                           160 000
        投资收益                                    4 800
```

以摊余成本计量的金融资产的到期兑现是指该债权投资的期限已满时按面值收回投资和应收未收的利息。如果该债券是分期付息的，到期时企业可以收回债券面值；如果债券是到期一次还本付息的，到期时企业可以收回债券面值和利息。

4. 以摊余成本计量的金融资产的期末计量

以摊余成本计量的金融资产的期末价值应当采用摊余成本计量，不考虑市价变动的影响。企业应当在资产负债表日，对以摊余成本计量的金融资产的账面价值进行检查，如有客观证据表明该金融资产发生减值，应当计提减值准备。

企业在判断金融资产是否发生减值时，应当以表明金融资产发生减值的客观证据为基础。表明金融资产发生减值的客观证据是指金融资产初始确认后实际发生的、对该金融资产的预计未来现金流量有影响，且企业能够对该影响进行可靠计量的事项。主要包括下列各项：①发行方或债务人发生严重财务困难；②债务人违反了合同条款，如偿付利息或本金发生违约或逾期等；③债权人出于经济或法律等方面因素的考虑，对发生财务困难的债务人做出让步；④债务人很可能倒闭或进行其他财务重组；⑤因发行方发生重大财务困难，该金融资产无法在活跃市场继续交易；⑥无法辨认一组金融资产中的某项资产的现金流量是否已经减少，但根据公开的数据对其进行总体评价后发现该组金融资产自初始确认以来的预计未来现金流量确已减少且可计量，如该组金融资产的债务人支付能力逐步恶化，或债务人所在国家或地区失业率提高、担保物在其所在地区的价格明显下降、所处行业不景气等；⑦债务人经营所处的技术、市场、经济或法律环境等发生重大不利变化，使权益工具投资人可能无法收回投资成本；⑧权益工具投资的公允价值发生严重或非暂时性下跌；⑨其他表明金融资产发生减值的客观证据。

以摊余成本计量的金融资产发生减值时，应当将该金融资产的账面价值减记至预计未来现金流量的现值,将减记的金额确认为减值损失,计入当期损益。不包括尚未发生的未来信用损失的现值,将减记的金额确认为资产减值损失,计入当期损益。对以摊余成本计量的金融资产确认减值损失后,如有客观证据表明该金融资产价值已恢复,且客观上与确认该损失后发生的事项有关(如债务人的信用评级已提高等),原确认的减值损失应当予以转回,计入当期损益。但是,转回后的账面价值不应当超过假定不计提减值准备情况下该金融资产在转回日的摊余成本。

资产负债表日以摊余成本计量的金融资产发生减值的,应按预期信用损失金额,借记"信用减值损失"科目,贷记"债权投资减值准备"科目;已计提减值准备的金融资产若其价值以后又得以恢复,应在原已计提减值准备的金额内,按应恢复的账面价值借记"债权投资减值准备"科目,贷记"信用减值损失"科目。

第三节 以公允价值计量且其变动计入其他综合收益的金融资产

金融资产同时符合下列条件的,应当分类为以公允价值计量且其变动计入其他综合收益的金融资产:①企业管理该金融资产的业务模式既以收取合同现金流量为目标又以出售该金融资产为目标;②该金融资产的合同条款规定,在特定日期产生的现金流量,仅为对本金和以未偿付本金金额为基础的利息的支付。

以公允价值计量且其变动计入其他综合收益的金融资产包括其他债权投资和其他权益工具投资。

1. 其他债权投资

其他债权投资的初始计量采用该债券交易日的公允价值和交易费用之和计量,实际支付的款项中包含的已到付息期但尚未领取的利息,应当单独确认为应收项目。

企业应当设置"其他债权投资"科目,并分别设置"成本""利息调整""应计利息"和"公允价值变动"四个明细科目进行核算。

其他债权投资的后续计量,应按照债权投资的摊余成本和实际利率确认投资收益。其他债权投资的期末计量应以公允价值为基础,因公允价值变动形成的未实现利得和损失,作为所有者权益变动,计入其他综合收益,借或贷记"其他债权投资——公允价值变动"科目,贷或借记"其他综合收益——其他债权投资公允价值变动"科目。

企业处置其他债权投资时,应终止确认该金融资产,将取得的处置价款与该金融资产账面余额之间的差额计入投资收益;同时,将原直接计入所有者权益的累计公允价值变动对应处置部分的金额转出,计入"投资收益"科目。

【例2-6】2×19年1月1日,甲公司购买一项当日发行的债券,期限为5年,甲公司根据金融资产业务管理模式及合同现金流量特征,将其划分为其他债权投资。甲公司支付购买价款94万元,另支付交易费用1万元,该债券面值为100万元,票面年利率为4%,实际年利率为5.16%,每年年末支付利息,到期归还本金。2×19年年末至2×21年年末该债券投资的公允价值分别为97万元、98万元、95万元。2×22年1月1日甲公司将该投资全部出售,取得价款105万元。不考虑相关税费等因素,每年利息收益计算过程如表2-3所示。

表2-3 利息收益计算表　　　　　　　　　　　　　　单位:万元

年　份	期初摊余成本	实际利息收入	现金流入	期末摊余成本	期末公允价值
2×19	95.00	4.90	4.00	95.90	97.00
2×20	95.90	4.95	4.00	96.85	98.00
2×21	96.85	5.00	4.00	97.85	95.00

甲公司的账务处理如下所示(单位:万元):

购入时:

借:其他债权投资——成本　　　　　　　　　　　　　　　　100
　　贷:银行存款　　　　　　　　　　　　　　　　　　　　　95
　　　　其他债权投资——利息调整　　　　　　　　　　　　　5

2×19年年末计提利息时:

借:应收利息　　　　　　　　　　　　　　　　　　　　　　4
　　其他债权投资——利息调整　　　　　　　　　　　　　　0.9
　　贷:投资收益　　　　　　　　　　　　　　　　　　　　　4.9

收到利息时:

借:银行存款　　　　　　　　　　　　　　　　　　　　　　4
　　贷:应收利息　　　　　　　　　　　　　　　　　　　　　4

2×19年年末公允价值变动时:

借:其他债权投资——公允价值变动　　　　　　　　　　　　1.1
　　贷:其他综合收益——其他债权投资公允价值变动　　　　　1.1(97−95.9)

2×20年年末计提利息时:

借:应收利息　　　　　　　　　　　　　　　　　　　　　　4
　　其他债权投资——利息调整　　　　　　　　　　　　　　0.95
　　贷:投资收益　　　　　　　　　　　　　　　　　　　　　4.95

收到利息时:

借:银行存款　　　　　　　　　　　　　　　　　　　　　　4
　　贷:应收利息　　　　　　　　　　　　　　　　　　　　　4

2×20年年末公允价值变动时:

借:其他债权投资——公允价值变动　　　　　　　　　　　　0.05[98−(97+0.95)]
　　贷:其他综合收益——其他债权投资公允价值变动　　　　　0.05

2×21年年末计提利息时:

借:应收利息　　　　　　　　　　　　　　　　　　　　　　4

    其他债权投资——利息调整   1
     贷：投资收益   5

收到利息时：
  借：银行存款   4
    贷：应收利息   4

2×21年年末公允价值变动时：
  借：其他综合收益——其他债权投资公允价值变动   4
    贷：其他债权投资——公允价值变动   4[(98+1)-95]

2×22年年初出售时：
  借：银行存款   105
    其他债权投资——利息调整   2.15
        ——公允价值变动   2.85
    贷：其他债权投资——成本   100
      投资收益   10
  借：投资收益   2.85
    贷：其他综合收益——其他债权投资公允价值变动   2.85

  如果企业在报告期期末持有的其他债权投资发生信用损失(存在表明发生减值客观证据的债券)，应当确认为减值损失，计提减值准备。对于以公允价值计量且其变动计入其他综合收益的其他债权投资，企业应在其他综合收益中确认其减值损失，并将减值损失或利得计入当期损益，且不减少该金融资产在资产负债表中列示的价值。

  企业确认的其他债权投资减值损失，借记"信用减值损失"科目，贷记"其他综合收益——信用减值准备"科目；如该资产减值恢复，编制相反的会计分录。

2. 其他权益工具投资

  其他权益工具投资的初始计量采用该股票交易日的公允价值和交易费用之和计量，实际支付款项中包含的已到付息期但尚未领取的利息，应当单独确认为应收项目。

  企业应当设置"其他权益工具投资"科目，并分别设置"成本""公允价值变动"等明细科目进行核算。

  其他权益工具投资在持有期间取得的现金股利(不包括取得该金融资产时已宣告但尚未发放的现金股利)，应当计入投资收益。

  其他权益工具投资的期末计量应以公允价值为基础，因公允价值变动形成的未实现利得和损失，作为所有者权益变动，计入"其他综合收益"科目，借或贷记"其他权益工具投资——公允价值变动"科目，贷或借记"其他综合收益——其他权益工具投资公允价值变动"科目。

  企业处置其他权益工具投资时，应终止确认该金融资产，将取得的处置价款与该金融资产账面余额之间的差额计入其他综合收益；同时，将原直接计入其他综合收益的累计公允价值变动转为留存收益，不得计入当期损益。其他权益工具投资不需要计提减值准备。

【例 2-7】 2×19 年 5 月 6 日，甲公司支付价款 1 016 万元（含交易费用 1 万元和已宣告发放现金股利 15 万元），购入乙公司发行的股票 200 万股，占乙公司有表决权股份的 0.5%。甲公司将其指定为以公允价值计量且其变动计入其他综合收益的非交易性权益工具投资。

2×19 年 5 月 10 日，甲公司收到乙公司发放的现金股利 15 万元。

2×19 年 6 月 30 日，该股票市价为每股 5.2 元。

2×19 年 12 月 31 日，甲公司仍持有该股票，当日，股票市价为每股 5 元。

2×20 年 5 月 9 日，乙公司宣告发放股利 4 000 万元。2×20 年 5 月 13 日，甲公司收到乙公司发放的现金股利。

2×20 年 5 月 20 日，甲公司由于某种特殊原因，以每股 4.9 元的价格将股票全部转让。甲公司按照净利润的 10% 提取法定盈余公积金。

假定不考虑其他因素，甲公司的账务处理如下所示（金额单位：元）：

(1) 2×19 年 5 月 6 日，购入股票：

借：应收股利　　　　　　　　　　　　　　　　　　150 000
　　其他权益工具投资——成本　　　　　　　　　10 010 000
　　贷：银行存款　　　　　　　　　　　　　　　　10 160 000

(2) 2×19 年 5 月 10 日，收到现金股利：

借：银行存款　　　　　　　　　　　　　　　　　　150 000
　　贷：应收股利　　　　　　　　　　　　　　　　　150 000

(3) 2×19 年 6 月 30 日，确认股票价格变动：

$$2\,000\,000 \times 5.2 - 10\,010\,000 = 390\,000(元)$$

借：其他权益工具投资——公允价值变动　　　　　390 000
　　贷：其他综合收益——其他权益工具投资公允价值变动　390 000

(4) 2×19 年 12 月 31 日，确认股票价格变动：

借：其他综合收益——其他权益工具投资公允价值变动　400 000
　　贷：其他权益工具投资——公允价值变动　　　　400 000

(5) 2×20 年 5 月 9 日，确认应收现金股利：

$$40\,000\,000 \times 0.5\% = 200\,000(元)$$

借：应收股利　　　　　　　　　　　　　　　　　　200 000
　　贷：投资收益　　　　　　　　　　　　　　　　　200 000

(6) 2×20 年 5 月 13 日，收到现金股利：

借：银行存款　　　　　　　　　　　　　　　　　　200 000
　　贷：应收股利　　　　　　　　　　　　　　　　　200 000

(7) 2×20 年 5 月 20 日，出售股票：

借：银行存款　　　　　　　　　　　　　　　　　　9 800 000
　　其他权益工具投资——公允价值变动　　　　　　10 000
　　盈余公积——法定盈余公积　　　　　　　　　　20 000

利润分配——未分配利润		180 000
贷：其他权益工具投资——成本		10 010 000
借：其他综合收益——其他权益工具投资公允价值变动		10 000
贷：盈余公积——法定盈余公积		1 000
利润分配——未分配利润		9 000

第四节　以公允价值计量且其变动计入当期损益的金融资产

以公允价值计量且其变动计入当期损益的金融资产是指分类为以摊余成本计量的金融资产和以公允价值计量且其变动计入其他综合收益的金融资产之外的金融资产。

以公允价值计量且其变动计入当期损益的金融资产的初始计量采用该股票交易日的公允价值计量，相关交易费用在发生时直接计入当期损益。交易费用包括支付给代理机构、咨询公司、券商等的手续费和佣金及其他必要支出，不包括债券溢价、折价、融资费用、内部管理成本及其他与交易不直接相关的费用。企业为发行金融工具所发生的差旅费等，不属于交易费用。

企业应设置"交易性金融资产"科目核算以公允价值计量且其变动计入当期损益的金融资产，并设置"成本""公允价值变动"等明细科目核算。

企业取得以公允价值计量且其变动计入当期损益的金融资产时，按其公允价值，借记"交易性金融资产——成本"科目，按发生的交易费用，借记"投资收益"科目，按已到付息期但尚未领取的利息或已宣告但尚未发放的现金股利，借记"应收利息"或"应收股利"科目，按实际支付的金额，贷记"银行存款"等科目。以公允价值计量且其变动计入当期损益的金融资产在被持有期间由被投资单位宣告发放的现金股利，或在资产负债表日按分期付息、一次还本的债券投资的票面利率计算的利息，借记"应收股利"或"应收利息"科目，贷记"投资收益"科目。

资产负债表日，以公允价值计量且其变动计入当期损益的金融资产的公允价值高于其账面余额的差额，借记"交易性金融资产公允价值变动"科目，贷记"公允价值变动损益"科目；公允价值低于其账面余额的差额做相反的会计分录。出售交易性金融资产，应按实际收到的金额，借记"银行存款"等科目，按该金融资产的账面余额，贷记"交易性金融资产——成本"科目及"交易性金融资产——公允价值变动"科目，按其差额，贷记或借记"投资收益"科目。同时，将原计入该金融资产的公允价值变动转出，借记或贷记"公允价值变动损益"科目，贷记或借记"投资收益"科目。

【例2-8】A公司2×20年4月1日购入B公司10万股股票，作为以公允价值计量且其变动计入当期损益的金融资产核算，每股买价20元，另支付交易费用3万元，B公司已于3月15日宣告分红，每股红利为0.2元，于4月7日发放。6月30日每股市价为23元。

9月3日B公司再次宣告分红，每股红利为1元，9月25日发放。12月31日，每股市价为15元。2×21年2月9日A公司抛售所持股份，每股售价为14元，交易费用1万元。

A公司的账务处理如下所示(单位：万元)：

(1) 2×20年4月1日会计分录：

入账成本=(20-0.2)×10=198(万元)

借：交易性金融资产——成本　　　　　　　　　　　198
　　应收股利　　　　　　　　　　　　　　　　　　2
　　投资收益　　　　　　　　　　　　　　　　　　3
　　　贷：银行存款　　　　　　　　　　　　　　　　　203

(2) 2×20年4月7日收到分红：

借：银行存款　　　　　　　　　　　　　　　　　　2
　　　贷：应收股利　　　　　　　　　　　　　　　　　2

(3) 2×20年6月30日会计分录：

借：交易性金融资产——公允价值变动　　　　　　32
　　　贷：公允价值变动损益　　　　　　　　　　　　32

(4) 2×20年9月3日宣告分红时：

借：应收股利　　　　　　　　　　　　　　　　　10
　　　贷：投资收益　　　　　　　　　　　　　　　　　10

(5) 2×20年9月25日收到股利时：

借：银行存款　　　　　　　　　　　　　　　　　10
　　　贷：应收股利　　　　　　　　　　　　　　　　　10

(6) 2×20年12月31日会计分录：

借：公允价值变动损益　　　　　　　　　　　　　80
　　　贷：交易性金融资产——公允价值变动　　　　　80

(7) 2×21年2月9日会计分录：

借：银行存款　　　　　　　　　　　　　　　　　139
　　投资收益　　　　　　　　　　　　　　　　　11
　　　贷：交易性金融资产　　　　　　　　　　　　　150

【例2-9】A公司2×19年3月1日购入B公司债券作为以公允价值计量且其变动计入当期损益的金融资产核算，债券面值100万元，票面利率为6%，每年2月1日、8月1日各付息一次，B公司本应于2月1日结付的利息因资金紧张延至3月6日才兑付。债券买价为109万元，含交易费用1万元。6月30日债券市价为115万元。8月1日如期收到利息。年末债券公允价值为122万元，2×20年1月20日M公司处置债券，售价为138万元，交易费用1.5万元。

A公司的账务处理如下所示(单位：万元)：

(1) 2×19年3月1日购入债券时会计分录：

借：交易性金融资产——成本	105
应收利息	3
投资收益	1
贷：银行存款	109

(2) 2×19 年 6 月 30 日会计分录：

借：交易性金融资产——公允价值变动　　　10
　　贷：公允价值变动损益　　　　　　　　　　10

(3) 2×19 年 8 月 1 日会计分录：

借：银行存款　　　　　　　　　　　　　　　3
　　贷：投资收益　　　　　　　　　　　　　　3

(4) 2×19 年 12 月 31 日会计分录：

借：交易性金融资产——公允价值变动　　　7
　　贷：公允价值变动损益　　　　　　　　　　7

(5) 2×20 年 1 月 20 日会计分录：

借：银行存款　　　　　　　　　　　　　　136.5
　　贷：交易性金融资产——成本　　　　　　　105
　　　　　　　　　　　　——公允价值变动　　17
　　　　投资收益　　　　　　　　　　　　　14.5

第五节　金融资产的重分类

一、金融资产重分类的原则

企业改变其管理金融资产的业务模式时，应当按照规定对所有受影响的相关金融资产进行重分类。所以，金融资产(非衍生债券资产)可以在以摊余成本计量、以公允价值计量且其变动计入其他综合收益和以公允价值计量且其变动计入当期损益之间进行重分类。企业管理金融资产业务模式的变更是一种极其少见的情形。

以下情形不属于业务模式变更：

① 企业持有特定金融资产的意图改变；

② 金融资产特定市场暂时性消失从而暂时影响金融资产出售；

③ 金融资产在企业具有不同业务模式的各部门之间转移。

如果企业管理金融资产的业务模式没有发生变更，而金融资产的条款发生变更但未导致终止确认的，不允许重分类。如果金融资产条款发生变更导致金融资产终止确认的，不涉及重分类问题，企业应当终止确认原金融资产，同时按照变更后的条款确认一项新金融资产。

1. 权益工具不得重分类

因为权益工具投资只有两类，一类是以公允价值计量且其变动计入当期损益的金融资产，另一类是以公允价值计量且其变动计入其他综合收益的金融资产。对于以公允价值计量且其变动计入其他综合收益的金融资产，一经指定，不可变更，也就不能进行重分类。对于以公允价值计量且变动计入当期损益的金融资产，不满足合同现金流量的特征，也就不能重分类为以摊余成本计量的金融资产和以公允价值计量且其变动计入其他综合收益的金融资产。

2. 债券类金融资产可以重分类

基本金融工具的债券类金融工具投资，是跟随业务模式而确认分类的。因此，如果企业业务模式变更了，那么可以对债券类金融资产重分类。

这里的重分类属于业务模式的变化，不属于会计政策变更，不用追溯调整，采用未来适用法处理。比如，以摊余成本计量的金融资产重分类为以公允价值计量且其变动计入当期损益的金融资产，原来项目以摊余成本计量，新项目以公允价值计量，在重分类日调整为公允价值计量。

这里要注意重分类日，是业务模式变化后首个会计报告期间的第一天。假设企业2020年12月变化业务模式，2021年1月1日叫"重分类日"。

二、金融资产重分类的计量

1. 以摊余成本计量的金融资产的重分类

企业将一项以摊余成本计量的金融资产重分类为以公允价值计量且其变动计入其他综合收益的金融资产时，应当按照该金融资产在重分类日的公允价值进行计量。原账面价值与公允价值的差额计入其他综合收益。该金融资产重分类不影响其实际利率和预期信用损失的计量。

在重分类日，企业根据该金融资产的摊余成本，借记"其他债权投资"科目，贷记"债权投资"科目。同时，根据该金融资产公允价值与账面价值的差额，借记或贷记"其他债权投资——公允价值变动"科目，贷记或借记"其他综合收益——其他债权投资公允价值变动"科目。

【例2-10】2×20年11月1日，A公司将其持有的一项丁公司债券(债权投资)重分类为以公允价值计量且其变动计入其他综合收益的金融资产。在重分类日，丁公司债券的公允价值为45 000元，账面价值为43 000元，其中，成本40 000元，利息调整(借方)余额2 000元，应计利息1 000元，则A公司的账务处理为(单位：元)：

(1)结转该债券的账面价值：

借：其他债权投资——成本　　　　　　　　　　　　　　40 000
　　　　　　　——利息调整　　　　　　　　　　　　　 2 000
　　　　　　　——应计利息　　　　　　　　　　　　　 1 000

贷：债权投资——成本　　　　　　　　　　　　　　　40 000
　　　　　——利息调整　　　　　　　　　　　　　　 2 000
　　　　　——应计利息　　　　　　　　　　　　　　 1 000

(2)调整公允价值：
借：其他债权投资——公允价值变动　　　　　　　　　 2 000
　　贷：其他综合收益——其他债权投资公允价值变动　　2 000

企业将一项以摊余成本计量的金融资产重分类为以公允价值计量且其变动计入当期损益的金融资产时，应当按照该资产在重分类日的公允价值进行计量，原账面价值与公允价值的差额计入当期损益。

在重分类日，企业就根据该金融资产的摊余成本，借记"交易性金融资产——成本"科目，贷记"债权投资"科目。同时，根据该金融资产公允价值与账面价值的差额，借记或贷记"交易性金融资产——公允价值变动"科目，贷记或借记"公允价值变动损益"科目。

【例2-11】2×20年11月1日，A公司将其持有的一项丁公司债券(债权投资)重分类为以公允价值计量且其变动计入当期损益的金融资产。在重分类日，丁公司债券的公允价值为45 000元，账面价值为43 000元，其中成本40 000元，利息调整(借方)余额2 000元，应计利息1 000元，则A公司的账务处理如下所示(单位：元)：

(1)结转该债券的账面价值：
借：交易性金融资产　　　　　　　　　　　　　　　　43 000
　　贷：债权投资——成本　　　　　　　　　　　　　40 000
　　　　　——利息调整　　　　　　　　　　　　　　 2 000
　　　　　——应计利息　　　　　　　　　　　　　　 1 000

(2)调整公允价值：
借：交易性金融资产——公允价值变动　　　　　　　　 2 000
　　贷：公允价值变动损益　　　　　　　　　　　　　 2 000

2. 以公允价值计量且其变动计入其他综合收益的金融资产的重分类

企业将一项以公允价值计量且其变动计入其他综合收益的金融资产重分类为以摊余成本计量的金融资产时，应当将之前计入其他综合收益的累计利得或损失转出，调整该金融资产在重分类日的公允价值，并以调整后的金额作为新的账面价值，即视同该金融资产一直以摊余成本计量，该金融资产的重分类不影响其实际利率和预期信用损失的计量。

在重分类日，企业就根据该金融资产的摊余成本，借记"债权投资"科目，贷记"其他债权投资"科目。由于其减值准备是以公允价值为基础计算的，因此其公允价值变动属于减值准备的组成部分，应根据其公允价值变动借记或贷记"其他债权投资——公允价值变动"科目，贷记或借记"债权投资减值准备"科目；同时借记或贷记"其他综合收益——信用减值准备"科目，贷记或借记"信用减值损失"科目；根据累计确认的信用减值损失，借记"其他综合收益——信用减值准备"科目，贷记"债权投资减值准备"科目。

【例2-12】2×19年9月15日，A公司购入一项债券投资，并按规定将其分类为以公允价值计量且其变动计入其他综合收益的金融资产。2×20年10月15日，A公司变更了其管理债券投资组合的业务模式，其变更符合重分类的要求，因此，A公司于2×21年1月1日将该债券从以公允价值计量且其变动计入其他综合收益的金融资产重分类为以摊余成本计量的金融资产。2×21年1月1日，该债券的账面价值为500 000元，其中，债券面值为480 000元，利息调整（借方）为10 000元，应计利息为10 000元，公允价值变动为-30 000元；累计计提金融资产减值准备5 000元。

A公司的账务处理如下所示（单位：元）：

(1) 结转摊余成本：

借：债权投资——成本	480 000	
——利息调整	10 000	
——应计利息	10 000	
贷：其他债权投资——成本		480 000
——利息调整		10 000
——应计利息		10 000

(2) 结转公允价值变动：

借：其他债权投资——公允价值变动	30 000	
贷：债权投资减值准备		30 000
借：信用减值损失	30 000	
贷：其他综合收益——信用减值准备		30 000

(3) 结转金融资产减值准备：

借：其他综合收益——信用减值准备	5 000	
贷：债权投资减值准备		5 000

企业将一项以公允价值计量且其变动计入其他综合收益的金融资产重分类为以公允价值计量且其变动计入当期损益的金融资产时，应当继续以公允价值计量该金融资产。同时，企业应当将之前计入其他综合收益的累计利得或损失从其他综合收益转入当期损益。

在重分类日，企业就根据该金融资产的公允价值，借记"交易性金融资产"科目，贷记"其他债权投资"科目；根据将原计入其他综合收益的公允价值变动，借记或贷记"其他综合收益"科目，贷记或借记"公允价值变动损益"科目；根据其他减值准备，借记"其他综合收益——信用减值准备"科目，贷记"信用减值损失"科目。

【例2-13】2×19年9月15日，A银行购入一项债券投资，并按规定将其分类为以公允价值计量且其变动计入其他综合收益的金融资产。2×20年10月15日，A银行变更了其管理债券投资组合的业务模式，其变更符合重分类的要求，因此，A银行于2×21年1月1日将该债券从以公允价值计量且其变动计入其他综合收益的金融资产重分类为以公允价值计量且其变动计入当期损益的金融资产。2×21年1月1日，该债券的账面价值为500 000元，其中,债券面值为480 000元,利息调整(借方)为10 000元,应计利息为10 000元,公允价值变动为-30 000元;累计计提金融资产减值准备5 000元。

A银行的账务处理如下所示(单位:元):

(1)结转摊余成本和公允价值:

借:交易性金融资产——成本	480 000
其他债权投资——公允价值变动	20 000
贷:其他债权投资——成本	480 000
——利息调整	10 000
——应计利息	10 000

(2)结转金融资产公允价值变动:

借:公允价值变动损益	30 000
贷:其他综合收益——其他债权投资公允价值变动	30 000

(3)结转金融资产减值准备:

借:其他综合收益——信用减值准备	5 000
贷:信用减值损失	5 000

3. 以公允价值计量且其变动计入当期损益的金融资产的重分类

企业将一项以公允价值计量且其变动计入当期损益的金融资产重分类为以摊余成本计量的金融资产时,应当以其在重分类日的公允价值作为新的账面余额,以该金融资产在重分类日的公允价值确定实际利率。其后,按照以摊余成本计量的金融资产的相关规定进行后续计量。

在重分类日,企业应根据该债券的公允价值,借记"债权投资"科目,贷记"交易性金融资产"科目。

【例2-14】 2×17年1月1日,A银行以公允价值864 000元购入一项债券投资,并按规定将其分类为以公允价值计量且其变动计入当期损益的金融资产。该债券的面值为800 000元,5年期,票面利率为4%,到期一次还本付息,该债券的实际利率为4.21%。

2×19年12月1日,A银行变更了其管理债券投资组合的业务模式,其变更符合重分类的要求,因此,A银行于2×20年1月1日将该债券从以公允价值计量且其变动计入当期损益的金融资产重分类为以摊余成本计量的金融资产。2×20年1月1日,该债券的公允价值为884 000元。

A银行的账务处理如下所示(单位:元):

借:债权投资——成本	800 000
——应计利息	96 000(800 000×4%×3)
贷:交易性金融资产——成本	864 000
——公允价值变动	20 000
债权投资——利息调整	12 000

企业将一项以公允价值计量且其变动计入当期损益的金融资产重分类为以公允

价值计量且其变动计入其他综合收益的金融资产时,应当继续以公允价值计量该金融资产。

在重分类日,企业应根据该债券的公允价值,借记"其他债权投资"科目,贷记"交易性金融资产"科目。

【例 2-15】 2×17 年 1 月 1 日,A 银行以公允价值 864 000 元购入一项债券投资,并按规定将其分类为以公允价值计量且其变动计入当期损益的金融资产。该债券的面值为 800 000 元,5 年期,票面利率为 4%,到期一次还本付息,该债券的实际利率为 4.21%。

2×19 年 12 月 1 日,A 银行变更了其管理债券投资组合的业务模式,其变更符合重分类的要求,因此,A 银行于 2×20 年 1 月 1 日将该债券从以公允价值计量且其变动计入当期损益的金融资产重分类为以摊余成本计量的金融资产。2×20 年 1 月 1 日,该债券的公允价值为 884 000 元。

A 银行的账务处理如下所示(单位:元):

借:其他债权投资——成本　　　　　　　　　　　800 000
　　　　　　　　——应计利息　　　96 000(800 000×4%×3)
　贷:交易性金融资产——成本　　　　　　　　　864 000
　　　　　　　　　　——公允价值变动　　　　　 20 000
　　其他债权投资——利息调整　　　　　　　　　 12 000

思 考 题

1. 金融资产的定义是什么?
2. 金融资产三分类的原则是什么?
3. 以摊余成本计量的金融资产的初始成本如何确认?各期的摊余成本及投资收益如何计算?
4. 其他债权投资如何确认初始成本?期末如何计量?
5. 以公允价值计量且其变动计入当期损益的金融资产如何确认初始成本?期末如何计量?
6. 金融资产重分类的原则是什么?

练 习 题

习题一: 2×19 年 1 月 1 日,长江公司从二级市场购入黄河公司债券,支付价款合计 1 020 000 元(含已到付息期但尚未领取的利息 20 000 元),另发生交易费用 20 000 元。该债券面值 1 000 000 元,剩余期限为 2 年,票面年利率为 4%,每半年付息一次。长江公司根据其管理该债券的业务模式和该债券的合同现金流量特征,将该债券分类为以公允价值计量且其变动计入当期损益的金融资产。

要求：假定不考虑其他因素，根据所给资料做出长江公司相关的账务处理：

2×19年1月5日，收到黄河公司债券2×18年下半年利息20 000元。

2×19年6月30日，黄河公司债券的公允价值为1 150 000元(不含利息)。

2×19年7月5日，收到黄河公司债券2×19年上半年利息。

2×19年12月31日，黄河公司债券的公允价值为1 100 000元(不含利息)。

2×20年1月5日，收到黄河公司债券2×19年下半年利息。

2×20年6月20日，通过二级市场出售黄河公司债券，取得价款1 180 000元(含一季度利息10 000元)。

习题二：2×19年1月1日，长江公司支付价款1 000万元(含交易费用)从上海证券交易所购入A公司同日发行的5年期公司债券12 500份，债券票面价值总额为1 250万元，票面年利率为4.72%，于年末支付本年度债券利息(每年利息为59万元)，本金在债券到期时一次性偿还。合同约定，该债券的发行方在遇到特定情况时可以将债券赎回，且不需要为提前赎回支付额外款项。长江公司在购买该债券时，预计发行方不会提前赎回。长江公司根据其管理该债券的业务模式和该债券的合同现金流量特征，将该债券分类为以摊余成本计量的金融资产。

要求：对长江公司下列有关该项债权投资的业务进行账务处理：

编制购入债券时的会计分录；

采用实际利率法编制债券利息收入与摊余成本计算表；

编制各年年末确认债券利息收入的会计分录；

编制债券到期收回本金和最后一期利息的会计分录。

习题三：2×19年6月1日，A公司以每股5元的价格购入B上市公司(以下简称B公司)的股票1 000万股，并由此持有B公司5%的股权。A公司与B公司不存在关联方关系。A公司将对B公司的投资根据其管理B公司股票的业务模式和B公司股票的合同现金流量特征，将B公司股票直接指定为以公允价值计量且其变动计入其他综合收益的金融资产进行会计处理。2×19年12月31日该股票的收盘价格为每股7元。

要求：对A公司下列有关该项投资的业务进行账务处理：

编制购入该B公司股票时的会计分录；

编制2×19年12月31日的会计分录。

第三章
货币资金与应收项目

本章学习提示

学习内容：

通过本章的学习，了解货币资金的类别和银行转账结算方式；理解银行存款余额调节表的编制目的与方法；掌握应收票据的分类；掌握应收票据贴现的会计处理；掌握应收账款计价的原则；掌握坏账的确认及计量方法等。

学习要点：

1. 现金的使用范围；
2. 银行存款清查；
3. 应收票据的贴现；
4. 应收账款的计价；
5. 坏账的核算。

第一节 货币资金

货币资金是指企业拥有的以货币形式存在的资产，包括库存现金、银行存款和其他货币资金。货币资金是企业资金运动的起点和终点，是企业生产经营的先决条件。

一、库存现金

库存现金是指存放于企业财会部门、由出纳人员经管的货币。库存现金是企业流动性最强的资产，企业应当严格遵守国家有关现金管理制度，正确进行现金收支的核算，监督现金使用的合法性与合理性。

1. 库存现金的管理

根据国务院颁发的《现金管理暂行条例》，开户银行可以在下列范围使用现金：

① 职工工资、津贴。这里所说的职工工资指企业、事业单位和机关、团体、部队支付给职工的工资和工资性津贴。

② 个人劳务报酬。指由于个人向企业、事业单位和机关、团体、部队等提供劳务而由企业、事业单位和机关、团体、部队等向个人支付的劳务报酬。

③ 根据国家制度条例的规定，颁发给个人的科学技术、文化艺术、体育等方面的各种奖金。

④ 各种劳保、福利费用以及国家规定的对个人的其他支出，如退休金、抚恤金、学生助学金、职工困难生活补助。

⑤ 收购单位向个人收购农副产品和其他物资的价款，如金银、工艺品、废旧物资的价款。

⑥ 出差人员必须随身携带的差旅费。

⑦ 结算起点(1 000元)以下的零星支出。超过结算起点的应实行银行转账结算，结算起点的调整由中国人民银行确定报国务院备案。

⑧ 中国人民银行确定需要现金支付的其他支出。

企业与其他单位的经济往来(除了在规定的范围内可以使用现金)，应当通过开户银行进行转账结算。

库存现金限额，是指为保证各单位日常零星支付按规定允许留存现金的最高限额。库存现金的限额，由开户银行根据开户单位的实际需要和距离银行远近等情况核定。其限额一般按照企业3至5天日常零星开支所需现金确定。远离银行机构或交通不便的单位可依据实际情况适当放宽，但最高不得超过15天。库存现金限额经银行核定批准后，开户单位应当严格遵守，每日现金的结存数不得超过核定的限额。如库存现金不足限额时，可向银行提取现金，不得在未经开户银行准许的情况下坐支现金。库存现金限额一般每年核定一次，单位因生产和业务发展、变化需要增加或减少库存限额时，可向开户银行提出申请，经批准后，方可进行调整，单位不得擅自超出核定限额增加库存现金。

按照《现金管理暂行条例》及其实施细则的规定，企业单位、事业单位、机关、团体、部队现金管理应遵守"八不准"：
① 不准用不符合财务制度的凭证顶替库存现金；
② 不准单位之间相互借用现金；
③ 不准谎报用途套取现金；
④ 不准利用银行账户代其他单位和个人存入或支取现金；
⑤ 不准将单位收入的现金以个人名义储蓄；
⑥ 不准保留账外公款(小金库)；
⑦ 不准发行变相货币；
⑧ 不准以任何票券代替人民币在市场上流通。

2. 库存现金备用金制度

备用金是企业拨付给企业内部用款单位或职工个人作为零星开支的备用款项。企业拨付的备用金，根据管理需要，可以采用一次性备用金或定额备用金制度，在"其他应收款—备用金"明细账户中进行核算。

3. 库存现金的账务处理

企业应设置"库存现金"账户对企业的库存现金进行会计核算。现金日记账一般由出纳人员按照现金业务发生的先后顺序逐笔序时登记，每日终了，应与实际现金库存数进行核对，做到账款相符；月份终了，现金日记账的余额应与"库存现金"总账余额相符，如有不符，应及时核对，查明原因。

(1) 现金收支业务的核算

出纳人员应根据当日审核无误的原始凭证办理收付手续，编制会计分录，完成记账凭证，据此登记现金日记账。

【例 3-1】 长江公司 2×19 年 6 月 30 日的"库存现金"账户余额是 6 600 元，库存限额是 10 000 元，当天发生下列现金收支业务：

(1) 职工张三因公出差，预借差旅费 2 000 元，预计 4 天后返回。
(2) 生产部门开始实行定额备用金制，领取现金 2 000 元。
(3) 出售办公室废旧报刊，取得现金 100 元。
(4) 车间购买办公用品，用现金支付款项 200 元。
(5) 张三出差归来，报销差旅费 2 500 元，其中火车票 900 元，市内交通费 600 元，住宿费 4 天 600 元，伙食补助 120 元，通信费 80 元，行李运费 200 元。差旅费报销经单位有关领导审批后再补付现金 500 元。

根据以上经济业务，企业账务处理如下所示(单位：元)：

(1) 支付差旅借款时：

借：其他应收款——张三　　　　　　　　　　　　　　　2 000
　　贷：库存现金　　　　　　　　　　　　　　　　　　　　　　2 000

(2) 支付备用金时：

借：其他应收款——生产部门备用金　　　　　　　　　　　　2 000
　　贷：库存现金　　　　　　　　　　　　　　　　　　　　　　　　2 000
（3）收到废旧报刊费时：
借：库存现金　　　　　　　　　　　　　　　　　　　　　　　100
　　贷：管理费用　　　　　　　　　　　　　　　　　　　　　　　　100
（4）支付车间办公费时：
借：制造费用　　　　　　　　　　　　　　　　　　　　　　　200
　　贷：库存现金　　　　　　　　　　　　　　　　　　　　　　　　200
（5）报销差旅费时：
借：管理费用——差旅费　　　　　　　　　　　　　　　　　2 500
　　贷：库存现金　　　　　　　　　　　　　　　　　　　　　　　　500
　　　　其他应收款——张三　　　　　　　　　　　　　　　　　　2 000

（2）库存现金的清查

库存现金的清查需要对现金进行盘点，在现金盘点时，如发生账款不符，发现的有待查明原因的现金短缺或溢余，应先通过"待处理财产损溢"科目核算。具体的账务处理如下。

① 查明原因前的账务处理。在每日终了结算现金收支、进行财产清查时如果发现有待查明原因的现金短缺或溢余，须进行相关账务处理。

属于现金短缺的，应借记"待处理财产损溢——待处理流动资产损溢"科目，贷记"库存现金"科目。属于现金溢余则做相反的会计分录。

② 现金短缺查明原因后的账务处理。属于应由责任人赔偿的部分，应借记"其他应收款——×××"，贷记"待处理财产损溢——待处理流动资产损溢"科目；属于应由保险公司赔偿的部分，应借记"其他应收款——××保险公司"科目，贷记"待处理财产损溢——待处理流动资产损溢"科目；属于无法查明的其他原因，借记"管理费用"科目，贷记"待处理财产损溢——待处理流动资产损溢"科目。

③ 现金溢余查明原因后的账务处理。属于应支付给有关人员或单位的，应借记"待处理财产损溢——待处理流动资产损溢"科目，贷记"其他应付款"科目；属于无法查明原因的，应借记"待处理财产损溢——待处理流动资产损溢"科目，贷记"营业外收入"科目。

【例3-2】王五是一家私营企业的出纳人员，月末对库存现金进行盘点时，发现库存现金多出100元，则需要进行如下处理：

借：库存现金　　　　　　　　　　　　　　　　　　　　　　　100
　　贷：待处理财产损溢　　　　　　　　　　　　　　　　　　　　100

之后如果发现库存现金溢余原因是应支付给某行政人员的加班费未付，计入"其他应付款"科目中；如果没发现盘盈原因则需要计入"营业外收入"科目，相关账务处理如下（单位：元）：

借：待处理财产损溢——待处理流动资产损溢　　　　　　　　100
　　贷：其他应付款/营业外收入　　　　　　　　　　　　　　　　100

假如王五盘点库存现金，发现金额少了 300 元，账务处理如下(单位：元)：

借：待处理财产损溢——待处理流动资产损溢　　　　　　300
　　贷：库存现金　　　　　　　　　　　　　　　　　　　　　　300

针对库存现金盘亏问题，需要裁定主要负责人或部门：

(1)假如需要王五全额赔偿，则可以计入"其他应收款"科目中：

借：其他应收款——王五　　　　　　　　　　　　　　　　300
　　贷：待处理财产损溢——待处理流动资产损溢　　　　　　300

收到王五赔偿时，则：

借：库存现金　　　　　　　　　　　　　　　　　　　　　　300
　　贷：其他应收款——王五　　　　　　　　　　　　　　　　300

(2)假如企业承担 200 元，王五承担 100 元，则账务处理为：

借：其他应收款——王五　　　　　　　　　　　　　　　　100
　　管理费用　　　　　　　　　　　　　　　　　　　　　　200
　　贷：待处理财产损溢　　　　　　　　　　　　　　　　　　300

收到王五赔偿时，则账务处理为：

借：库存现金　　　　　　　　　　　　　　　　　　　　　　100
　　贷：其他应收款——王五　　　　　　　　　　　　　　　　100

二、银行存款

1. 银行存款的管理

银行存款是储存在银行或其他金融机构的款项，是货币资金的组成部分。根据我国现金管理制度的规定，每一企业都必须在中国人民银行或商业银行开立存款户，办理存款、取款和转账结算。企业的货币资金，除在规定限额以内，可以保存少量的现金外，都必须存入银行。

为了维护金融秩序，规范全国的银行账户的开立与使用，中国人民银行制定的《银行账户管理办法》规定，一个企业可以根据需要在银行开立基本存款账户、一般存款账户、临时存款账户和专用存款账户。

基本存款账户是办理转账结算和现金收付的主办账户，经营活动的日常资金收付以及工资、奖金和现金的支取均可通过该账户办理，并且企业只能选择一家银行申请开立一个基本存款账户。一般存款账户是企业在基本存款账户以外开立的用于办理借款转存、借款归还和其他结算的资金收付，企业可以通过该账户办理现金缴存，但不得办理现金支取。临时存款账户是企业因临时经营活动需要开立的账户，企业可以通过该账户办理转账结算和现金收付。专用存款账户是企业对特定用途的资金，由存款人向开户行出具相应证明即可开立的账户。

为保证各项经济业务的正常开展，企业应认真贯彻执行国家的政策、法令，遵守银行信贷结算和现金管理规定，并在银行检查时提供账户使用情况等有关资料；企业在银行开立的账户，只供本企业业务经营范围内的资金收付，不许出租、出借或转让给其他单位或个人使用；各种收付款凭证，必须如实填明款项来源或用途，不得巧立名目、弄虚作假；不得套取现金、套购物资；严禁利用账户搞非法活动；企业在银行的账户必须有足够的资金保证支付，不准签发空头的付款凭证和远期的支付凭证；企业应及时、正确地记载银行往来账务，并及时与银行寄送的对账单进行核对，若发现不符，应尽快查对清楚。

2. 银行转账结算方式

转账结算亦称"非现金结算""划拨结算"，是指企业之间发生的款项往来，不用现金结算，而是通过银行将款项从付款人账户划转到收款人账户的货币收付行为。结算方式是指用一定的形式和条件来实现企业之间货币收付的程序和方法，主要内容包括商品交易货款支付的地点、时间和条件，商品所有权转移的条件，结算凭证及其传递的程序和方法等。现行的银行结算方式包括商业汇票、银行汇票、银行本票、支票、汇兑、委托收款、托收承付、信用证等。

(1) 商业汇票

商业汇票是出票人签发的，委托付款人在指定日期无条件支付确定金额给收款人或者持票人的票据。商业汇票按照承兑人的不同分为商业承兑汇票和银行承兑汇票，须具有真实的交易关系或债权债务关系才能使用。商业汇票的付款期限由交易双方商定，最长不超过 6 个月。商业汇票的提示付款期限自商业汇票到期日起 10 日内。商业汇票适用范围相对较窄，只适用于企业之间由于先发货后收款或双方约定延期付款的商品交易。未到期的商业汇票可以到银行办理贴现。商业汇票在同城、异地都可以使用，而且没有结算起点的限制。

(2) 银行汇票

银行汇票是汇款人将款项交存当地银行，由出票银行签发，由其在见票时按照实际结算金额无条件支付给收款人或者持票人的款项的票据。银行汇票多用于办理异地转账结算和支取现金等业务。银行汇票的提示付款期限是自出票日起 1 个月内。银行汇票具有使用灵活、票随人到、兑现性强等特点。

(3) 银行本票

银行本票是申请人将款项交存银行，由银行签发凭以办理转账或提取现金的一种票据。银行本票适用于同一票据交换区域需要支付各种款项的单位和个人。银行本票的提示付款期限自出票日起最长不得超过 2 个月。银行本票分为定额本票和不定额本票，见票即付，不予挂失，付款保证程度高，可背书。

(4) 支票

支票是银行的存款人签发给收款人办理结算或委托开户银行将款项支付给收款人的票据，适用于同城各单位之间的商品交易、劳务供应及其他款项的结算。支票的提示付款期限为 10 天，超过提示付款期限提示付款的，持票人开户银行不予受理，付款人不予付款。一般为同城支付。支票分为现金支票、转账支票和普通支票。现金支票只能提取现金；转账支票只能用于转账；普通支票既可以用来支付现金，也可以用来转账。付款单位必须在其银行存款余额内签发支票，不得签发空头支票。空头支票是指签发的支票金额超过银行存款余额的支票。

(5) 汇兑

汇兑指企业(汇款人)委托银行将其款项支付给收款人的结算方式。汇兑可以分类为信汇和电汇。汇兑适用范围广，手续简便易行，灵活方便，因而是目前一种应用比较广泛的结算方式。

(6) 委托收款

委托收款是收款人委托银行向付款人收取款项的结算方式。委托收款分邮寄和电报划回两种。凡在银行或其他金融机构开立账户的单位和个体经济户的商品交易，公用事业单位向用户收取水电费、通信费、煤气费、公房租金等劳务款项以及其他应收款项，无论是在同城还是异地，均可使用委托收款的结算方式。

(7) 托收承付

托收承付是指根据购销合同由收款人发货后委托银行向异地购货单位收取货款，购货单位根据合同对单或对证验货后，向银行承认付款的一种结算方式。适用于有合法的商品交易，以及因商品交易而产生的劳务供应的款项。《支付结算办法》规定，托收承付结算每笔的金额起点为1万元，新华书店系统每笔的金额起点为1千元。

(8) 信用证

信用证支付方式是国际贸易中的一种主要付款方式，由银行替买家(进口方)在单证相符情况下向卖家(出口方)支付的一种结算方式，其最大的优点是用银行信用做担保支付。出口商只需要按照信用证的要求提交符合信用证规定的各种单证，做到"单单一致，单证一致"，就可得到银行的付款。由于货款的支付以取得符合信用证规定的货运单证为条件，避免了预付货款的风险，因此信用证支付方式在很大程度上解决了进、出口双方在付款和交货问题上的矛盾。

3. 银行存款的清查

(1) 银行存款清查的原因

由于企业购销业务频繁，银行存款的数额也随之频繁变动。企业应及时与银行核对账目。企业银行存款的清查是采用与开户银行核对账目的方法，即将本单位银行存款日记账的账簿记录与开户银行转来的对账单逐笔进行核对，来查明银行存款的实有数额。银行存款的清查一般在月末进行。从理论上讲，开户单位的银行存款账与其开户银行中记载的银行存款账余额应该一致，但实务中两者经常会出现不一致的现象，原因如下：

① 记账错误。企业或银行记账错误，如企业在几家银行同时开户，记账时可能发生银行之间串户错误，同样银行也可能把各种存款企业账目相互混淆。企业将截至清查日所有银行存款的收付业务都登记入账后，对发生的错账、漏账应及时查清更正，再与银行的对账单逐笔核对。如果二者余额相符，通常说明没有错误；如果二者余额不相符，则可能是企业或银行一方或双方记账过程有错误或者存在未达账项。

② 未达账项。未达账项是指企业和银行之间在会计凭证的传递过程中，由于传递时间不同或其他原因而造成同一笔经济业务双方记账时间不一致而导致双方的余额不一致。

未达账项一般分为以下四种情况：

● 企业已收，银行未收。如企业送存银行的各种款项，企业已经入账，但银行由于未办完有关的手续而尚未入账。

● 企业已付，银行未付。如企业已开出支票等付款凭据，并已付款入账，而银行尚未收到凭证或未办完有关手续而尚未入账。

● 银行已收，企业未收。如企业委托银行代收的款项，银行已收到并已入账，但企业尚未收到银行的收款通知而尚未入账。

● 银行已付，企业未付。如银行为企业代付的款项，银行已付款入账，但企业尚未收到银行的付款通知而尚未入账。

由于上述未达账项的存在，就会造成企业的银行存款日记账与银行对账单的余额不一致。所以企业必须将未达账项进行调节，将调节后的银行存款日记账的余额与调节后的银行对账单的余额进行核对。如果双方记账无误，调节后的余额应该是相符的。对未达账项的调节是通过编制银行存款余额调节表进行的。在银行存款余额调节表中，要把双方的未达账项补充登记齐全，然后计算出调节后的余额，再进行核对。

(2) 银行存款清查的具体步骤

银行存款清查的具体步骤为：

① 将本单位银行存款日记账与银行对账单，以经济业务结算凭证的种类、号码和金额等资料为依据，逐日逐笔核对。凡双方都有记录的，在金额旁打上记号"√"。

② 找出未达账项(银行存款日记账和银行对账单中没有打"√"的款项)。

③ 将日记账和对账单的月末余额及找出的未达账项填入"银行存款余额调节表"，并计算出调整后的余额。

④ 将调整平衡的"银行存款余额调节表"经主管会计签章后，呈报开户银行。

银行存款余额调节表的编制，是以双方账面余额为基础，各自分别加上对方已收款入账而己方尚未入账的数额，减去对方已付款入账而己方尚未入账的数额。其计算公式如下：

企业银行存款日记账余额+银行已收企业未收款银行已付企业未付款=银行对账单存款余额+企业已收银行未收款企业已付银行未付款

【例3-3】2×19年3月末，A企业银行存款日记账余额为165 049元，从开户银行取得对账单余额为180 917元。经逐项核对，发现以下未达账项：

(1) 企业收到B公司送来的一张支票，金额5 000元，企业已入账，送存银行，银行尚未入账。

(2) 银行代企业收取委托收款的货款金额16 936元，相关收款凭证尚未送达企业。

(3) 企业开出支票支付C工厂货款4 000元，企业已入账，银行尚未入账。

(4) 银行从企业账上划转结算手续费68元，企业尚未收到相关凭证。

根据以上资料，A企业编制的银行存款余额调节表如表3-1所示。

表3-1 A企业银行存款余额调节表 单位：元

项目	金额	项目	金额
银行存款日记账余额	165 049	银行对账单余额	180 917
加：银行已收、企业未收	16 936	加：企业已收、银行未收	5 000
减：银行已付、企业未付	68	减：企业已付、银行未付	4 000
调节后余额	181 917	调节后余额	181 917

需要说明，银行存款余额调节表只是为了查清未达账项，从而查明银行存款的实际余额。它既不是原始凭证，也不是记账凭证，不能根据它调整账面记录。对企业尚未记录的那些未达账项，只有等到相关银行结算凭证到达企业，才能据以进行账务处理。调节后的余额如果相等，通常说明企业和银行的账面记录一般没有错误，该余额通常为企业可以动用的银行存款实有数。调节后的余额如果不相等，通常说明一方或双方记账有误，需进一步追查，查明原因后予以更正和处理。

三、其他货币资金

1. 其他货币资金的内容

其他货币资金是指企业除现金、银行存款以外的其他各种货币资金，主要包括外埠存款、银行汇票存款、银行本票存款、信用卡存款、信用证保证金存款、存出投资款等。外埠存款是指企业到外地进行临时或零星采购时，汇往在采购地银行开立的采购专户的款项。银行汇票存款是指企业为取得银行汇票按照规定存入银行的款项。银行本票存款是指企业为取得银行本票按照规定存入银行的款项。信用卡存款是指企业为了取得信用卡而存入银行信用卡专户的款项。信用证保证金存款是指采用信用证结算方式的企业为开具信用证而存入银行信用证保证金专户的款项。存出投资款是指企业为购买股票、债券、基金等，根据有关规定存入在证券公司指定银行开立的投资款专户的款项。

2. 其他货币资金的账务处理

下面以外埠存款、银行汇票存款和银行本票存款为例说明其账务处理。

(1) 外埠存款

企业汇出款项时，应填写汇款委托书；汇入银行对于汇入的采购款项，按汇款单位开设采购专户。采购专户存款只付不收，款项支付完毕结束账户。

企业委托当地开户银行汇款给在采购地开立的专户时：

借：其他货币资金——外埠存款
　　贷：银行存款

收到采购员交来的购货发票，会计人员按购货金额和支付的增值税款：

借：物资采购(或原材料)
　　应交税费——应交增值税(进项税额)
　　贷：其他货币资金——外埠存款

采购员完成了采购任务，将多余的外埠存款转回当地银行时，企业应根据银行的收账通知。转销"其他货币资金——外埠存款"科目。

借：银行存款
　　贷：其他货币资金——外埠存款

(2) 银行汇票存款

企业向银行提交"银行汇票委托书"并将款项交存银行，取得银行汇票时，应当根据银行盖章的委托书存根联进行账务处理。

借：其他货币资金——银行汇票存款
　　贷：银行存款

企业使用银行汇票后，应根据发票账单及开户行转来的银行汇票第四联等凭证进行账务处理：

借：物资采购(或原材料)
　　应交税费——应交增值税(进项税额)
　　贷：其他货币资金——银行汇票存款

银行汇票使用完毕，将多余的票款转回当地银行时，企业应转销"其他货币资金——银行汇票存款"科目。

借：银行存款
　　贷：其他货币资金——银行汇票存款

如银行汇票因超出付款期限或其他原因未曾使用而退回，企业收款时：

借：银行存款
　　贷：其他货币资金——银行汇票存款

(3) 银行本票存款

企业向银行提交"银行本票申请书"并将款项交存银行，取得银行本票时，应当根据银行盖章退回的申请书存根联进行账务处理：

借：其他货币资金——银行本票存款
　　贷：银行存款

企业使用银行本票后，应根据发票账单等有关凭证进行账务处理：

借：物资采购(或原材料)
　　应交税费——应交增值税(进项税额)
　　贷：其他货币资金——银行本票存款

银行本票使用完毕，将多余的票款转回当地银行时，企业应转销"其他货币资金——银行汇票本款"科目。

借：银行存款
　　贷：其他货币资金——银行汇票本款

如企业因本票超过付款期等原因未曾使用而要求银行退款时，企业收款时的账务处理为：

借：银行存款
　　贷：其他货币资金——银行本票存款

第二节 应收票据

应收票据是指企业因销售商品、提供劳务等而收到的商业汇票。商业汇票的付款期限最长不得超过6个月。企业应当设置"应收票据"科目，反映和监督应收票据取得、票款收回等经济业务。

一、应收票据的分类

按照承兑人的不同，商业汇票分为商业承兑汇票和银行承兑汇票两种。商业承兑汇票是付款人签发并承兑，或由收款人签发交由付款人承兑的汇票。银行承兑汇票是由在承兑银行开立存款账户的存款人出票，由承兑银行承兑的票据。

按是否计息，商业汇票分为带息商业汇票和不带息商业汇票。带息商业汇票是票面注明利息的商业汇票，其利息应单独计算；不带息商业汇票是票面不注明利息的商业汇票，其利息包含在票面本金之中。

二、应收票据的计价

应收票据的计价一般有两种方法：一是按票据到期值的现值计价，这种方法在理论上更为可取；另一种是按票据的面值计价，对于期限较短的票据，一般采用这种方法。我国目前允许使用的商业汇票最长期限为6个月，利息金额相对来说不大，用现值记账不但计算麻烦，而且其折价的逐期摊销过于烦琐，因而在会计实务中都是按面值计价。具体账务处理如下：

1. 应收票据的取得

因债务人抵偿前欠货款而取得应收票据时：
借：应收票据(票据的面值)
　　贷：应收账款

因销售商品并满足收入确认条件而收到应收票据时：
借：应收票据(票据的面值)
　　贷：主营业务收入
　　　　应交税费——应交增值税(销项税额)

2. 到期收回应收票据的核算

(1)应收票据到期值的计算

不带息应收票据到期值=票据面值
带息应收票据到期值=票据面值+票据面值×票面利率×票据期限
下面我们主要分析带息应收票据到期值中票据期限的计算问题。
应收票据期限有两种表示方式：
一是以"天数"表示，即采用票据签发日与到期日"算头不算尾"或"算尾不算头"

的方法，按实际天数计算到期日。如7月18日出票，60天到期，按照算尾不算头，到期日为9月16日。

二是以"月数"表示，即票据到期日以签发日数月后的对日计算，且不论大小月。如4月16日签发3个月到期的商业汇票，则到期日为7月16日。如果票据签发日为月末的最后一天，如1月31日签发1个月到期的商业汇票，则到期日为2月28日或29日；若2个月到期的商业汇票，到期日为3月31日；若3个月到期的商业汇票，到期日为4月30日，以此类推。

(2) 到期收回应收票据的账务处理

若为不带息商业汇票，到期收回时，按照面值：

借：银行存款
　　贷：应收票据

若为带息商业汇票，到期收回时：

借：银行存款
　　贷：应收票据（面值）

财务费用 = 票据面值×票面得率×票据期限。

【例3-4】长江公司2×19年3月1日向黄河公司销售一批产品，货款为1 000 000元，尚未收到，已办妥托收手续，适用增值税税率为13%，则长江公司的账务处理如下所示（单位：元）：

借：应收账款　　　　　　　　　　　　　　　　　1 130 000
　　贷：主营业务收入　　　　　　　　　　　　　　　1 000 000
　　　　应交税费——应交增值税（销项税额）　　　　　130 000

3月15日，长江公司收到黄河公司寄来的一张3个月期的商业承兑汇票，面值为1 130 000元，年利率为4%，抵付产品货款。则长江公司编制会计分录如下：

借：应收票据　　　　　　　　　　　　　　　　　1 130 000
　　贷：应收账款　　　　　　　　　　　　　　　　　1 130 000

6月15日，长江公司上述应收票据到期收回票面金额及利息共1 141 300元存入银行。则长江公司编制会计分录如下：

借：银行存款　　　　　　　　　　　　　　　　　1 141 300
　　贷：应收票据　　　　　　　　　　　　　　　　　1 130 000
　　　　财务费用　　　　　　　　　　　　　　　　　　11 300

3. 应收票据贴现的核算

应收票据贴现是指商业汇票的持票人在汇票到期日前，为了取得资金，贴付一定利息将票据权利转让给银行的票据行为，是持票人向银行融通资金的一种方式。

应收票据贴现的计算过程可概括为以下四个步骤：

第一步：计算应收票据到期值。

第二步：计算贴现利息。

贴现利息＝到期值×贴现率÷360×贴现天数

其中：贴现天数＝贴现日至票据到期日的实际天数或票据期限－已持有票据期限

第三步：计算贴现所得。

贴现所得＝到期值－贴现利息

第四步：编制会计分录

借：银行存款(贴现所得)
　　财务费用(贴现所得小于票据面值的差额)
　　贷：应收票据(票据面值)
　　　　财务费用(贴现所得大于票据面值的差额)

【例3-5】2×19年4月30日，长江公司以4月15日签发、60天到期、票面利率为10%、票据面值为600 000元的带息商业汇票向银行贴现，贴现率为16%，则票据到期值及票据贴现息的计算过程如下：

(1)票据到期值＝600 000＋600 000×10%÷360×60＝610 000(元)

(2)计算贴现利息及贴现所得：

该票据的到期日为6月14日，贴现期为45天，即从4月30日至6月14日的实际天数贴现利息＝610 000×16%÷360×45＝12 200(元)

贴现所得＝610 000－12 200＝597 800(元)

(3)账务处理：

借：银行存款　　　　　　　　　　　　　　　597 800
　　财务费用　　　　　　　　　　　　　　　　2 200
　　贷：应收票据　　　　　　　　　　　　　　　　　600 000

银行承兑汇票贴现基本上不存在到期不能收回票款的风险，故这类贴现被视同为不带追索权的商业汇票贴现，按金融资产终止确认的原则进行账务处理，直接贷记"应收票据"科目。如果企业将商业承兑汇票贴现，则被视为带追索权的商业汇票贴现，贴现的账务处理不能直接贷记"应收票据"，应贷记"短期借款"，账务处理如下：

(1)企业向银行贴现时：

借：银行存款
　　财务费用
　　贷：短期借款

(2)票据到期，承兑人的银行存款账户不足支付时，贴现企业的账务处理为：

借：短期借款
　　贷：银行存款

借：应收账款
　　贷：应收票据

第三节 应 收 账 款

一、应收账款的确认

应收账款是指企业在正常的生产经营过程当中,因销售商品、提供劳务等,应向购货或接受劳务单位收取的款项,主要包括企业销售商品或提供劳务等应向债务人收取的价款及代购货单位垫付的包装费、运杂费等。

虽然大多数公司希望现销而不愿赊销,但是面对竞争,为了稳定自己的销售渠道、扩大商品销路、开拓并占领市场,降低商品的仓储费用、管理费用、增加收入,不得不面向客户采用信用政策,提供信用业务。公司采用赊销,虽能给公司带来以上好处,但也要付出一定代价,给公司带来风险,如客户拖欠货款,应收账款收回的难度越来越大,甚至收不回。所以,应收账款管理是一个企业管理的重中之重。

应收账款的确认与收入的确认密切相关。当企业赊销的商品满足收入的确认条件后,由于现金暂时尚未流入企业,意味着赊销已经成立,企业应确认与此相关的应收账款。

二、应收账款的计价

应收账款的计价是指应收账款应按什么金额入账。应收账款通常应按实际发生额计价入账。但在确认应收账款的入账价值时,应当考虑商业折扣和现金折扣等因素。

1. 商业折扣

商业折扣是指企业为了鼓励客户多购商品而在商品标价上给予的扣除。商业折扣一般用百分比表示,如 5%表示每 100 元售价可享受 5 元的折扣,通常买得越多折扣越大是企业常用的促销手段之一。由于商业折扣在销售发生时已经发生,对应收账款的入账金额没有影响,因此企业应按扣除商业折扣后的净额确认销售收入和应收账款。具体而言,企业对于发生的应收账款,在没有商业折扣的情况下,按应收的全部金额入账;在有商业折扣的情况下,应按扣除商业折扣后的金额入账。

【例 3-6】长江公司 2×19 年 6 月 15 日,销售一批 A 商品,销售价为 20 000 元,给予购货方 20%的商业折扣,适用的增值税税率为 13%,代垫运杂费 1 000 元,用银行存款支付。款项于 6 月 30 日收到,A 商品的成本为 12 600 元。

(1)6 月 15 日,按扣除商业折扣的金额,记录应收账款、确认收入,并结转相关成本:

借:应收账款　　　　　　　　　　　　　　　　　　　　23 600
　　贷:主营业务收入　　　　　　　　　　　　　　　　20 000
　　　　应交税费——应交增值税(销项税额)　　　　　2 600
　　　　银行存款　　　　　　　　　　　　　　　　　　1 000
借:主营业务成本　　　　　　　　　　　　　　　　　　12 600
　　贷:库存商品　　　　　　　　　　　　　　　　　　12 600

(2) 6月30日，收到全部款项时：

借：银行存款　　　　　　　　　　　　　　　　　　　23 600
　　贷：应收账款　　　　　　　　　　　　　　　　　　　　23 600

2. 现金折扣

现金折扣是指企业为了鼓励客户早日偿付货款而向客户提供的债务扣除。现金折扣一般用符号"折扣/付款期限"来表示，如 2/10、1/20、n/30，表示客户如在 10 天内付款可享受 2%的折扣，在 10～20 天之间付款可享受 1%的折扣，超过 20 天付款无折扣，延期付款的最长期限是 30 天。

由于现金折扣是发生在交易之后，因此，应收账款和营业收入的入账金额就有两种选择：是按营业收入的总额入账还是按扣除现金折扣后的净额入账，对此，会计上相应地有两种处理方法：一种是总价法，另一种是净价法。

总价法是指在业务发生时，应收账款和营业收入按未扣除现金折扣前的实际售价（总价）作为入账价值，实际发生的现金折扣视作销货企业为了尽快回笼资金而发生的理财费用（现金折扣在实际发生时计入财务费用）。总价法可以较好地反映企业销售的总过程，但在购货方享受现金折扣的情况下，会高估应收账款和销售收入。

净价法是指在业务发生时，应收账款和营业收入按扣除现金折扣后的金额作为入账价值，对于客户超过折扣期限而多收入的金额，作冲减财务费用处理。

现金折扣是企业为了尽早收到货款而采取的一种激励手段，并随时间而变化，属于交易价格中的可变对价。企业选择总价法还是净价法进行会计处理，取决于对可变对价最佳估计数的判断。

【例3-7】长江公司销售商品给黄河公司，金额为 100 000 元，销项税额 13 000 元，付款条件为 2/10、1/20、n/30（注：现金折扣不考虑增值税）。长江公司采用总价法处理现金折扣，相应账务处理如下所示（单位：元）：

(1) 长江公司销售成立时：

借：应收账款　　　　　　　　　　　　　　　　　　　113 000
　　贷：主营业务收入　　　　　　　　　　　　　　　　　100 000
　　　　应交税费——应交增值税（销项税额）　　　　　　13 000

(2) 黄河公司如在 10 日之内收款，现金折扣 2 000 元（100 000×2%）：

借：银行存款　　　　　　　　　　　　　　　　　　　111 000
　　财务费用　　　　　　　　　　　　　　　　　　　　 2 000
　　贷：应收账款　　　　　　　　　　　　　　　　　　　113 000

(3) 黄河公司如在 20 日之内收款，现金折扣 1 000 元（100 000×1%）：

借：银行存款　　　　　　　　　　　　　　　　　　　112 000
　　财务费用　　　　　　　　　　　　　　　　　　　　 1 000
　　贷：应收账款　　　　　　　　　　　　　　　　　　　113 000

(4) 黄河公司如在 30 日之内收款：

借：银行存款　　　　　　　　　　　　　　　　　　　　　　　113 000
　　贷：应收账款　　　　　　　　　　　　　　　　　　　　　　113 000

3. 销售折让

销售折让是卖方将商品销售给购买方后，如购买方发现商品在质量、规格等方面不符合他们的要求，协商在不退货的基础上要求卖方企业在商品价格上给予一定的折让的行为。销售折让是因为卖方的产品存在质量问题，而给购买方价款上的优惠，应该冲减销售收入。但是注意不能冲减销售成本，因为并未退回货物。

【例3-8】长江公司在2×19年6月销售给黄河公司一批产品，总价值50 000元（不含增值税），成本42 000元，会计已经开票并入账，由于质量未达到合同要求，协商后在7月给予10%的折让。

(1) 6月销售产品并开具发票时：

借：银行存款（或应收账款）　　　　　　　　　　　　　　　56 500
　　贷：主营业务收入　　　　　　　　　　　　　　　　　　　50 000
　　　　应交税费——应交增值税（销项税额）　　　　　　　　 6 500
借：主营业务成本　　　　　　　　　　　　　　　　　　　　　42 000
　　贷：库存商品　　　　　　　　　　　　　　　　　　　　　　42 000

(2) 7月折让后冲减收入时：

借：银行存款（或应收账款）　　　　　　　　　　　　　　　 -5 650
　　贷：主营业务收入　　　　　　　　　　　　　　　　　　　 -5 000
　　　　应交税费——应交增值税（销项税额）　　　　　　　　　 -650

三、应收账款坏账

1. 坏账的定义及应收账款减值测试

坏账指企业无法收回或收回的可能性极小的应收款项，坏账损失是指由于坏账而产生的损失。应收账款属于金融资产。根据《企业会计准则第22号——金融工具确认和计量》，金融资产减值准备所形成的预期信用损失应通过"信用减值损失"科目核算。

根据会计准则规定，企业应当定期或者至少于每年年度终了时，对应收款项进行全面检查，并合理地计提坏账准备。应收账款发生减值时，应将其账面价值减记为其预计未来现金流量的现值。但由于应收账款属于短期债权，预计未来现金流量与其现值相差很小，所以在确定相关减值金额时，可不对预计未来现金流量进行折现。

企业对应收款项进行减值测试，应根据本单位的实际情况分为单项金额重大和非重大的应收款项，分别进行减值测试，计算确定减值损失，计提坏账准备。对于单项金额重大的应收款项，应当单独进行减值测试，有客观证据表明其发生了减值的，应当根据其未来现金流量现值低于其账面价值的差额，确认减值损失，计提坏账准备。对于单项金额非重大的应收款项以及单独测试后未发生减值的单项金额重大的应收款项，应当采用组合方式进行减值测试，分析判断是否发生减值。通常情况下，可以将这些应收款项按类似信用风险特征划分为若干组合，再按这些应收款项组合占资产负债表日余额的一定比例，计算确定减值损失，计提坏账准备。企业应当根据以前年度与之相同或相类似的、具有类似信用风险特征的应收款项组合的实际损失率为基础，结合现时情况确定本期各项组合计提坏账准备的比例。

判断应收账款发生减值的客观证据是：(1)债务人发生了严重的财务困难；(2)企业出于经济或法律等方面的考虑，对发生财务困难的债务人做出让步；(3)债务人很可能倒闭或进行其他财务重组等。

2. 坏账的账务处理

企业应当定期于每年年度终了，对应收款项进行全面检查，预计各项应收款项可能发生的坏账准备，对预计不能收回的应收款项，应当计提坏账准备。企业发生的坏账损失有两种核算方法：一是直接转销法；二是备抵法。由于备抵法更符合权责发生制原则和谨慎性原则，实务中，企业一般采用备抵法来进行坏账的账务处理。常用的方法有应收账款余额百分比法和账龄分析法。

(1)应收账款余额百分比法

应收账款余额百分比法是按照期末应收账款余额和预期信用损失率来估计应收账款的预期信用损失的方法。预期信用损失率由企业根据以往的资料或经验自行确定。在应收账款余额百分比法下，企业应在每个会计期末根据本期末应收账款的余额和相应的预期信用损失率估计出期末坏账准备账户应有的余额，它与调整前坏账准备账户已有的余额的差额，就是当期应提的坏账准备金额。

采用余额百分比法计提坏账准备的计算公式如下。

① 首次计提坏账准备的计算公式：

当期应计提的坏账准备金额=期末应收账款余额×预期信用损失率

② 以后计提坏账准备的计算公式：

当期应计提的坏账准备=当期按应收账款计算应计提的坏账准备金额+(或−)坏账准备账户借方余额(或贷方余额)

对于有确凿证据表明确实无法收回或收回的可能性不大的应收账款，如债务单位已撤销、破产、资不抵债、现金流量严重不足等，应根据企业的管理权限报经批准后，转销该应收账款账面余额，并按相同金额转销坏账准备。

【例3-9】 长江公司2×17年年末应收账款余额为800 000元，企业根据以往的经验、债务企业的财务状况和现金流量情况，并结合当前的市场状况、企业的赊销政策等相关资料估计应收账款预期信用损失率为0.4%；2×18年发生坏账4 000元，该年年末应收账款余额为980 000元；2×19年发生坏账损失3 000元，上年冲销的应收账款中有2 000元本年度又收回。该年年末应收账款余额为600 000元。假设"坏账准备"科目在2×17年年初余额为0，则长江公司各年的账务处理如下所示(单位：元)：

(1)2×17年应提坏账准备=800 000×0.4%=3 200(元)：

借：信用减值损失 3 200
　　贷：坏账准备 3 200

(2) 2×18年发生坏账损失时，应编制如下会计分录：

借：坏账准备 4 000
　　贷：应收账款 4 000

(3) 2×18年年末计提坏账前坏账准备账户的余额为：4 000-3 200=800(元)(借方)。而要使坏账准备的余额为贷方 980 000×0.4%=3 920(元)，则 2×18 年应提坏账准备=3 920+800=4 720(元)(贷方)。

借：信用减值损失 4 720
　　贷：坏账准备 4 720

(4) 2×19年发生坏账损失时，应编制如下会计分录：

借：坏账准备 3 000
　　贷：应收账款 3 000

(5) 2×19年收回已冲销的应收账款时，应编制如下会计分录：

借：应收账款 2 000
　　贷：坏账准备 2 000
借：银行存款 2 000
　　贷：应收账款 2 000

(6) 2×19年年末计提坏账前坏账准备的金额为-800+4 720-3 000+2 000=2 920(元)(贷方)。而要使坏账准备的余额为贷方 600 000×0.4%=2 400(元)(贷方)，则应冲销坏账准备 2 920-2 400=520(元)，即 2×19 年应提坏账准备-520 元。

借：坏账准备 520
　　贷：信用减值损失 520

(2) 账龄分析法

账龄分析法是根据应收账款账龄的长短来估计坏账损失的方法。通常而言，应收账款的账龄越长，发生坏账的可能性越大。为此，将企业的应收账款按账龄长短进行分组，分别确定不同的计提百分比估算预期信用损失。

采用账龄分析法计提坏账准备的计算公式如下。

① 首次计提坏账准备的计算公式：

当期应计提的坏账准备=Σ(期末各账龄组应收账款余额×各账龄组预期信用损失率)

② 以后计提坏账准备的计算公式：

当期实际计提的坏账准备=当期按应收账款计算应计提的坏账准备金额+(或-)坏账准备账户借方余额(或贷方余额)

【例 3-10】长江公司坏账准备核算采用账龄分析法，对未到期、逾期半年内和逾期半年以上的应收账款分别按 1%、5%、10%估计预期信用损失。该公司 2×19 年 12 月 31 日有关应收款项账户的年末余额如下。按照类似信用风险特征将这些应收款项划分为若干组合，具体情况如表3-2所示。

表3-2 长江公司应收账款信用损失率

顾客名称	账龄	应收账款余额(元)	估计信用损失率
A公司	逾期3个月	2 000 000	5%
B公司	逾期8个月	300 000	10%
C公司	未到期	1 000 000	1%
D公司	逾期7个月	400 000	10%

假设长江公司"坏账准备"账户2×19年年初贷方余额为60 000元，2×19年确认的坏账损失为120 000元，则甲公司2×19年12月31日计提坏账准备计入"信用减值损失"账户的金额=2 000 000×5%+300 000×10%+1 000 000×1%+400 000×10%+120 000-60 000 =240 000(元)。

借：信用减值损失　　　　　　　　　　　　　　　　　240 000
　　贷：坏账准备　　　　　　　　　　　　　　　　　　　240 000

账龄分析法和应收账款余额百分比法一样在计提坏账准备时，考虑了该账户原有的余额再做出调整。这两种方法都是从资产负债表的角度来估计坏账，注重的是期末坏账准备应有的余额，使资产负债表中的应收账款能更合理地按照变现价值评价。但是，期末的应收账款并不都是本期的赊销产生的，可能含有以往年度销售产生的账款，采用这两种方法计算出的坏账费用就不能完全与本期的销售收入配合，在实务上，账龄分析法也使得账务处理的成本有所提高。

第四节　预付账款与其他应收款

一、预付账款

预付账款是指企业按照购货合同的规定，预先以货币资金或货币等价物支付供应单位的款项。在日常核算中，预付账款按实际付出的金额入账，如预付的材料、商品采购货款、必须预先发放的在以后收回的农副产品预购定金等。

在会计处理中一般应设置"预付账款"账户反映企业的预付款相关业务，企业根据购货合同的规定向供货单位预付货款时，借记"预付账款"科目，贷记"银行存款"科目；企业收到所购货物时，根据有关发票账单金额，借记"原材料""应交税费——应交增值税(进项税额)"等科目，贷记"预付账款"科目；当预付货款小于采购货物所需支付的款项时，应补付不足部分货款，借记"预付账款"科目，贷记"银行存款"科目；当预付货款大于采购货物所需支付的款项时，对收回的多余货款应借记"银行存款"科目，贷记"预付账款"科目。

在预付货款业务不多的企业，也可以通过"应付账款"科目核算预付账款业务。企业在预付时借记"应付账款"科目，收到采购的商品后再予冲销。但是，在这种处理方法下，

"应付账款"的某些明细账户可能会出现借方余额。在期末，应付账款明细账的借方余额应在资产负债表中列作资产项目，而各明细账的贷方余额才列为负债。

预付账款业务较多的企业，需要为每一个客户设置明细账，列明预付日期、采购商品的规格及数量、预付金额、到货日期及注销日期等。

【例3-11】长江公司向黄河公司采购5 000千克材料，每千克单价10元，所需支付的货款为50 000元。增值税额为6 500元。按照合同规定向黄河公司预付货款的50%，验收货物后补付其余款项。长江公司应编制如下会计分录：

(1) 预付50%的货款时：

借：预付账款——黄河公司　　　　　　　　　　　　　　25 000
　　贷：银行存款　　　　　　　　　　　　　　　　　　　　25 000

(2) 收到黄河公司发来的5 000千克材料，验收无误，增值税专用发票记载的货款为50 000元，增值税额为6 500元。长江公司以银行存款补付所欠款项31 500元，应编制如下会计分录：

借：原材料　　　　　　　　　　　　　　　　　　　　　50 000
　　应交税费——应交增值税(进项税额)　　　　　　　　　 6 500
　　贷：预付账款——乙公司　　　　　　　　　　　　　　56 500

(3) 补付货款：

借：预付账款——乙公司　　　　　　　　　　　　　　　31 500
　　贷：银行存款　　　　　　　　　　　　　　　　　　　　31 500

二、其他应收款

其他应收款是指除应收票据、应收账款、预付账款以外的其他各种应收、暂付款项，主要包括各种赔款、罚款等。如遭受意外损失向保险公司收取的赔款；应收出租包装物的租金；向职工收取的各种垫付款项，如替职工垫付的水电费、医药费、房租费等；存出保证金，如租入包装物的押金；备用金及其他应收、暂付款项。

企业应设置"其他应收款"账户对以上业务进行反映。"其他应收款"账户应按各种应收、暂付项目设置明细账户，并为每项应收款的不同债务人设置明细账。

【例3-12】A公司在采购过程中发生材料毁损，按保险合同规定，应由保险公司赔偿损失30 000元，赔款尚未收到。A公司应编制如下会计分录：

借：其他应收款——保险公司　　　　　　　　　　　　　30 000
　　贷：在途物资　　　　　　　　　　　　　　　　　　　　30 000

上述保险公司赔款如数收到时：

借：银行存款　　　　　　　　　　　　　　　　　　　　30 000
　　贷：其他应收款——保险公司　　　　　　　　　　　　　30 000

【例3-13】B公司以银行存款替副总经理垫付应由其个人负担的医疗费5 000元，拟从

其工资中扣回。B公司应编制如下会计分录:

(1)垫支时:

借: 其他应收款　　　　　　　　　　　　　　　　　5 000
　　贷: 银行存款　　　　　　　　　　　　　　　　　　5 000

(2)扣款时:

借: 应付职工薪酬　　　　　　　　　　　　　　　　5 000
　　贷: 其他应收款　　　　　　　　　　　　　　　　　5 000

【例3-14】C公司租入一批包装物,以银行存款向出租方支付押金10 000元。C公司的会计分录为:

借: 其他应收款——存出保证金　　　　　　　　　　10 000
　　贷: 银行存款　　　　　　　　　　　　　　　　　　10 000

租入包装物按期如数退回,C公司收到出资方退还的押金10 000元,存入银行。C公司的会计分录为:

借: 银行存款　　　　　　　　　　　　　　　　　　10 000
　　贷: 其他应收款——存出保证金　　　　　　　　　　10 000

思 考 题

1. 现金控制的主要内容有哪些?
2. 银行存款的清查目的是什么?如何编制银行存款余额调节表?
3. 应收票据的贴现额如何计算?
4. 如何确认应收账款的坏账损失?

练 习 题

习题一: 甲公司在2×19年12月31日银行存款日记账的余额为5 400元,银行转来对账单的余额为8 300元。经逐笔核对,发现以下未达账项:

(1)企业送存转账支票6 000元,并已登记银行存款增加,但银行尚未记账。
(2)企业开出转账支票4 500元,但持票单位尚未到银行办理转账,银行尚未记账。
(3)企业委托银行代收某公司购货款4 800元,银行已收妥并登记入账,但企业尚未收到收款通知,尚未记账。
(4)银行代企业支付水电费400元,银行已登记,企业银行存款减少,但企业未收到银行付款通知,尚未记账。

要求:根据上述业务编制银行存款余额调节表。

习题二: 黄河公司于2月1日销售商品收到面值为234 000元、期限为5个月、利率为10%的银行承兑汇票一张,5月11日,该企业因急需资金周转持票据到银行贴现,贴现率为12%。要求：(1)计算黄河公司收到的贴现金额；

(2)编制黄河公司此贴现业务的会计分录。

习题三：长江公司于2×17年开业，2×17年年末对应收款项进行减值测试，并根据各公司的资信情况确定按5%的预期信用损失率计提坏账准备，2×17年年末应收账款余额为120万元；2×18年客户乙公司所欠1.5万元账款按规定确认为坏账，应收账款年末余额为140万元；2×19年客户丙公司破产，所欠的1万元中有0.4万元无法收回，确认为坏账，年末应收账款余额为130万元。2×20年已冲销的甲单位所欠1.5万元账款又收回1万元，年末应收账款余额为150万元。

要求：计算长江公司各年应计提的坏账准备并编制相关的会计分录。

第四章 存 货

本章学习提示

学习内容：

通过本章的学习，了解存货的性质及分类；理解存货的概念及存货确认条件的应用；掌握存货初始计量的原则；掌握发出存货的计价方法及对财务报表的影响；掌握计划成本法的核算程序；掌握存货期末计量的方法。

学习要点：

1. 存货的定义；
2. 外购存货的入账金额；
3. 委托加工存货的账务处理；
4. 发出存货的计价方法；
5. 计划成本法的核算程序；
6. 存货期末计量的成本与可变现净值孰低原则。

第一节 存货的内涵及分类

一、存货的定义及确认条件

在企业特别是制造业企业中，存货价值几乎占流动资产价值的一半左右，所以企业对于存货的管理非常重要。

1. 存货的定义

存货是指企业在日常活动中持有的以备出售的产成品或商品，处在生产过程中的在产品，在生产过程或提供劳务过程中耗用的材料和物资等。与其他资产相比，存货具有以下特征：

① 存货是有形资产，区别于无形资产；

② 有较强的流动性，在企业经营中处于不断销售、耗用、购买或重置中，具有较强的变现能力；

③ 企业持有存货的最终的目的是为了出售，不论是可供直接销售的存货(如企业的产成品、商品等)，还是需经过进一步加工后才能出售的存货(如原材料等)。

2. 存货的确认条件

存货须同时满足下列条件时，才能予以确认。

(1) 该存货包含的经济利益很可能流入企业

企业在确认存货时，需要判断与该项存货相关的经济利益是否有可能流入企业。在实务中，通常情况下，取得存货所有权是与存货相关的经济利益很可能流入本企业的一个重要标志。例如，根据销售合同已经售出(取得现金或收取现金的权利)的存货，其所有权已经转移，与其相关的经济利益已不能再流入本企业，此时，即使该项存货尚未运离本企业，也不能再确认为本企业的存货。

(2) 存货的成本能够可靠计量

作为企业资产的组成部分，要确认存货，企业必须能够对其成本进行可靠的计量。存货的成本能够可靠地计量必须以取得确凿、可靠的证据为依据，并且具有可验证性。如果存货成本不能可靠地计量，则不能确认为一项存货。例如，企业承诺购买的存货，由于并未实际发生，不能可靠确定其成本，因此就不能确认为购买企业的存货。

某个项目要确认为存货，首先要符合存货的定义，在此前提下，应当符合上述存货确认的两个条件。关于存货的确认需要说明以下几点：

① 关于代销商品。代销商品指一方委托另一方代为销售的商品。从商品所有权的转移来分析，代销商品在出售以前，所有权属于委托方，受托方仅仅是代委托方销售其商品。因此，代销商品应该作为委托方的存货来处理，但是为了加强受托方对代销商品的核算和管理，也要求受托方对其受托代销商品纳入账内核算。

② 关于在途存货。对于销售方按照合同、协议规定已确认销售，而尚未发运给购货

方的商品，应作为购货方的存货而不应再作为销货方的存货；对于购货方已收到商品但尚未收到销货方结算发票等的商品，购货方应作为其存货处理；对于购货方已经确认为购进而尚未到达入库的在途商品，购货方应将其作为存货处理。

③ 关于购货约定。购货约定指购销双方就未来某一时日进行的商品交易所做的事先约定。对于购货约定，企业当前并未发生实际的购销行为，没有发生存货的所有权的转移，所以对于购入方不能作为企业存货，也不确认有关负债和费用。

二、存货的分类

1. 制造企业存货的分类

制造企业的存货通常包括以下内容：

① 原材料，指企业在生产过程中经加工改变其形态或性质并构成产品主要实体的各种原料及主要材料、辅助材料、外购半成品(外购件)、修理用备件(备品备件)、包装材料、燃料等。

② 在产品，指仍然处于生产过程中、尚未完工入库的产品，包括正在各个生产工序加工的产品以及已加工完毕但尚未检验或已检验但尚未办理入库手续的产品。

③ 自制半成品，指经过一定生产过程并已检验合格交付半成品仓库保管，但尚未制造完工成为产成品，仍需进一步加工的中间产品。

④ 产成品，指已经完成全部生产过程并验收入库，可以按照合同规定的条件送交订货单位，或者可以作为商品对外销售的产品。企业接受外来原材料加工制造的代制品和为外单位加工修理的代修品，制造和修理完成验收入库后，应视同企业的产成品。

⑤ 周转材料，指企业能够多次使用但不符合固定资产定义的材料，包括包装物和低值易耗品等。

2. 商品流通企业存货的分类

商品流通企业的存货主要分为：商品、材料物资、低值易耗品、包装物等，其中商品是商品流通企业存货的主要部分，指商品流通企业外购或委托加工完成验收入库用于销售的各种存货。

需要注意的是，为建造固定资产等各项工程而储备的各种材料，虽然也具有存货的某些特征(如流动性)，但它们并不符合存货的定义，因此不能作为企业的存货进行核算。企业的特准储备以及按国家指令专项储备的资产也不符合存货的定义，因而也不属于企业的存货。

三、存货管理的重要性

存货是反映企业流动资金运作情况的晴雨表，它不仅在企业营运资本中占很大比重，而且又是流动性较差的流动资产，往往成为少数人用来调节利润、偷逃国家税费的调节器。

存货管理就是对企业的存货进行管理，主要包括存货的信息管理和在此基础上的决策分析，最后进行有效控制，达到存货管理的最终目的即提高经济效益。

企业置留存货的原因一方面是为了保证生产或销售的经营需要，另一方面是出自价格的考虑，零购物资的价格往往较高，而整批购买在价格上有优惠。但是，过多的存货要占用较多资金，并且会增加包括仓储费、保险费、维护费、管理人员工资在内的各项开支，因此，进行存货管理的目标就是尽力在各种成本与效益之间做出权衡，达到两者的最佳结合。

在不同的存货管理水平下，企业的平均资金占用水平差别很大。通过实施正确的存货管理方法，来降低企业的平均资金占用水平，提高存货的流转速度和总资产周转率，才能最终提高企业的经济效益。

第二节 存货的初始计量

每个企业在日常经营活动中都会持有存货，存货不仅会影响资产负债表中的相关资产项目，还通过存货的发出影响利润表相关项目，所以从存货取得初始对其价值的计量就十分重要。《企业会计准则第1号——存货》规定：存货应当按照成本进行初始计量。存货成本包括采购成本、加工成本和其他成本。

不同的取得方式下存货初始计量成本的内容并不完全相同。

一、外购存货

1. 外购存货的成本

所谓外购存货的成本，主要包括购买价款、相关税费、运输费、装卸费、保险费以及其他可归属于存货采购成本的费用。

① 购买价款是指企业购买的材料或商品的发票账单上列明的价款，但不包括按规定可以抵扣的增值税额。

② 相关税费是指企业购买存货发生的进口关税、消费税和不能从销项税额中抵扣的增值税进项税额等。

③ 其他可直接归属于存货采购的费用，即采购成本中除上述各项以外的可直接归属于存货采购的费用，如在存货采购过程中发生的仓储费、包装费、运输途中的合理损耗、入库前的挑选整理费用等。这些费用能分清负担对象的，应直接计入存货的采购成本；不能分清对象的，应选择合理的分配方法，分配计入有关存货的采购成本。分配方法通常包括按所购买存货的重量或采购价格比例进行分配。

但是，对于采购过程中发生的物资短损、短缺等，除合理的损耗应作为存货的其他可直接归属于存货采购的费用计入采购成本外，因遭受意外灾害发生的损失和尚待查明原因的途中损耗，不得增加物资的采购成本，应暂作为"待处理财产损溢"进行核算，在查明原因后再做处理。

商品流通企业在采购商品过程中发生的运输费、装卸费、保险费以及其他可归属于存货采购成本的费用等进货费用，应当计入存货的采购成本；也可以先进行归集，期末根据所购商品的存销情况分别进行分摊,对于已售商品的进货费用,计入当期损益(主营业务成本);对于未售商品的进货费用,计入期末存货成本;采购商品的进货费用金额较小的,也可在发生时直接计入当期损益(销售费用)。

2. 外购存货的账务处理

外购存货的账务处理需要区分采购和入库两个环节,因为这两个环节可能分离,先后顺序不确定。下面以实际成本法为例说明外购存货的账务处理。

(1) 采购时

会计部门收到采购员交来的发票账单时编制采购存货的会计分录;没有收到发票,则不能做账。

借:在途物资
　　应交税费——应交增值税(进项税额)
　　贷:银行存款

注意:①倘若以商业汇票结算,则贷记"应付票据";②倘若是赊购,则贷记"应付账款";③倘若是预订的货物,则贷记"预付账款"。

(2) 入库时

会计部门收到仓库转来的外购收料凭证时,应查找相应的发票账单。

① 对于已收到发票的收料凭证:

借:原材料
　　贷:在途物资

② 对于未收到发票的收料凭证:

收到货物,但未收到发票的,暂不做会计分录;倘若到了月末,仍未收到发票,则按暂估价入账。

月末按暂估价入账:

借:原材料
　　贷:应付账款

下月月初,用红字做同样的会计分录。等收到发票账单时,再按正常程序入账。

注:以上均以原材料为例;若采购包装物、低值易耗品,则将以上分录中的"原材料"科目换成"周转材料"即可。

【例 4-1】长江公司为增值税一般纳税人,销售和购买商品适用的增值税税率为 13%。2×19 年 11 月 20 日,从外地购入原材料 100 吨,收到增值税专用发票上注明的售价为每吨 1 200 元,购买价款共为 120 000 元,增值税税额为 15 600 元,运输途中另发生运输费 5 000 元,取得的运输业增值税专用发票中注明的进项税额为 450 元,装卸费 1 000 元,保险费 1 000 元。运输途中发生 2% 的损耗,经查明是合理损耗,企业在存货采购过程中发生的包装费、运输途中的合理损耗、入库前的挑选整理费用等,应直接计入存货的采购成本。所以原材料的入账价值=120 000+5 000+1 000+1 000= 127 000(元)。

长江公司账务处理如下(单位:元):

借:原材料		127 000
应交税费——应交增值税(进项税额)		16 050
贷:银行存款		143 050

注:增值税与消费税的区别:

增值税属于价外税,消费税属于价内税。"价"是指销售价款,销售价款中含税就是价内税,不含税就是价外税。增值税的计税销售额不含增值税,消费税的计税销售额包含消费税。例如:某种商品即是增值税应税商品又是消费税应税商品,成本40元,利润30元,消费税税率是30%,增值税税率是13%。因为消费税是价内税,所以销售额中的30%是消费税,而剩余的70%为成本+利润,因此销售额为(40+30)÷70%=100,因此应纳消费税=100×30%。而增值税是价外税,这种"价",是指包含消费税额的价,但不包括增值税税额的价。因此应纳增值税=100×13%=13(元)。

二、委托加工存货

委托加工,是指由委托方提供原料和主要材料,受托方只代垫部分辅助材料,按照委托方的要求加工货物并收取加工费的经营活动。委托加工存货的成本,一般包括原材料成本、加工费及税金、运杂费三部分。

委托加工存货的成本通过"委托加工物资"账户核算。企业发出用于加工的原材料等物资时,按照实际成本,借记"委托加工物资"科目,贷记"原材料"等科目;结算加工费时,按应当支付的加工费,借记"委托加工物资"科目,按照发票上注明的增值税额借记"应交税费——应交增值税(进项税额)"科目,贷记"银行存款""应付账款"等科目。

这里我们重点关注加工环节支付的消费税。若是加工应纳消费税的存货,则由受托加工方代收代缴的消费税,应分别以下情况处理:

① 存货收回后直接用于销售(售价不高于受托方的计税基础),由加工方代收的消费税计入委托加工存货成本,借记"委托加工物资"科目,贷记"银行存款"等科目。

② 存货收回后用于连续生产应税消费品,由加工方代收的消费税按规定准予抵扣,借记"应交税费——应交消费税"科目,贷记"银行存款"等科目。

委托加工的存货加工完毕,验收入库并收回剩余物资时,按委托加工存货的实际成本和剩余物资的实际成本,借记"原材料"等科目,贷记"委托加工物资"科目。

【例4-2】长江公司委托黄河公司代为加工一批物资,相关账务处理如下所示(单位:万元):

(1)2×19年4月1日长江公司发出加工物资,成本80万元:

借:委托加工物资		80
贷:原材料		80

(2)2×19年5月1日支付加工费用10万元,并支付增值税1.3万元:

借:委托加工物资		10
应交税费——应交增值税(进项税额)		1.3
贷:银行存款		11.3

(3) 2×19年5月1日由受托方代收代缴消费税10万元，消费税税率为10%，收回后不再继续加工应征消费税的产品：

① 支付消费税时：

借：委托加工物资 10
　　贷：银行存款 10

② 完工收回加工物资时：

借：库存商品 100（80+10+10）
　　贷：委托加工物资 100

③ 出售此商品时（销售价格为200万元）：

借：银行存款 226
　　贷：主营业务收入 200
　　　　应交税费——应交增值税（销项税额） 26

结转成本时：

借：主营业务成本 100
　　贷：库存商品 100

如果收回后再加工（成应税消费品）然后再出售时：

(1) 由受托方代交的消费税先计入"应交税费——应交消费税"的借方：

借：应交税费——应交消费税 10
　　贷：银行存款 10

(2) 完工收回加工物资时：

借：库存商品 90
　　贷：委托加工物资 90

(3) 最终产品出售时，按总的应交消费税计入"应交税费——应交消费税"的贷方，假定销售时确认消费税金额为28万元，账务处理为：

借：银行存款 226
　　贷：主营业务收入 200
　　　　应交税费——应交增值税（销项税额） 26

借：税金及附加 28
　　贷：应交税费——应交消费税 28

(4) 最后补交其差额即可：

借：应交税费——应交消费税 18
　　贷：银行存款 18

三、自制存货

企业自制存货的成本主要由采购成本和加工成本构成，其中加工成本包含为加工存货耗费的所有费用，如耗费的原材料、人工成本、生产车间的水电费等。每个企业的生产特点不同，其成本分配方法的选择也会有所差异，常见的成本分配方法有：约当产量法、定额比例法、直接分配法、交互分配法。但分配的方法一经确定，不得随意更改。

【例4-3】 2×19年4月，黄河公司生产200件丙产品，当月耗费A材料2吨，成本20 000元；耗费B材料0.5吨，成本15 000元。当月支付给生产工人的工资50 000元，用于生产丙产品的车间水电费10 000元。

200件丙产品成本=20 000+15 000+50 000+10 000=95 000(元)

借：生产成本——丙产品	95 000
贷：原材料——A材料	20 000
——B材料	15 000
应付职工薪酬	50 000
制造费用	10 000

当丙产品完工入库时：

借：库存商品——丙产品	95 000
贷：生产成本——丙产品	95 000

四、投资者投入的存货

投资者投入存货的成本，应当按照投资合同或协议约定的价值作为实际成本借记相关存货科目，但合同或协议约定价值不公允的除外；按增值税专用发票上注明的增值税进项税额，借记"应交税费——应交增值税(进项税额)"；按投资者在注册资本中所占的份额，贷记"实收资本"或"股本"，按其差额，贷记"资本公积"。

【例4-4】 2×20年1月1日，A、B、C三方共同投资设定了甲有限责任公司(以下简称"甲公司")，A以其生产的产品作为投资(甲公司作为原材料管理和核算)，该批产品的公允价值是5 000 000元，甲公司取得增值税专用发票上注明的不含税价款为5 000 000元，增值税额为650 000元，假定甲公司的实收资本总额为10 000 000元，A在甲公司享有的份额为35%，甲公司为增值税一般纳税人，适用的增值税税率为13%；甲公司采用实际成本法核算存货。

由于甲公司为增值税一般纳税人，投资合同约定的该项原材料的价值为5 000 000元。因此，甲公司接受的这批原材料的入账价值为5 000 000元，增值税850 000元单独作为可抵扣的进项税额进行核算。

A在甲公司享有的实收资本金额=10 000 000×35%=3 500 000(元)

A在甲公司投资的资本溢价=5 000 000+800 000–3 500 000=2 300 000(元)

甲公司的账务处理如下(单位：元)：

借：原材料	5 000 000
应交税费——应交增值税(进项税额)	800 000
贷：实收资本——A	3 500 000
资本公积——资本溢价	2 300 000

五、接受捐赠的存货

接受捐赠的存货，按以下规定确定其实际成本：

1)捐赠方提供了有关凭据(如发票、报关单、有关协议)的，按凭据上标明的金额加上应支付的相关税费，作为实际成本。

2)捐赠方没有提供有关凭据的，按如下顺序确定其实际成本：

① 同类或类似存货存在活跃市场的，按同类或类似存货的市场价格估计的金额，加上应支付的相关税费作为实际成本；

② 同类或类似存货不存在活跃市场的，按所接受捐赠的存货的预计未来现金流量现值，作为实际成本。

【例 4-5】2×19 年长江公司接受捐赠一批原材料，捐赠者提供的有关凭证上标明，价款为 20 000 元，增值税额为 2 600 元，长江公司的账务处理为：

借：原材料　　　　　　　　　　　　　　　　　　　　　　20 000
　　应交税费——应交增值税(进项税额)　　　　　　　　　 2 600
　　贷：营业外收入——捐赠利得　　　　　　　　　　　　　　　22 600

六、盘盈的存货

盘盈的存货应按其重置成本作为入账价值，并通过"待处理财产损益"科目进行会计处理，按管理权限报经批准后，冲减当期管理费用。

分录为：

借：原材料等
　　贷：待处理财产损益——待处理流动资产损溢

待相关管理部门批准后：

借：待处理财产损益
　　贷：管理费用

第三节　存货发出的核算

企业的存货是不断流动的，有流入也有流出，流入与流出相抵后的结余即为期末存货，本期期末存货结转到下期即为下期的期初存货，下期继续流动，就形成了生产经营过程中的存货流转。在收到存货时可依据有关凭证在存货明细账中登记收到存货的数量、单价和金额。从理论上讲，发出存货的成本应按其入库时的实际成本结转，期末结存存货成本为期末结存存货的入库成本。如果存货的品种规格很少，或收发次数很少，或每批入库存货的单位成本相同，完全可以按照理论上的方法操作。但在实际工作中，企业的存货不仅品种繁多，而且由于存货购入的时间、产地不同或生产批次不同，使得相同存货的单位成本往往不一致，很难辨认出所发出存货的入库成本是多少。因此在计算发出和结存存货成本时需要对存货成本流转做一些假设，并以此为依据计算本期发出存货和期末结存存货的实际成本。采用不同的存货成本流转假设，发出存货就形成了不同的计价方法，如个别计价法、先进先出法、加权平均法等。

一、存货发出的计价方法

1. 个别计价法

个别计价法，又称个别认定法、分批认定法。采用这一方法时，按照各种存货逐一辨认各批发出存货和期末结存存货所属的购进批别或生产批别，分别按其购进或生产时所确定的单位成本作为计算各批发出存货和期末结存存货成本的方法。

采用这种方法，计算发出存货的成本和期末结存存货的成本比较合理、准确。但这种方法的采用有两个前提条件：一是各批次存货必须是可辨认的；二是企业对各批存货有详细的记录。由于个别计价法需要对发出和结存存货的批次进行具体认定，以辨别其所属的收入批次，所以实际操作的工作量繁重，困难较大。

对于不能替代使用的存货以及为特定项目专门制造的存货以及提供的劳务，通常采用个别计价法确定发出存货的成本，如珠宝、名画等贵重物品。

2. 先进先出法

先进先出法是假定先入库的存货先发出，并根据这种假定的存货流转次序对发出存货和结存存货进行计价。采用这种计价方法，在收到存货时，依照有关凭证逐笔登记每一批存货的数量、单价和金额；发出存货时，按照先进先出的原则计价，先购入的存货成本在后购入的存货成本之前转出，并逐笔登记发出和结存存货的数量、单价和金额。

采用先进先出法结存存货成本是按最近购货确定的，比较接近现行的市场价值。这样，在物价持续上升时，期末存货成本接近于市场价值，而发出存货成本较低，从而高估当期利润；反之，在物价持续下跌时，会低估企业库存存货价值和当期利润。采用先进先出法的优点是使企业不能随意挑选存货计价以调整当期利润，而且可以随时结转发出存货成本；缺点是有时要同时按两个或两个以上单位成本进行核算，工作量较大，特别是对于存货进出频繁的企业更是如此。

3. 加权平均法

加权平均法又称全月一次加权平均法，指以本月全部进货数量加月初结存存货数量为权数，去除本月全部进货成本加月初存货成本，计算出存货的加权平均单位成本，以此为基础计算本月发出存货成本和月末存货成本的一种方法。计算公式如下：

$$存货单位成本 = \frac{月初库存存货的实际成本 + 本月购入存货的实际成本}{月初库存存货的数量 + 本月购入存货的数量}$$

$$本月发出存货实际成本 = 本月发出存货数量 \times 存货单位成本$$

$$月末库存存货实际成本 = 月末库存存货数量 \times 存货单位成本$$

或：月末库存存货实际成本 = 月初库存存货实际成本 + 本月收入存货实际成本 − 本月发出存货的实际成本

采用加权平均法，只在月末一次计算存货单位成本(即加权平均单价)，比较简单，而且在市场价格上涨或下跌时所计算出来的单位成本平均化，对存货成本的分摊较为折中。这种方法平时无法从账上提供发出和结存存货的单价及金额，不利于加强对存货的日常管理。

【例 4-6】 三江公司是一家商贸企业，采用实际成本法核算存货，其 2×19 年 1 月份 A 商品的购入、销售和结存情况如表 4-1 所示(假设 1 月 10 日销售的 400 件有 100 件是 1 月 1 日结余存货，有 300 件是 1 月 4 日购入的存货；1 月 19 日销售的 300 件有 100 件是 1 月 1 日期初的存货，200 件是 1 月 15 日购入的存货；1 月 27 日销售的 100 件是 1 月 15 日购入的存货)：

表 4-1　三江公司 2×19 年 1 月 A 商品购销存汇总表

日期	增加			减少			结余		
	数量(件)	单价(元)	金额(元)	数量(件)	单价(元)	金额(元)	数量(件)	单价(元)	金额(元)
1.1							400	200	80 000
1.4	300	220	54 000						
1.10				400					
1.15	500	230	100 000						
1.19				300					
1.27				100					
1.31							200		

(1) 采用个别计价法计算的 2×19 年 1 月份 A 商品的销售成本为：

$$100×200+300×220+100×200+200×230+100×230=175\,000(元)$$

(2) 采用先进先出法计算的发出存货成本以及结存成本如表 4-2 所示：

表 4-2　先进先出法

日期	增加			减少			结余		
	数量(件)	单价(元)	金额(元)	数量(件)	单价(元)	金额(元)	数量(件)	单价(元)	金额(元)
1.1							400	200	80 000
1.4	300	220	66 000						
1.10				400	200	80 000	300	220	66 000
1.15	500	230	115 000						
1.19				300	220	66 000	500	230	115 000
1.27				100	230	23 000	400	230	92 000
合计			181 000			169 000	400	230	92 000

(3) 采用加权平均法计算的发出成本及结存成本为：

$$加权平均单位成本 = \frac{400×200+300×220+500×230}{400+300+500}=217.5(元)$$

$$发出存货的成本=800×217.5=174\,000(元)$$

$$结存存货的成本=400×217.5=87\,000(元)$$

二、存货发出的账务处理

当存货发出时，按照不同的用途应计入不同的账户，以制造企业原材料的发出为例，其账务处理如下：

借：生产成本(直接材料成本)
　　制造费用(间接材料成本)
　　销售费用(销售部门消耗)
　　管理费用(行政部门消耗)
　　委托加工物资(发出加工材料)
　贷：原材料

第四节　存货的期末计量

一、存货期末计量的原则

《企业会计准则第1号——存货》第十五条规定：资产负债表日，存货应当按照成本与可变现净值孰低计量；存货成本高于其可变现净值的，应当计提存货跌价准备，计入当期损益。

成本与可变现净值孰低指对期末存货按照成本与可变现净值两者之中较低者计价的方法。当存货的账面成本小于可变现净值，一般不做任何会计处理；当可变现净值低于成本时，期末存货按可变现净值计价，同时按照成本高于可变现净值的差额计提存货跌价准备，计入当期损益。

二、存货的减值迹象

1. 存货存在下列情况之一的，通常表明存货的可变现净值低于成本：
① 该存货的市场价格持续下跌，并且在可预见的未来无回升的希望；
② 企业使用该项原材料生产的产品的成本大于产品的销售价格；
③ 企业因产品更新换代，原有库存原材料已不适应新产品的需要，而该原材料的市场价格又低于其账面价值；
④ 因企业所提供的商品或劳务过时或消费者偏好改变而使市场的需求发生变化，导致市场价格逐渐下跌；
⑤ 其他足以证明该项存货实质上已经发生减值的情形。

2. 存货存在下列情形之一的，通常表明存货的可变现净值为零：
① 已霉烂变质的存货；
② 已过期且无转让价值的存货；
③ 生产中已不再需要，并且已无使用价值和转让价值的存货；
④ 其他足以证明已无使用价值和转让价值的存货。

三、可变现净值的确定

可变现净值是指在日常活动中，存货的估计售价减去至完工时估计将要发生的成本、估计的销售费用以及相关税费后的金额。

《企业会计准则第 1 号——存货》第十六条规定：企业确定存货的可变现净值，应当以取得的确凿证据为基础，并且考虑持有存货的目的、资产负债表日后事项的影响等因素。

1. 持有以备出售的存货

企业持有以备出售的存货如商品、产成品等，分为两种情况，即有合同约定(销售合同或劳务合同)的存货和没有合同约定的存货。为执行销售合同或劳务合同而持有的存货，通常应当以产成品或商品的合同价格作为其可变现净值的计量基础。但是，如果企业持有存货的数量多于销售合同订购数量，超出部分的存货可变现净值以产成品或商品的一般销售价格作为计量基础。没有销售合同或劳务合同约定的存货，其可变现净值应当以产成品或商品一般销售价格或原材料的市场价格作为计量基础。可变现净值的计算公式如下：

有合同约定的存货：可变现净值=估计售价-估计的销售费用和相关税费

没有合同约定的存货：可变现净值=合同价格-估计的销售费用和相关税费

【例 4-7】ABC 公司库存商品 100 件，每件商品的成本为 120 元，其中合同约定的商品 60 件，合同价为每件 170 元，该商品在市场上的售价为每件 150 元，预计每件商品的销售税费为 36 元。那么该批商品的可变现净值为

有合同约定的部分(60 件)的可变现净值=60×170-60×36= 8 040(元)

没有合同约定的部分(40 件)的可变现净值=40×150-40×36=4 560(元)

有合同约定的部分可变现净值 8 040 大于成本(60×120=7 200)，所以不计提存货跌价准备；无合同约定的部分可变现净值 4 560 小于成本(40×120=4 800)，所以需要计提存货跌价准备。

2. 将在生产过程或提供劳务过程中耗用的存货

在会计期末运用成本与可变现净值孰低原则对材料存货进行计量时，需要考虑材料的用途：分为为生产产品而持有的材料和持有用于出售的材料两大类。

(1)为生产产品而持有的原材料

为生产产品而持有的原材料的可变现净值，应该与产品的可变现净值结合起来。(可变现净值=该材料所生产的产成品的估计售价-进一步加工的成本-估计的销售费用和相关税费。)也就是说，当产品的可变现净值低于成本的情况下，材料应该计提减值准备；当产品的可变现净值高于成本时，即使材料的市场价格低于材料成本，也不用计提减值准备。

(2)持有用于出售的原材料等

对于无销售合同的用于出售的原材料等存货，其可变现净值=市场价格-估计的销售费用和相关税费；对于有销售合同的用于出售的原材料等存货，其可变现净值=合同价格-估计的销售费用和相关税费。

【例4-8】ABC公司库存原材料100件,每件材料的成本为100元,库存材料均用于产品生产,每件材料经追加成本20元后加工成一件完工品。其中合同订货60件,每件完工品的合同价为180元,单件完工品的市场售价为每件140元,预计每件完工品的销售税费为30元(材料一件对应一件完工品)。那么该批原材料的可变现净值为

原材料对应产品有合同定价的部分,其可变现净值=60×180-60×30-60×20=7 800(元)

原材料对应产品无合同定价的部分,其可变现净值=40×140-40×30-40×20=3 600(元)

原材料对应新产品有合同约定的,其可变现净值7 800大于成本(60×100=6 000),所以不计提存货跌价准备;无合同约定的部分可变现净值3 600小于成本(40×100=4 000),所以需要计提存货跌价准备。

四、存货跌价准备的计提

企业通常应当按照单个存货项目计提存货跌价准备;对于数量繁多、单价较低的存货,可以按照存货类别计提存货跌价准备;与在同一地区生产和销售的产品系列相关且具有相同或类似最终用途或目的,并难以与其他项目分开计量的存货,可以合并计提存货跌价准备。

资产负债表日,企业应当确定存货的可变现净值。以前减记存货价值的影响因素已经消失的,减记的金额应当予以恢复,并在原已计提的存货跌价准备金额内转回,转回的金额计入当期损益。

企业应设置"存货跌价准备"账户反映企业在会计期末计提的各项存货跌价准备。在会计期末,应通过成本与可变现净值比较计提存货跌价准备,并与原余额比较,若计算的应提准备大于准备原余额,则应予计提,借记"资产减值损失",贷记"存货跌价准备"。反之,则应冲销已提数,做相反的财务处理。

第五节 计划成本法

计划成本法是指存货的收入、发出和结余均按预先制定的计划成本计价,同时另设成本差异科目,登记、分摊、按期结转实际成本与计划成本的差额,期末将发出和结存存货的成本调整为实际成本。计划成本法通过计划价格指导采购,分析实际成本与计划成本的差异,从而控制采购成本;对于大型企业,材料物资种类繁多,进出货频繁,使用实际成本法核算工作量大,计划成本法的采用可以有效地减少工作量。

一、计划成本法的科目设置

这里以"原材料"为例,说明如何运用计划成本法进行核算。其他存货的计划成本法核算与原材料的计划成本法相同。

原材料采用计划成本法核算,除需要设置"原材料"科目外,还需要增加"材料成本差异"科目,并将"在途物资"科目改为"材料采购"科目。

1. "原材料"科目

"原材料"科目核算企业各种原材料的计划成本。借方登记入库原材料的计划成本，贷方登记发出原材料的计划成本。该科目期末余额在借方，表示期末库存原材料的计划成本。"原材料"科目应当按照材料的保管地点(仓库)、材料的类别、品种和规格等进行明细核算。

2. "材料采购"科目

"材料采购"科目用来核算企业购入材料、商品等的采购成本。其借方登记外购材料等存货的实际成本和结转已经验收入库实际成本小于计划成本的节约差额；贷方登记验收入库的材料等存货的计划成本和结转实际成本大于计划成本的超支差额。期末余额在借方，表示已经付款但尚未入库的材料等存货(即在途货物)的实际成本。"材料采购"科目应按供应单位和物资品种设置明细账，进行明细核算。

3. "材料成本差异"科目

"材料成本差异"科目用来核算企业各种材料的实际成本与计划成本的差异，以及调整发出材料应负担的成本差异。其借方登记验收入库材料成本的超支差异；贷方登记验收入库材料成本的节约差异以及发出材料应负担的成本差异(超支用蓝字，节约用红字)。期末余额在借方，反映企业库存材料拥有的超支差异；期末余额在贷方，反映企业库存材料拥有的节约差异。

二、计划成本法的日常核算

用计划成本进行存货日常核算的企业，对每一品种、规格的存货制定计划成本。平时用计划成本记录收入和发出的存货，每到期末，将库存和发出的存货由计划成本调整为实际成本。采购时，按实际成本付款，借记"材料采购""应交税费——应交增值税(进项税额)"等科目，贷记"银行存款"等科目；材料验收入库时，按计划成本借记"原材料"科目，贷记"材料采购"科目，实际成本与计划成本的差额借或贷记"材料成本差异"科目(借记代表超支差，贷记代表节约差)；平时发出材料时，一律用计划成本；期末，计算材料成本差异率，结转发出材料应负担的差异额。

有关计算公式如下：

$$材料成本差异率=\frac{期初结存材料的成本差异+本期增加材料的成本差异}{期初结存材料的计划成本+本期增加材料的计划成本}\times 100\%$$

本期发出材料应负担的成本差异=本期发出材料的计划成本×材料成本差异率

本期结存材料应负担的成本差异=本期结存材料的计划成本×材料成本差异率

本期发出材料的实际成本=本期发出材料的计划成本±本期发出材料应负担的成本差异

本期结存材料的实际成本=本期结存材料的计划成本±本期结存材料应负担的成本差异

或者：本期结存材料的实际成本=(期初结存材料的计划成本+本期增加材料的计划成本−本期发出材料的计划成本)×(1+材料成本差异率)，期末结转差异的账务处理如下：

借：生产成本等
  贷：材料成本差异
超支差用蓝字，节约差用红字。

【例 4-9】 ABC 公司 2×19 年 12 月购入材料一批，取得的增值税专用发票上注明材料价款为 1 000 000 元，增值税额 130 000 元，货款已经支付。材料验收入库。该批材料的计划成本为 800 000 元，ABC 采用计划成本进行材料的日常核算，本月的"发料凭证汇总表"中列明，各部门领用该材料的计划成本如表 4-3 所示，本月材料成本差异率为+2%。

表 4-3　发料凭证汇总表　　　　单位：元

用途	计划成本
甲产品生产领用	200 000
乙产品生产领用	200 000
生产车间一般耗用	50 000
管理部门领用	80 000
销售部门领用	100 000
合计	630 000

根据上述资料，应编制会计分录如下：
(1) 购买材料时：
借：材料采购　　　　　　　　　　　　　　　　　1 000 000
　　应交税费——应交增值税(进项税额)　　　　　　130 000
　　贷：银行存款　　　　　　　　　　　　　　　　1 130 000
(2) 材料验收入库时：
借：原材料　　　　　　　　　　　　　　　　　　　800 000
　　材料成本差异　　　　　　　　　　　　　　　　200 000
　　贷：材料采购　　　　　　　　　　　　　　　　1 000 000
(3) 各部门领用材料时：
借：生产成本——甲产品　　　　　　　　　　　　　200 000
　　　　　　——乙产品　　　　　　　　　　　　　200 000
　　制造费用　　　　　　　　　　　　　　　　　　 50 000
　　管理费用　　　　　　　　　　　　　　　　　　 80 000
　　销售费用　　　　　　　　　　　　　　　　　　100 000
　　贷：原材料　　　　　　　　　　　　　　　　　630 000
(4) 分摊材料成本差异时：
借：生产成本——甲产品　　　　　　　　　　　　　 4 000
　　　　　　——乙产品　　　　　　　　　　　　　 4 000
　　制造费用　　　　　　　　　　　　　　　　　　 1 000
　　管理费用　　　　　　　　　　　　　　　　　　 1 600

销售费用		2 000
贷：材料成本差异		12 600

第六节　存货的盘点

一、存货的盘存制度

企业存货数量需要通过盘存来确定，常用的存货数量盘存方法主要有永续盘存制和实地盘存制两种。

1. 永续盘存制

永续盘存制也称账面盘存制。它是对于存货的增加和减少，根据各种有关凭证，在账簿中逐日逐笔进行登记，并随时结算出各种存货账面结存数额的一种方法。该盘存制度利用的公式是：

期末结存数=期初结存数+本期增加数-本期减少数

永续盘存制的优点是通过为每一存货项目设置明细账，存有详细记录，可以及时反映和掌握各种存货收发、结存的数量和金额，有利于对资产的监督和管理。缺点是工作量大，尤其对那些品种规格繁多的产品。

由于自然和人为的原因，可能发生账实不符的现象，所以在永续盘存制下，仍需对存货进行实地盘点，以便查明是否发生盘盈或盘亏。

2. 实地盘存制

实地盘存制又称定期盘存制，是指会计期末通过对财产物资进行实地盘点确定期末结存数量的方法。该方法平时只登记财产物资收入数，不登记财产物资发出数，期末通过盘点实物来确定存货结存数量，并据以倒算出发出存货的数量。本期发出存货数量的计算公式是：

本期减少数=期初结存数+本期增加数-期末结存数

实地盘存制的优点是核算工作比较简单，工作量较小。缺点是手续不够严密，不能通过账簿随时反映和监督各项财产物资的收、发、结存情况，反映的数字不精确，仓库管理中如有多发少发、物资毁损、盗窃、丢失等情况，在账面上均无反映，而全部隐藏在本期的发出数内，不利于存货的管理，也不利于监督检查。因此，实地盘存制只适应数量大、价值低、收发频繁的存货。

二、存货清查处理程序

存货清查结果的处理程序分为两个步骤。

① 在报经有关部门处理前，根据"存货盘点报告表"，将盘盈和盘亏、毁损的存货先作为待处理财产损溢处理，同时按盘盈或盘亏、毁损存货的实际成本调整存货的账面价值，使存货账实相符。

② 在报经相关部门批准后，根据存货盘盈或盘亏、损毁的不同原因和处理结果，将待处理财产损溢分别结转到不同的会计科目，以落实经济责任。

盘盈的存货冲销"管理费用"；盘亏的存货中有责任人赔偿的部分计入"其他应收款"；属于一般经营损失部分计入"管理费用"；非常损失部分计入"营业外支出"。

三、存货盘盈、盘亏的处理

为了反映企业在财产清查中查明的各种存货的盘盈、盘亏和毁损情况，应设置"待处理财产损溢——待处理流动资产损溢"科目。该科目的借方登记存货的盘亏、毁损数额及盘盈的转销数额，贷方登记存货的盘盈数额及盘亏的转销数额。企业清查的各种存货损溢，应在期末结账前处理完毕，期末处理后，该科目应无余额。

1. 存货盘盈的账务处理

企业的各种存货，应定期清查盘点。发现盘盈的存货，按照实际成本或估计价值，借记"原材料""库存商品"等科目，贷记"待处理财产损溢——待处理流动资产损溢"科目。盘盈的存货一般是由于收发计量或核算上的误差等原因造成的，在按规定手续报经批准后，冲减当期的管理费用，借记"待处理财产损溢——待处理流动资产损溢"科目，贷记"管理费用"科目。

【例4-10】长江公司在财产清查中盘盈A材料50 000元，经查属于材料收发计量方面的错误。A公司账务处理如下：

盘点结果出来时：
借：原材料——A材料　　　　　　　　　　　　　　　　50 000
　　贷：待处理财产损溢——待处理流动资产损溢　　　　　　50 000

查明原因并报批后：
借：待处理财产损溢——待处理流动资产损溢　　　　　　50 000
　　贷：管理费用　　　　　　　　　　　　　　　　　　　50 000

2. 存货盘亏及毁损的账务处理

企业存货的盘亏、毁损，需按照规定报经批准后才能处理。在报经批准前，应根据"存货盘点报告表"中存货的实际成本，编制以下会计分录：

借：待处理财产损溢——待处理流动资产损溢
　　贷：原材料、库存商品等

在报经批准后，存货盘亏、毁损，应根据不同的情况分别处理：

① 属于自然损耗产生的定额内损耗，计入管理费用。

② 属于计量收发差错和管理不善等原因造成的存货短缺或毁损，应先扣除残料价值、可以收回的保险赔款和过失人的赔偿，然后将净损失计入管理费用。

③ 属于自然灾害或意外事故等非常原因造成的存货毁损，应先扣除残料价值、可以收回的保险赔款和过失人的赔偿，然后将净损失计入营业外支出。

【例4-11】ABC公司在财产清查中发现盘亏B材料10 000元,经查属于材料保管员王莉的过失造成的,按规定由其个人赔偿5 000元,残料已办理入库手续,价值2 000元。ABC公司账务处理如下:

(1)盘点结果出来后:

借:待处理财产损溢	10 000
贷:原材料	10 000

(2)处理意见出来后:

借:其他应收款——王莉	5 000
原材料	2 000
管理费用	3 000
贷:待处理财产损溢——待处理流动资产损溢	10 000

注:如果盘盈或盘亏的存货在期末结账前尚未经批准,在对外提供财务会计报告时应当先按上述方法进行会计处理,并在财务报表附注中做出说明。如果其后批准处理的金额与已处理的金额不一致,应当调整当期财务报表相关项目的年初数。

思 考 题

1. 如何确定外购存货的入账成本?
2. 如何确定委托加工存货的入账成本?
3. 存货发出的计价方法有哪些?对财务报表的影响如何?
4. 存货的期末计价采用的方法是什么?
5. 如何计提存货跌价准备?
6. 计划成本法的核算要点是什么?

练 习 题

长城股份有限公司(以下简称长城公司)为增值税一般纳税人,购买和销售商品适用的增值税税率为13%。原材料按实际成本法核算,发出材料采用月末一次加权平均法计量,年度终了按单个存货项目计提存货跌价准备。长城公司2×19年12月初A材料结存500千克,实际成本20 000元。12月发生有关A材料的业务如下:

(1)12月1日,从外地购入A材料1 000千克,增值税专用发票上注明的价款为40 000元,增值税税额为5 200元,另发生运杂费600元,装卸费400元,各种款项已用银行存款支付,材料已验收入库。

(2)12月8日,从本市购入A材料400千克,增值税专用发票注明价款16 400元,增值税税额2 132元。货款未付,材料已验收入库。

(3)12月15日,接受丙公司投资,收到A材料600千克,投资各方确认的价值为24 600

元(含税)，投资方未提供增值税专用发票。按投资协议规定，丙公司投资后其投资占长城公司注册资本 2 000 000 元的 1%。

(4)12 月 31 日，汇总本月发出 A 材料 1 500 千克，其中生产车间领用 1 000 千克，企业管理部门领用 500 千克。

(5)12 月 31 日，假设用库存 A 材料生产成丁商品至完工估计将要发生的成本为 4 700 元，丁商品的估计售价为 47 500 元，估计销售丁商品将发生销售费用及相关税金为 2 500 元。A 材料的跌价准备月初余额为零。

长城公司持有的 A 材料专门用于生产丁商品。

要求：

(1)编制与 A 材料初始计量有关的会计分录。

(2)编制发出 A 材料的会计分录。

(3)编制 2×19 年年末计提 A 材料存货跌价准备的会计分录。

第五章 长期股权投资

本章学习提示

学习内容：

通过本章学习，理解长期股权投资的范围；掌握长期股权投资初始计量的规则及金额的确认方法；掌握长期股权投资后续计量成本法与权益法的基本原理及实务应用；掌握长期股权投资处置损益的与会计处理方法；掌握长期股权投资方法转换的会计处理。

学习要点：

1. 长期股权投资的范围；
2. 同一控制下长期股权投资的入账价值；
3. 非同一控制下长期股权投资的入账价值；
4. 长期股权投资成本法的核算原理；
5. 长期股权投资权益法的核算原理；
6. 长期股权投资成本法与权益法转换的会计处理。

第一节 长期股权投资概述

一、长期股权投资的含义

投资是企业为了获得收益或实现资本增值向被投资单位投放资金的经济行为。企业对外进行的投资，可以有不同的分类。从性质上划分，可以分为债权性投资与权益性投资等。权益性投资按对被投资单位的影响程度划分，可以分为对子公司投资、对合营企业投资和对联营企业投资等。

《企业会计准则第 2 号——长期股权投资》规范了符合条件的权益性投资的确认和计量。其他投资适用《企业会计准则第 22 号——金融工具确认和计量》等相关准则。

《企业会计准则第 2 号——长期股权投资》规范的权益性投资不包括风险投资机构、共同基金以及类似主体持有的、在初始确认时按照《企业会计准则第 22 号——金融工具确认和计量》的规定以公允价值计量且其变动计入当期损益的金融资产，这类金融资产即使符合持有待售条件也应继续按《企业会计准则第 22 号——金融工具确认和计量》进行会计处理。投资性主体对不纳入合并财务报表的子公司的权益性投资，应按照公允价值计量且其变动计入当期损益。

二、长期股权投资的范围

明确界定长期股权投资的范围，是对长期股权投资进行正确确认、计量和报告的前提。根据《企业会计准则第 2 号——长期股权投资》规定，长期股权投资包括以下几个方面：

1. 对子公司投资

投资方能够对被投资单位实施控制的权益性投资，即对子公司投资。控制是指投资方拥有对被投资单位的权力，通过参与被投资单位的相关活动而享有可变回报，并且有能力运用对被投资单位的权力影响其回报金额。

相关活动是指对被投资方的回报产生重大影响的活动。对许多企业而言，经营和财务活动通常对其回报产生重大影响。这些活动可能包括但不限于下述活动：商品或劳务的销售和购买、金融资产的管理、资产的购买和处置、研究与开发活动、确定资本结构和获取融资。

控制意味着投资方对被投资方拥有权力，包括以下两种情形：一是投资方持有被投资方半数以上的表决权；二是投资方持有被投资方半数或以下的表决权，但通过与其他表决权持有人之间的协议能够控制半数以上的表决权。

上述第二种情形的表现有：通过与其他投资者的协议，投资企业拥有被投资方半数以上有表决权资本的控制权；根据章程或协议，投资企业有权决定被投资方的财务和经营决策；投资企业有权任免被投资方董事会或类似权力机构的多数成员；投资企业在被投资方董事会或类似权力机构中有半数以上的投票权。

投资方持有被投资方半数或以下的表决权，但综合考虑下列事实和情况后，判断投资方持有的表决权足以使其目前有能力主导被投资方相关活动的，视为投资方对被投资方拥有权力：①投资方持有的表决权相对于其他投资方持有的表决权份额的大小，以及其他投资方持有表决权的分散程度；②投资方和其他投资方持有的被投资方的潜在表决权，如可转换公司债券、可执行认股权证等；③其他合同安排产生的权利；④被投资方以往的表决权行使情况等其他相关事实和情况。

2. 对合营企业投资

投资方与其他合营方一同对被投资单位实施共同控制且对被投资单位净资产享有权利的权益性投资，即对合营企业投资。共同控制，是指按照相关约定对某项安排所共有的控制，并且该安排的相关活动必须经过分享控制权的参与方一致同意后才能决策。某项安排的相关活动应当根据具体情况判断，通常包括商品或劳务的销售和购买、金融资产的管理、资产的购买和处置、研究与开发活动以及融资活动等。

3. 对联营企业投资

投资方对被投资单位具有重大影响的权益性投资，即对联营企业投资。重大影响，是指对一个企业的财务和经营政策有参与决策的权力，但并不能够控制或者与其他方一起共同控制这些政策的制定。投资方直接或通过子公司间接持有被投资单位20%或以上表决权时，一般认为对被投资单位具有重大影响，除非有明确的证据表明该种情况下不能参与被投资单位的生产经营决策，不形成重大影响。在确定能否对被投资单位施加重大影响时，一方面应考虑投资方直接或间接持有被投资单位的表决权股份，另一方面要考虑投资方及其他方持有的当期可执行潜在表决权在假定转换为对被投资单位的股权后产生的影响，如被投资单位发行的当期可转换的认股权证、股份期权及可转换公司债券等的影响。

企业通常可以通过以下一种或几种情形来判断是否对被投资单位具有重大影响：

① 在被投资单位的董事会或类似权力机构中派有代表；
② 参与被投资单位财务和经营政策制定过程；
③ 与被投资单位之间发生重要交易；
④ 向被投资单位派出管理人员；
⑤ 向被投资单位提供关键技术资料。

存在上述一种或多种情形并不意味着投资方一定对被投资单位具有重大影响。企业需要综合考虑所有事实和情况来做出恰当的判断。

第二节　长期股权投资的初始计量

长期股权投资的初始计量需要确定长期股权投资的入账成本，控制、共同控制和重大影响三种不同方式下形成的长期股权投资的入账成本各不相同。

一、企业合并形成的长期股权投资

企业合并分为吸收合并、新设合并和控股合并三种方式，我们这里的长期股权投资是指控股合并方式下形成的长期股权投资,并将其划分为同一控制企业合并形成的长期股权投资和非同一控制企业合并形成的长期股权投资。

1. 同一控制企业合并形成的长期股权投资

同一控制下的企业合并,是指参与合并的企业在合并前后均受同一方或相同的多方最终控制且该控制并非暂时性的。

同一控制下企业合并形成的长期股权投资,合并方以支付现金、转让非现金资产或承担债务方式作为合并对价的,应在合并日按取得被合并方所有者权益在最终控制方合并财务报表中的账面价值的份额,借记"长期股权投资"科目,按支付的合并对价的账面价值,贷记或借记有关资产、负债科目,按其差额,贷记"资本公积——资本溢价或股本溢价"科目;如为借方差额,借记"资本公积——资本溢价或股本溢价"科目,"资本公积——资本溢价或股本溢价"科目不足冲减的,应依次借记"盈余公积""利润分配——未分配利润"科目。合并方以发行权益性证券作为合并对价的,应当在合并日按照被合并方所有者权益在最终控制方合并财务报表宁的账面价值的份额,借记"长期股权投资"科目,按照发行股份的面值总额,贷记"股本"科目,按其差额,贷记"资本公积——资本溢价或股本溢价"科目;如为借方差额,借记"资本公积——资本溢价或股本溢价"科目,"资本公积——资本溢价或股本溢价"科目不足冲减的,应依次借记"盈余公积""利润分配——未分配利润"科目。

同一控制下的企业合并中,合并方发生的审计、法律服务、评估咨询等中介费用以及其他相关直接费用,应当于发生时直接计入"管理费用"科目;股票发行费用应冲减"资本公积——股本溢价"科目,如果溢价不够冲减或无溢价时则冲减相关留存收益科目;债券发行费用应冲减"应付债券——利息调整"科目,即冲减溢价或追加折价。

【例5-1】2×20年6月1日,甲公司以库存商品及土地使用权取得同一集团乙公司90%的股权,并于当日起能够对乙公司实施控制。合并日,库存商品的账面余额为60万元,公允价值为100万元,适用的增值税率为13%;土地使用权的账面余额为500万元,累计摊销100万元,公允价值为600万元,转让土地使用权的增值税率为9%。合并日乙公司所有者权益在最终控制方合并财务报表中的账面价值的份额为800万元。甲公司与乙公司的会计年度和采用的会计政策相同,甲公司账务处理如下所示(单位:万元):

借:长期股权投资　　　　　　　　　　　　　　　720
　　累计摊销　　　　　　　　　　　　　　　　　100
　贷:库存商品　　　　　　　　　　　　　　　　　60
　　　应交税费——应交增值税(销项税额)　　　67(13+54)
　　　无形资产　　　　　　　　　　　　　　　　500
　　　资本公积——股本溢价　　　　　　　　　　193

【例5-2】甲、乙、丙三公司同属一个集团,丙公司持有乙公司60%的股权,甲公司发行600万股普通股(每股面值1元)作为对价自丙公司手中取得乙企业60%的股权,每股的公允价值为10元。甲公司为此支付给券商8万元的发行费用,合并中发生审计费用12万元，合并日乙企业所有者权益在最终控制方合并财务报表中的账面价值为 1 300 万元。甲公司的账务处理如下（单位：万元）：

(1) 发行股票时：

借：长期股权投资　　　　　　　　　　　　　　780（1 300×60%）
　　贷：股本　　　　　　　　　　　　　　　　　　　　　　　　600
　　　　资本公积——股本溢价　　　　　　　　　　　　　　　　180

(2) 支付股票发行费用时：

借：资本公积——股本溢价　　　　　　　　　　　8
　　贷：银行存款　　　　　　　　　　　　　　　　　　　　　　　8

(3) 支付审计费用时：

借：管理费用　　　　　　　　　　　　　　　　12
　　贷：银行存款　　　　　　　　　　　　　　　　　　　　　　　12

2. 非同一控制企业合并形成的长期股权投资

非同一控制下的企业合并，是指参与合并各方在合并前后不受同一方或相同的多方最终控制的合并交易，即除判断属于同一控制下企业合并的情况以外其他的企业合并。

企业合并成本包括购买方为进行企业合并支付的现金或非现金资产、发行或承担的债务、发行的权益性证券等在购买日的公允价值。购买方为合并对价支付的资产，应当按照以公允价值处置该资产进行账务处理。其中，付出资产为固定资产或无形资产的，付出资产的公允价值与账面价值的差额，计入"资产处置损益"科目；付出资产为金融资产的，付出资产的公允价值与账面价值的差额，计入"投资收益"科目或相关留存收益科目；付出资产为存货的，视同销售，按其公允价值确认收入，同时按其账面价值结转成本；付出资产为投资性房地产的，应区分其后续计量模式，若采用成本模式进行后续计量的，应按公允价值确认其他业务收入，按其账面价值结转其他业务成本，若采用公允价值模式进行后续计量的，应按公允价值确认其他业务收入，按其账面价值结转其他业务成本，同时结转期间确认的公允价值变动损益和转换时形成的其他综合收益；涉及增值税的，还应进行相关增值税的处理。购买方以发行权益性证券作为合并对价的，应在购买日按照发行的权益性证券的公允价值，借记"长期股权投资"科目，按照发行的权益性证券的面值总额，贷记"股本"科目，按其差额，贷记"资本公积——资本溢价或股本溢价"科目。

与同一控制下企业合并中类似费用的处理原则相同，非同一控制下企业合并中发生的与企业合并直接相关的费用，包括为进行合并而发生的会计审计费用、法律服务费用、咨询费用等，应当计入"管理费用"科目；为进行企业合并发行的权益性证券或发行的债务相关的手续费、佣金等，应抵减权益性证券的溢价发行收入或是计入所发行债务的初始确认金额。

【**例 5-3**】2×20 年 6 月 1 日，甲公司以库存商品及土地使用权取得集团外乙公司 90% 的股权，并于当日起能够对乙公司实施控制。购买日，库存商品的账面余额为 60 万元，公允价值为 100 万元，增值税率为 13%；土地使用权的账面余额为 500 万元，累计摊销 100

万元，公允价值为 600 万元，转让土地使用权的增值税率为 9%。甲公司与乙公司的会计年度和采用的会计政策相同，甲公司账务处理为：

借：长期股权投资　　　　　　　　　　　　　　　767
　　累计摊销　　　　　　　　　　　　　　　　　100
　贷：主营业务收入　　　　　　　　　　　　　　100
　　　应交税费——应交增值税(销项税额)　　　67(13+54)
　　　无形资产　　　　　　　　　　　　　　　　500
　　　资产处置损益　　　　　　　　　　　　　　200

同时：
借：主营业务成本　　　　　　　　　　　　　　　60
　贷：库存商品　　　　　　　　　　　　　　　　60

【例5-4】甲、乙、丙三公司分属于不同的企业集团，丙公司持有乙公司60%的股权，甲公司发行600万股普通股(每股面值1元)作为对价自丙公司手中取得乙企业60%的股权，每股的公允价值为10元。甲公司为此支付给券商8万元的发行费用，合并中发生审计费用12万元，合并日乙企业账面净资产总额为1 300万元。甲公司的账务处理如下(单位：万元)：

(1)发行股票时：
借：长期股权投资　　　　　　　　　　　　　　6 000
　贷：股本　　　　　　　　　　　　　　　　　　600
　　　资本公积——股本溢价　　　　　　　　　5 400

(2)支付股票发行费用时：
借：资本公积——股本溢价　　　　　　　　　　　8
　贷：银行存款　　　　　　　　　　　　　　　　8

(3)支付审计费用时：
借：管理费用　　　　　　　　　　　　　　　　　12
　贷：银行存款　　　　　　　　　　　　　　　　12

二、非企业合并方式形成的长期股权投资

非企业合并方式形成的长期股权投资，是指企业以支付现金、非现金资产、发行权益性证券等方式取得的对被投资企业不具有控制权的长期股权投资，如取得对合营企业、联营企业的权益性投资。非企业合并方式取得的长期股权投资的初始投资成本的确定与非同一控制下企业合并形成的长期股权投资成本的确定方式基本相同。

1. 以支付现金取得的长期股权投资

以支付现金取得的长期股权投资，按照实际支付的购买价款作为初始投资成本，包括购买过程中支付的手续费等必要支出，但所支付价款中包含的被投资单位已宣告但尚未发放的现金股利或利润应作为应收项目核算，不构成取得长期股权投资的成本。

【例5-5】甲公司于2×20年12月20日自公开市场中买入乙公司20%的股份，实际支付价款2 000万元。另外，在购买过程中支付手续费等相关费用200万元。甲公司取得该部分股权后能够对乙公司的生产经营决策施加重大影响。

甲公司长期股权投资相关的账务处理为(单位：万元)：

借：长期股权投资　　　　　　　　　　　　　　　　　　　　2 200
　　贷：银行存款　　　　　　　　　　　　　　　　　　　　　　2 200

2. 以发行权益性证券取得的长期股权投资

以发行权益性证券方式取得的长期股权投资的成本为所发行权益性证券的公允价值，但不包括被投资单位收取的已宣告但尚未发放的现金股利或利润。为发行权益性证券支付给有关证券承销机构等的手续费、佣金等与权益性证券发行直接相关的费用，不构成长期股权投资的成本。该部分费用应自权益性证券的溢价发行收入中扣除，权益性证券的溢价收入不足冲减的，应依次冲减盈余公积和未分配利润。

【例5-6】2×20年10月，甲公司通过增发8 000万股本公司普通股(每股面值1元)取得B公司20%的股权，该8 000万股股份的公允价值为10 500万元。为增发该部分股份，A公司向证券承销机构等支付了400万元的佣金和手续费。假定A公司取得该部分股权后能够对B公司的生产经营决策施加重大影响。甲公司的账务处理如下所示(单位：万元)：

借：长期股权投资　　　　　　　　　　　　　　　　　　　　10 500
　　贷：股本　　　　　　　　　　　　　　　　　　　　　　　　8 000
　　　　资本公积——股本溢价　　　　　　　　　　　　　　　　2 500

发行权益性证券过程中支付的佣金和手续费，应冲减权益性证券的溢价发行收入：

借：资本公积——股本溢价　　　　　　　　　　　　　　　　　400
　　贷：银行存款　　　　　　　　　　　　　　　　　　　　　　400

第三节　长期股权投资的后续计量

根据《企业会计准则第2号——长期股权投资》的规定，长期股权投资的后续计量分为两种：一种是成本法，另一种是权益法。

一、长期股权投资的成本法

1. 成本法的定义及其适用范围

成本法，是指企业持有的长期股权投资按初始投资成本进行计量的方法。

投资方能够对被投资单位实施控制的长期股权投资应当采用成本法核算。控制，是指投资方拥有对被投资方的权力，通过参与被投资方的相关活动而享有可变回报，并且有能力运用对被投资方的权力影响其回报金额。

2. 成本法核算

① "长期股权投资"科目反映取得时的成本；

② 被投资单位宣告发放现金股利：

借：应收股利（享有被投资单位宣告发放的现金股利或利润）
  贷：投资收益

③ 计提减值准备：

借：资产减值损失
  贷：长期股权投资减值准备

注：长期股权投资减值准备，一经计提，持有期间不得转回。

④ 长期股权投资的处置：

处置长期股权投资，应将长期股权投资账面价值与实际取得价款的差额，计入当期损益即"投资收益"科目。

【例5-7】2×20年6月10日，甲公司以6 800万元的价款取得乙公司普通股股票2 000万股作为长期股权投资（甲公司与乙公司合并前不存在关联方关系），该项投资占乙公司普通股股份的80%，甲公司采用成本法核算。2×20年度，乙公司未进行股利分配；2×22年3月5日，乙公司宣告2×21年度股利分配方案，每股分派现金股利0.2元；2×22年度，乙公司发生亏损，当年未进行股利分配；2×24年4月5日，乙公司宣告2×23年度股利分配方案，每股分派现金股利0.1元。甲公司账务处理如下（单位：万元）：

(1) 甲公司2×20年6月10日取得乙公司普通股股份时：

借：长期股权投资   6 800
  贷：银行存款   6 800

(2) 2×22年3月5日，乙公司宣告2×21年度股利分配方案时：

甲公司现金股利=2 000×0.2=400（万元）

借：应收股利   400
  贷：投资收益   400

(3) 2×24年4月5日，乙公司宣告2×23年度股利分配方案时：

甲公司现金股利=2 000×0.1=200（万元）

借：应收股利   200
  贷：投资收益   200

二、长期股权投资的权益法

1. 权益法的定义及其适用范围

权益法，是指投资以初始投资成本计量后，在投资持有期间根据投资企业享有被投资单位所有者权益份额的变动对投资的账面价值进行调整的方法。适用范围为实施共同控制的合营企业和投资以及实施重大影响的对联营企业的投资。

注：风险投资机构、共同基金以及类似主体持有的、在初始确认时按照《企业会计

准则第22号——金融工具确认和计量》的规定划分为以公允价值计量且其变动计入当期损益的金融资产，无论以上主体是否对这部分投资具有重大影响，应按照《企业会计准则第22号——金融工具确认和计量》的规定进行确认和计量。投资方对联营企业的权益性投资，其中一部分通过风险投资机构、共同基金、信托公司等类似主体间接持有的，无论以上主体是否对这部分投资具有重大影响，投资方都可以按照《企业会计准则第22号——金融工具确认和计量》的有关规定，对间接持有的该部分投资选择以公允价值计量且其变动计入当期损益，并对其余部分采用权益法核算。

2. 权益法下的账户设置

采用权益法核算时，在"长期股权投资"科目下应当设置"投资成本""损益调整""其他综合收益"和"其他权益变动"四个明细科目。"投资成本"明细科目反映长期股权投资的初始投资成本，在长期股权投资的初始投资成本小于取得投资时应享有被投资方可辨认净资产公允价值份额的情况下，按其差额调整的初始投资成本；"损益调整"明细科目反映被投资方因发生净损益、分配利润引起的所有者权益变动中，投资方按持股比例计算的应享有或应分担的份额；"其他综合收益"明细科目反映被投资方因其他综合收益发生变动，投资方按照持股比例计算的应享有或应分担的份额；"其他权益变动"明细科目反映投资方除发生净损益、分配利润以及其他综合收益以外的所有者权益的其他变动中，投资方按照持股比例计算的应享有或应分担的份额。

3. 权益法下长期股权投资初始投资成本的调整

初始投资成本小于被投资单位可辨认净资产公允价值的相应份额的差额，体现为被投资方做出了让步，一方面借记"长期股权投资"科目，另一方面贷记"营业外收入"科目；初始投资成本大于被投资单位净资产公允价值份额的差额，体现为投资方为被投资方的商誉以及被投资方不符合资产确认条件的价值付出的对价，不调整"长期股权投资"的初始投资成本。

【例5-8】2×20年1月1日，A公司以银行存款取得B公司30%的股权，能够对B公司实施重大影响，初始投资成本为2 000万元，投资时B公司各项可辨认资产、负债的公允价值与其账面价值相同，可辨认净资产公允价值总额均为7 000万元，A公司取得投资后即派人参与B公司生产经营决策。A公司的账务处理如下(单位：万元)：

A公司应享有B公司可辨认净资产公允价值的份额=7 000×30%=2 100(万元)

借：长期股权投资——投资成本　　　　　　　　　　2 000
　　贷：银行存款　　　　　　　　　　　　　　　　　　　2 000
借：长期股权投资——投资成本　　　　　　　　　　　100
　　贷：营业外收入　　　　　　　　　　　　　　　　　　　100

如果A公司的初始成本为2 300万元，则A公司初始投资时的账务处理为：

借：长期股权投资——投资成本　　　　　　　　　　2 300
　　贷：银行存款　　　　　　　　　　　　　　　　　　　2 300

4. 权益法下长期股权投资损益的确认

资产负债表日，企业应按被投资方实现的净利润中投资方应享有的份额，借记"长期股权投资——损益调整"科目，贷记"投资收益"科目。

在确认应享有被投资单位的净利润时，在被投资单位账面净利润的基础上，需要考虑以下几项因素：第一，被投资方采用的会计政策及会计期间是否与投资方不一致；第二，在取得投资时被投资单位可辨认净资产的公允价值是否与账面价值不一致；第三，投资方与被投资方之间是否有未实现内部交易损益。

① 被投资方采用的会计政策及会计期间与投资方不一致的，应按投资方的会计政策及会计期间对被投资单位的财务报表进行调整。

② 投资方在确认应享有被投资单位净损益的份额时，应当以取得投资时被投资单位可辨认净资产的公允价值为基础，对被投资单位的净利润进行调整后确认。

【例 5-9】甲股份有限公司(以下简称"甲公司")系一家上市公司，2×20 年对乙股份有限公司(以下简称"乙公司")投资业务的有关资料如下。

(1)甲公司于 2×20 年 1 月 1 日购入乙公司 20%的股份，购买价款为 1 300 万元，支付手续费等相关费用 200 万元，并自取得投资之日起派一名董事参与乙公司的财务和生产经营决策。取得投资日，乙公司可辨认净资产公允价值为 8 000 万元(包含一项固定资产评估增值 1 000 万元，预计剩余使用年限为 10 年，采用直线法计提折旧，预计净残值为 0)。

(2)乙公司于 2×20 年实现净利润 2 000 万元，甲公司与乙公司的会计年度及采用的会计政策相同。假定甲、乙公司间未发生任何内部交易。

甲公司的相关账务处理如下所示(单位：万元)

2×20 年 1 月 1 日取得乙公司 20%股权时：

借：长期股权投资——投资成本　　　　　　　　　　　1 500
　　贷：银行存款　　　　　　　　　　　　　　　　　　　　　1 500

同时

借：长期股权投资——投资成本　　　　　　　　　　　100
　　贷：营业外收入　　　　　　　　　　　　　　　　　　　　　100

2×20 年乙公司调整后的净利润=2 000−1 000÷10=1 900(万元)

2×20 年 12 月 31 日长期股权投资应调增 1 900×20%=380(万元)

借：长期股权投资——损益调整　　　　　　　　　　　380
　　贷：投资收益　　　　　　　　　　　　　　　　　　　　　　380

③ 未实现内部交易的抵销。投资方在采用权益法确认投资收益时，应抵销与其联营企业及合营企业之间发生的未实现内部交易损益。该未实现内部交易包括顺流交易和逆流交易两类。

● 顺流交易。顺流交易是指投资企业向联营企业或合营企业出售资产。对于顺流交易，在该交易存在未实现内部交易损益的情况下(即有关资产未对外部独立第三方出售)，投资企业在采用权益法计算确认应享有联营企业或合营企业的投资损益时，应抵销该未实现内部交易损益的影响,同时调整对联营企业或合营企业长期股权投资的账面价值。

【例5-10】长江公司持有黄河公司20%有表决权股份,能够对黄河公司的财务和生产经营决策施加重大影响。2×19年,长江公司将其账面价值为600万元的商品以1 000万元的价格出售给黄河公司。至2×19年资产负债表日,该批商品尚未对外部第三方出售。假定长江公司取得该项投资时,黄河公司各项可辨认资产、负债的公允价值与其账面价值相同,两者在以前期间未发生过内部交易。黄河公司2×19年净利润为2 000万元。假定不考虑所得税因素。

长江公司在该项交易中实现利润400万元,其中的80(400×20%)万元是针对本企业持有的对联营企业的权益份额,在采用权益法计算确认投资损益时应予抵销,即长江公司应当进行的账务处理为:

借:长期股权投资——损益调整　　　　　　　320 [(2 000–400)×20%]
　　贷:投资收益　　　　　　　　　　　　　　　　　　　　320

● 逆流交易。逆流交易是指联营企业或合营企业向投资企业出售资产。对于逆流交易,在该交易存在未实现内部交易损益的情况下(即有关资产未对外部独立第三方出售),投资企业在采用权益法计算确认应享有联营企业或合营企业的投资损益时,与顺流交易的处理方法相同,应抵销该未实现内部交易损益的影响,同时调整对联营企业或合营企业长期股权投资的账面价值。

【例5-11】长江公司于2×19年1月取得黄河公司20%有表决权股份。能够对黄河公司施加重大影响。假定长江公司取得该项投资时,黄河公司各项可辨认资产、负债的公允价值与其账面价值相同。2×19年8月,黄河公司将其成本为600万元的某商品以1 000万元的价格出售给长江公司,长江公司将取得的商品作为存货。至2×19年资产负债表日,长江公司仍未对外出售该存货。黄河公司2×19年实现净利润为3 200万元。假定不考虑所得税因素。

长江公司在按照权益法确认应享有黄河公司2×19年净损益时,应进行以下账务处理:
借:长期股权投资——损益调整　　　　　　　560[(3 200–400)×20%]
　　贷:投资收益　　　　　　　　　　　　　　　　　　　　560

④ 取得现金股利或利润的处理。按照权益法核算的长期股权投资,持有投资期间,随着在被投资单位宣告分派现金股利或利润时,企业计算应分得的部分,借记"应收股利"科目,贷记"长期股权投资——损益调整"科目。收到分来的现金股利时,借记"银行存款"科目,贷记"应收股利"科目。收到被投资单位宣告分派的股票股利,不进行账务处理,但应在备查簿中登记。

⑤ 超额亏损的确认。在权益法下,投资方确认应分担被投资单位发生的损失,原则上应以长期股权投资及其他实质上构成对被投资单位净投资的长期权益减记至零为限,投资方负有承担额外损失义务的除外。这里所讲"其他实质上构成对被投资单位净投资的长期权益",通常是指长期应收项目,比如,投资方对被投资单位的长期债权,该债权没有

明确的清收计划且在可预见的未来期间不准备收回的,实质上构成对被投资单位的净投资,该项长期权益不包括投资方与被投资单位之间因销售商品、提供劳务等日常活动所产生的长期债权。

投资方在确认应分担被投资单位发生的亏损时,应按照以下顺序处理:

首先,减记长期股权投资的账面价值。

其次,在长期股权投资的账面价值减记至零的情况下,考虑是否有其他构成长期权益的项目,如果有,则以其他实质上构成对被投资单位长期权益的账面价值为限,继续确认投资损失,冲减长期应收项目等的账面价值。

最后,在其他实质上构成对被投资单位长期权益的账面价值减记至零的情况下,如果按照投资合同或协议约定,投资方需要履行其他额外的损失赔偿义务,则需按预计将承担责任的金额确认预计负债,计入当期投资损失。

除按上述顺序已确认的损失以外仍有额外损失的,应在账外做备查登记,不再予以确认。

在确认了有关的投资损失以后,被投资单位以后期间实现盈利的,应按以上相反顺序分别减记已确认的预计负债、恢复其他长期权益和长期股权投资的账面价值,同时确认投资收益。即应当按顺序分别借记"预计负债""长期应收款""长期股权投资"等科目,贷记"投资收益"科目。

【例5-12】长江公司2×19年初取得黄河公司40%的股权,初始投资成本为2 000万元,投资当日黄河公司各项资产、负债公允价值等于账面价值,双方采用的会计政策、会计期间相同,黄河公司2×19年初公允可辨认净资产金额为4 000万元。

(1)初始投资时长江公司的会计处理如下:

借:长期股权投资——投资成本　　　　　　　　　　　　　　2 000
　　贷:银行存款等　　　　　　　　　　　　　　　　　　　　　2 000

(2)2×19年黄河公司实现净利润500万元,长江公司账务处理如下:

借:长期股权投资——损益调整　　　　　　　　　　　　　　　200
　　贷:投资收益　　　　　　　　　　　　　　　　　　　　　　　200

(3)黄河公司2×20年亏损6 000万元,长江公司同时拥有对黄河公司"长期应收款"120万元,且长江公司对黄河公司亏损不负连带责任,长江公司账务处理如下:

借:投资收益　　　　　　　　　　　　　　　　　　　　　　2 320
　　贷:长期股权投资——损益调整　　　　　　　　　　　　　　2 200
　　　　长期应收款　　　　　　　　　　　　　　　　　　　　　120

同时,在备查簿中登记未入账亏损80万元。

(4)假如黄河公司2×20年亏损6 000万元,长江公司同时拥有对黄河公司"长期应收款"120万元,且长江公司对黄河公司亏损承担连带责任时,且符合预计负债的入账条件时,长江公司账务处理如下:

借:投资收益　　　　　　　　　　　　　　　　　　　　　　2 400
　　贷:长期股权投资——损益调整　　　　　　　　　　　　　　2 200

长期应收款	120
预计负债	80

(5) 黄河公司 2×21 年实现净利润 900 万元时，基于 4) 的前提，长江公司应做如下会计处理：

借：预计负债	80
长期应收款	120
长期股权投资——损益调整	160
贷：投资收益	360

5. 被投资单位除净损益、利润分配以外的其他综合收益变动和所有者权益的其他变动

被投资单位除净损益、利润分配以外的其他综合收益变动或所有者权益的其他变动，企业按持股比例计算应享有的份额，借记"长期股权投资——其他综合收益"或"长期股权投资——其他权益变动"科目，贷记"其他综合收益"科目或"资本公积——其他资本公积"科目。

6. 处置长期股权投资的处理

处置长期股权投资时，应按实际收到的金额，借记"银行存款"等科目，原已计提减值准备的，借记"长期股权投资减值准备"科目，按其账面余额，贷记"长期股权投资"科目，按尚未领取的现金股利或利润，贷记"应收股利"科目，按其差额，贷记或借记"投资收益"科目。

处置采用权益法核算的长期股权投资时，应当采用与被投资单位直接处置相关资产或负债相同的基础，对相关的其他综合收益进行会计处理。按照上述原则可以转入当期损益的其他综合收益，应按结转的长期股权投资的投资成本比例结转原计入"其他综合收益"科目的金额，借记或贷记"其他综合收益"科目，贷记或借记"投资收益"科目。

处置采用权益法核算的长期股权投资时，还应按结转的长期股权投资的投资成本比例结转原计入"资本公积——其他资本公积"科目的金额，借记或贷记"资本公积——其他资本公积"科目，贷记或借记"投资收益"科目。

三、长期股权投资的减值

企业应在每年年末对长期股权投资的账面价值进行检查，如果存在减值迹象，应对长期股权投资的可收回金额进行估计(长期股权投资的可收回金额是指长期股权投资的公允价值减去处置费用后的净额与长期股权投资预计未来现金流量的现值两者之间的较高者)。

资产负债表日，长期股权投资发生减值的，按应减记的金额，借记"资产减值损失"科目，贷记"长期股权投资减值准备"。

处置长期股权投资时，应同时结转已计提的长期股权投资减值准备。

长期股权投资减值准备一经计提，以后期间不得转回。

第四节 长期股权投资核算方法的转换

长期股权投资核算方法的转换,是指因追加投资或减少投资而造成的投资企业对被投资企业关于长期股权投资的核算方法由权益法转为成本法或由成本法转为权益法。

一、因增资造成的权益法转成本法的核算

投资企业因追加投资导致原持有的对联营企业或合营企业的投资转变为对子公司的投资,长期股权投资的核算方法应当由权益法转换为成本法。转换核算方法时,应当以原采用权益法核算的长期股权投资账面价值加上追加投资的成本,作为按照成本法核算的初始投资成本。

【例5-13】2×18年1月1日,长江公司取得同一集团内部的黄河公司25%的股份,实际支付款项6 000万元,能够对黄河公司施加重大影响。相关手续于当日办理完毕。当日,黄河公司可辨认净资产账面价值为22 000万元(假定与公允价值相等)。2×18年黄河公司实现净利润600万元,2×18年末黄河公司因以公允价值计量且其变动计入其他综合收益的金融资产增值形成"其他综合收益"400万元,无其他所有者权益变动。

2×19年1月1日,长江公司以定向增发2 000万股普通股(每股面值为1元,每股公允价值为4.5元)的方式购买同一集团内部另一企业所持有的黄河公司40%股权,相关手续于当日完成。进一步取得投资后,长江公司能够对黄河公司实施控制。

当日,黄河公司在最终控制方合并财务报表中的净资产的账面价值为23 000万元。假定长江公司和黄河公司采用的会计政策和会计期间相同。长江公司和黄河公司一直同受同一最终控制方控制。上述交易不属于一揽子交易。不考虑相关税费等其他因素影响。

(1)长江公司2×18年的账务处理如下:

①2×18年初长江公司的会计处理

借:长期股权投资——投资成本　　　　　　　　　　　　　　　6 000
　　贷:银行存款　　　　　　　　　　　　　　　　　　　　　　　6 000

②2×18年黄河公司实现净利润600万元时

借:长期股权投资——损益调整　　　　　　　　　　　　　　　　150
　　贷:投资收益　　　　　　　　　　　　　　　　　　　　　　　　150

③2×18年黄河公司形成其他综合收益时

借:长期股权投资——其他综合收益　　　　　　　　　　　　　　100
　　贷:其他综合收益　　　　　　　　　　　　　　　　　　　　　　100

(2)长江公司2×19年定向增发股份时账务处理为:

2×19年初合并日长期股权投资的余额应修正为14 950万元,即合并日长江公司享有黄河公司在最终控制方合并财务报表中净资产的账面价值份额14 950万元(23 000×65%);

借:长期股权投资　　　　　　　　　　　　　　　　　　　　　14 950

  贷：长期股权投资——投资成本   6 000
       ——损益调整   150
       ——其他综合收益   100
    股本   2 000
    资本公积——股本溢价   6 700

二、因减资造成的成本法转权益法的核算

  因处置投资导致对被投资单位的影响力下降，由控制转为具有重大影响，或是与其他投资方一起实施共同控制的情况下，在投资企业的个别财务报表中，首先应按处置或收回投资的比例结转应终止确认的长期股权投资成本。在此基础上，将剩余的长期股权投资转为采用权益法核算，即应当比较剩余的长期股权投资成本与按照剩余持股比例计算原投资时应享有被投资单位可辨认净资产公允价值的份额，属于投资作价中体现的商誉部分，不调整长期股权投资的账面价值；属于投资成本小于应享有被投资单位可辨认净资产公允价值份额的，在调整长期股权投资成本的同时，应调整留存收益。对于原取得投资后至转变为权益法核算之间被投资单位实现的净损益中应享有的份额，一方面应调整长期股权投资的账面价值，同时对于原取得投资时至处置投资当期期初被投资单位实现的净损益(扣除已发放及已宣告发放的现金股利及利润)中应享有的份额，调整留存收益，对于处置投资当期期初至处置投资之日被投资单位实现的净损益中享有的份额，调整当期损益；其他原因导致被投资单位所有者权益变动中应享有的份额，在调整长期股权投资账面价值的同时，应当计入"其他综合收益"或"资本公积——其他资本公积"。

  ① 追溯认定剩余股份原投资时，被投资方公允净资产中属于投资方的部分与初始投资成本之间的差额。

  ● 初始投资成本大于被投资单位可辨认净资产公允价值份额的差额属于通过投资作价体现的商誉部分，不调整长期股权投资的账面价值；

  ● 初始投资成本小于应享有被投资单位可辨认净资产公允价值份额的差额，一方面应调整长期股权投资的账面价值，同时调整留存收益。相应分录如下：

  借：长期股权投资
    贷：盈余公积
      利润分配——未分配利润

(备注：如果追溯的是当年的差额，则应贷记"营业外收入"科目)

  ② 对于取得购买日之后到丧失控制权之间被投资单位实现净损益中应享有的份额。

  一方面应当调整长期股权投资的账面价值，同时调整留存收益(截止到收回投资当年初的被投资方实现损益的归属)或投资收益(收回投资当年初至收回投资当日被投资方损益额的归属)。

  被投资方实现盈余时投资方的一般分录如下：

借：长期股权投资
　　贷：盈余公积　　　　　｝截至减资当年年初的被投资方实现损益的归属
　　　　未分配利润
　　或：投资收益(减资当年初至减资当日被投资方损益的归属)
被投资方发生亏损时投资方的一般分录同上述分录相反。
③ 被投资方曾经分红的：
借：盈余公积
　　利润分配——未分配利润
(备注：如果追溯的是当年的分红影响，则应借记"投资收益")
　　贷：长期股权投资
④ 因被投资方其他综合收益或其他所有者权益变动导致的长期股权投资价值调整
在调整长期股权投资账面价值的同时，应当计入"其他综合收益"或"资本公积——其他资本公积"，一般分录如下：
借：长期股权投资——其他综合收益
　　　　　　　　　——其他权益变动
　　贷：其他综合收益
　　　　资本公积——其他资本公积

【例5-14】长江公司 2×18 年 1 月 1 日购入黄河公司 80%的股份作为长期股权投资核算，以银行存款支付买价 320 万元，假定无相关税费。当日黄河公司可辨认净资产的公允价值为 350 万元。长江公司能够控制黄河公司财务经营政策，采用成本法核算。长江公司按净利润的 10%提取法定盈余公积。

2×18 年黄河公司发生如下经济业务：
(1) 分红 40 万元；
(2) 全年实现净利润 300 万元；
(3) 年末黄河公司持有的以公允价值计量且其变动计入其他综合收益的金额资产增值 20 万元。

2×19 年初长江公司卖出黄河公司 60%的股份，假定无相关税费，卖价 290 万元。至此，长江公司对黄河公司持股比例为 20%，达到重大影响。

长江公司的账务处理如下(单位：万元)：
(1) 2×18 年初始投资时：
借：长期股权投资　　　　　　　　　　　　　　　　320
　　贷：银行存款　　　　　　　　　　　　　　　　　　　320
(2) 2×18 黄河公司分红时：
宣告时：
借：应收股利　　　　　　　　　　　　　　　　　　32
　　贷：投资收益　　　　　　　　　　　　　　　　　　　32

发放时：

借：银行存款 32
　　贷：应收股利 32

(3) 截止 2×18 年年末长江公司对黄河公司长期股权投资的账面余额为 320 万元。

(4) 2×19 年年初处置投资时：

借：银行存款 290
　　贷：长期股权投资 [320×(60%÷80%)] 240
　　　　投资收益 50

(5) 处置后剩余股份的账面余额为 80 万元。

2×19 年年初长江公司因持股比例下降对长期股权投资的核算方法由成本法改为权益法，并对 2×18 年的成本法核算进行追溯调整，具体调整步骤如表 5-1、表 5-2、表 5-3、表 5-4 所示。

表 5-1　调整一：初始投资的追溯　　　　　单位：万元

成本法	追溯分录	权益法
借：长期股权投资　80 　　贷：银行存款　80	无须追溯	借：长期股权投资　80 　　贷：银行存款　80 占黄河公司可辨认净资产公允价值 70 万元，形成商誉 10 万元，无须账务处理。

表 5-2　调整二：成本法核算期间被投资方盈亏的影响　　　　　单位：万元

成本法	追溯分录	权益法
无	借：长期股权投资　60 　　贷：盈余公积　6 　　　　利润分配——未分配利润　54	借：长期股权投资　60 　　贷：投资收益　60

表 5-3　调整三：被投资方分红的影响　　　　　单位：万元

成本法	追溯分录	权益法
借：应收股利　8 　　贷：投资收益　8	借：盈余公积　0.8 　　利润分配——未分配利润　7.2 　　贷：长期股权投资　8	借：应收股利　8 　　贷：长期股权投资　8

表 5-4　调整四：认定被投资方其他综合收益或其他权益变动的影响　　　　　单位：万元

成本法	追溯分录	权益法
无	借：长期股权投资　4 　　贷：其他综合收益　4	借：长期股权投资　4 　　贷：其他综合收益　4

思 考 题

1. 什么是同一控制下的企业合并？如何确定其初始投资成本？
2. 什么是非同一控制下的企业合并？如何确定其初始投资成本？

3. 什么是成本法？适用范围是什么？
4. 什么是权益法？适用范围是什么？
5. 成本法与权益法如何转换？

练 习 题

长江公司 2019 年和 2020 年与股权投资有关的资料如下：

(1) 长江公司 2019 年 1 月 2 日以一组资产交换 A 公司持有黄河公司 60%的股权，并作为长期股权投资核算，取得股权后能够对黄河公司实施控制。长江公司另支付资产评估和法律咨询等费用 60 万元。该组资产包括银行存款、库存商品、一项固定资产(机器设备)和一项无形资产。该组资产的公允价值和账面价值有关资料如下：

（单位：万元）

项目	公允价值	账面价值
银行存款	460	460
库存商品	1 000	800(未计提存货跌价准备)
固定资产(机器设备)	2 000	1 500(原价 2 000，累计折旧 500)
无形资产	1 000	800(原价 2 000，累计摊销 1 200)
合计	4 460	3 560

(2) 2019 年 1 月 2 日，黄河公司可辨认净资产公允价值为 8 000 万元，假定黄河公司除一项管理用固定资产外，其他资产、负债的公允价值与账面价值相等。该固定资产的账面价值为 400 万元，公允价值为 500 万元，预计尚可使用年限为 5 年，采用年限平均法计提折旧，预计净残值为 0。

(3) 2019 年度，黄河公司实现净利润 1 020 万元，因自用房地产转换为公允价值模式计量的投资性房地产使其他综合收益增加 120 万元，无其他所有者权益变动。

(4) 2020 年 1 月 2 日，长江公司将其持有的对黄河公司长期股权投资中的 1/2 出售给 B 公司，收到款项 2 750 万元存入银行。处置部分股权后，长江公司对黄河公司具有重大影响。当日，黄河公司可辨认净资产公允价值为 9 200 万元。

(5) 2020 年 1 月 2 日，长江公司对黄河公司剩余长期股权投资的公允价值为 2 760 万元。

(6) 2020 年度，黄河公司发生亏损 180 万元，除净损益、其他综合收益及利润分配外其他所有者权益变动减少所有者权益 100 万元，无其他所有者权益变动。

其他相关资料如下：

(1) 长江公司为增值税一般纳税人，销售产品和设备适用的增值税税率为 13%，销售无形资产适用的增值税税率为 6%。

(2) 长江公司按净利润的 10%提取盈余公积。

(3)合并前,长江公司和 A 公司不存在任何关联方关系。

(4)不考虑所得税等其他因素的影响。

要求:

(1)编制长江公司 2019 年 1 月 2 日取得黄河公司 60%股权投资的会计分录。

(2)编制长江公司 2020 年 1 月 2 日出售其所持黄河公司 1/2 股权投资的会计分录。

(3)编制长江公司 2020 年 1 月 2 日个别财务报表中长期股权投资由成本法改为权益法核算的会计分录。

(4)编制长江公司 2020 年度与剩余长期股权投资有关的会计分录。

第六章
固定资产

本章学习提示

学习内容：

通过本章的学习，了解固定资产的特征与分类；理解固定资产的价值构成；掌握各种来源取得固定资产的账务处理及计算固定资产折旧的方法；掌握固定资产后续支出的计量原则及账务处理；掌握固定资产减值的账务处理。

学习要点：

1. 固定资产的特征；
2. 分期购买固定资产的实质及其账务处理；
3. 固定资产折旧的范围；
4. 加速折旧的两种主要方法；
5. 固定资产后续支出资本化的账务处理；
6. 固定资产减值的账务处理。

第一节 固定资产概述

一、固定资产的定义

《企业会计准则第 4 号——固定资产》对固定资产的定义为，固定资产是指同时具有下列特征的有形资产：第一，为生产商品、提供劳务、出租或经营管理而持有(持有目的)；第二，使用寿命超过一个会计年度。

在理解固定资产的定义时，需要注意以下几点：

① 资产的持有目的不同，分类也可能不同。比如房屋，对于一般企业来说，用于生产经营，属于固定资产，而对于房地产企业持有的将用于出售的商品房，则属于存货；

② "出租"仅限于出租的机器设备，如果是出租房屋建筑物等，一般应该做投资性房地产处理；

③ 使用寿命也可以用该固定资产所生产的产品或提供劳务的数量来表示；

④ 必须是有形的资产，以便与无形资产区分。

此外，现行企业会计准则不再强调"单位价值标准"，因为统一的单位价值标准不适用于所有企业。当然，企业会计人员还是要运用职业判断，适当考虑单位价值标准，以便将周转材料等与固定资产区分开来。

二、固定资产的特点

① 固定资产的价值一般比较大，使用时间比较长，能长期地、重复地参加生产过程。

② 在生产过程中虽然发生磨损，但是并不改变其本身的实物形态，而是根据其磨损程度，逐步地将其价值转移到产品中去，其价值转移部分回收后形成折旧基金。

③ 固定资产的循环期比较长，它不是取决于产品的生产周期，而是取决于固定资产的使用年限。

④ 固定资产的价值补偿和实物更新是分别进行的，前者是随着固定资产折旧逐步完成的，后者是在固定资产不能使用或不宜使用时，用平时积累的折旧基金来实现的。

⑤ 在购置和建造固定资产时，需要支付相当数量的货币资金，这种投资是一次性的，但投资的回收是通过固定资产折旧分期进行的。

三、固定资产的分类

企业的固定资产根据管理的需要及分类标准的不同，可以进行不同的分类，主要有以下几种分类方法：

1. 按经济用途分类

① 生产经营用固定资产。这类固定资产是指直接服务于企业生产经营过程的各类固定

资产，如生产经营用的各种房屋、建筑物、机器设备、工具、仪器和运输设备等固定资产。

② 非生产经营用固定资产。这类固定资产是指不直接服务于生产经营过程的各种固定资产，如职工住宅、公用事业、文化生活、卫生保健等使用的房屋、建筑物、设备和器具等。

2. 按使用情况分类

① 使用中固定资产。这类固定资产是指正在使用的生产经营用固定资产和非生产经营用固定资产，还包括由于季节性生产和大修理等正常原因暂时停止使用，以及存放在车间备用的机器设备等；企业出租给其他单位使用的固定资产以及内部替换使用的固定资产，也属于使用中的固定资产。

② 未使用固定资产。这类固定资产是指已完工或已购建的尚未交付使用的固定资产以及因进行改建、扩建等原因停止使用的固定资产。如企业购建的尚待安装的固定资产、经营任务变更停止使用的固定资产等。

③ 不需用固定资产。这类固定资产是指本企业多余或不适用，需要调配处理的固定资产。

固定资产按使用情况进行分类，有利于企业掌握固定资产的使用情况，便于比较分析固定资产的利用效率，挖掘固定资产的使用潜力，促进固定资产的合理使用，同时也便于企业准确合理地计提固定资产折旧。

实务中，固定资产还可以结合经济用途和使用情况进行综合分类，一般分为生产经营用固定资产、非生产经营用固定资产、租出固定资产、未使用固定资产、租入固定资产和土地七类。

注：2018年12月13日，财政部发布了修订的《企业会计准则第21号——租赁》（财会〔2018〕35号），自2019年1月1日起施行：新租赁准则取消了承租人的融资租赁与经营租赁分类，要求承租人对除短期租赁和低价值资产租赁以外的所有租赁确认使用权资产和租赁负债，并分别确认折旧和利息费用，即采用与原融资租赁会计处理类似的单一模型。

四、固定资产的确认条件

固定资产同时满足下列条件的，才能予以确认：

(1) 与该固定资产有关的经济利益很可能流入企业

企业在确认固定资产时，需要判断与该项固定资产有关的经济利益是否很可能流入企业。通常情况下，凡是所有权已属于企业，无论企业是否收到该固定资产，均作为企业的固定资产；反之，如果没有取得所有权，即使存放在企业，也不能作为企业的固定资产。

(2) 该固定资产的成本能够可靠地计量

成本能够可靠地计量是资产确认的一项基本条件。要确认固定资产，企业取得该固定资产所发生的支出必须能够可靠地计量。企业在确定固定资产成本时，有时需要根据所获得的最新资料，对固定资产的成本进行合理的估计。如果企业能够合理地估计出固定资产的成本，则视同固定资产的成本能够可靠地计量。

(3)确认条件的具体运用

企业由于安全或环保的要求购入设备，虽然不能直接给企业带来经济利益，但有助于企业从其他相关资产的使用中获得未来经济利益，应确认为固定资产。例如，为净化环境或者满足国家有关排污标准的需要购置的环保设备，这些设备的使用虽然不会为企业带来直接的经济利益，但却有助于企业提高对废水、废气、废渣的处理能力，有利于净化环境，企业为此将减少未来由于污染环境而需支付的环境治理费或者罚款，因此，企业应将这些设备确认为固定资产。

固定资产的各组成部分，如果具有不同使用寿命或者以不同方式为企业提供经济利益，由此适用不同折旧率或折旧方法的，表明这些组成部分实际上是以独立的方式为企业提供经济利益，因此，企业应当将各组成部分确认为单项固定资产。例如，飞机的引擎，如果其与飞机机身具有不同的使用寿命，适用不同折旧率和折旧方法，则企业应当将其单独确认为一项固定资产。

第二节 固定资产的初始计量

固定资产的初始计量，是指固定资产初始成本的确定。固定资产的取得方式主要包括购买、自行建造、租入等。取得的方式不同，初始计量方法各不相同。固定资产应当按照成本进行初始计量。

一、外购的固定资产

企业外购的固定资产，应按实际支付的购买价款、相关税费、使固定资产达到预定可使用状态前所发生的可归属于该项资产的运输费、装卸费、安装费和专业人员服务费等，作为固定资产的取得成本；也包括间接发生的，如应承担的借款利息、外币借款折算差额以及应分摊的其他间接费用，不包括可以抵扣的增值税进项税额。

1. 购入不需要安装的固定资产

这种情况应以实际支付的购买价款作为依据借记"固定资产""应交税费"等科目，贷记"银行存款"等科目。

2. 购入需要安装的固定资产

这种情况应在购入的固定资产取得成本的基础上加上安装调试等成本，作为购入固定资产的成本，先通过"在建工程"科目核算；支付安装等费用时，借记"在建工程"科目，贷记"银行存款"等科目；耗用人工、材料时，借记"在建工程"科目，贷记"原材料"和"应付职工薪酬"科目；待安装完毕达到预定可使用状态时，再由"在建工程"科目转入"固定资产"科目。

注：自2019年4月1日起，纳税人取得有形动产适用的增值税税率为13%；纳税人取得不动产或者不动产在建工程的增值税税率为9%，且进项税额不再分2年抵扣。

企业基于产品价格等因素的考虑，可能以一笔款项购入多项没有单独标价的固定资产。

如果这些资产均符合资产定义,并满足固定资产的确认条件,则应将各项资产单独确认为固定资产,并按各项固定资产公允价值的比例对总成本进行分配,分别确定各项固定资产的成本。

【例6-1】甲公司购入一台不需要安装即可投入使用的设备,取得的增值税专用发票上注明的设备价款为30 000元,增值税额为3 900元,另支付运输费300元,包装费400元,款项以银行存款支付。甲公司的账务处理如下所示(单位:元):

借:固定资产　　　　　　　　　　　　　　　　　　　　30 700
　　应交税费——应交增值税(进项税额)　　　　　　　　3 900
　　贷:银行存款　　　　　　　　　　　　　　　　　　34 600

【例6-2】3月1日,长江公司(一般纳税人)购入需要安装的一台设备,价款100万元,增值税13万元,款项用银行存款支付。3月10日用银行存款支付安装费10万元,增值税0.9万元。安装设备领用原材料9万元,应付人工工资6万元。3月15日,设备达到可使用状态。长江公司的账务处理如下所示(单位:万元):

(1) 购入设备时:

借:在建工程　　　　　　　　　　　　　　　　　　　　100
　　应交税费——应交增值税(进项税额)　　　　　　　　13
　　贷:银行存款　　　　　　　　　　　　　　　　　　113

(2) 支付安装费用等时:

借:在建工程　　　　　　　　　　　　　　　　　　　　10
　　应交税费——应交增值税(进项税额)　　　　　　　　0.9
　　贷:银行存款　　　　　　　　　　　　　　　　　　10.9

(3) 耗用人工、材料时:

借:在建工程　　　　　　　　　　　　　　　　　　　　15
　　贷:原材料　　　　　　　　　　　　　　　　　　　9
　　　　应付职工薪酬　　　　　　　　　　　　　　　　6

(4) 安装完毕达到预定可使用状态时:

固定资产的入账价值=100+10+9+6=125

借:固定资产　　　　　　　　　　　　　　　　　　　　125
　　贷:在建工程　　　　　　　　　　　　　　　　　　125

【例6-3】8月1日,长江公司(一般纳税人)购入一幢办公大楼,价款100万元,增值税9万元,款项以银行存款支付。长江公司的账务处理如下所示(单位:万元):

借:在建工程——固定资产　　　　　　　　　　　　　　100
　　应交税费——应交增值税(进项税额)　　　　　　　　9
　　贷:银行存款　　　　　　　　　　　　　　　　　　109

3. 企业分期付款购入固定资产

如果购入固定资产超过正常信用条件(一般为3年)延期支付价款,即如分期付款购买固定资产，实质上具有融资性质的，则应按所购固定资产购买价款的现值，借记"固定资产"科目或"在建工程"科目；按应支付的金额，贷记"长期应付款"科目；按其差额，借记"未确认融资费用"科目。对未确认融资费用进行摊销时，在信用期间内分两种情况处理：符合资本化条件的，计入"在建工程"科目；不符合资本化条件的，计入"财务费用"科目。

【例6-4】 甲公司为增值税一般纳税人，购买设备适用的增值税税率为13%。甲公司于2×20年1月1日从A公司购入一台不需安装生产用设备。购货合同约定，该设备总价款2 000万元，分三年支付，2×20年12月31日支付1 000万元，2×21年12月31日支付600万元，2×22年12月31日支付400万元。根据税法规定，增值税在合同约定的付款时间按约定的付款额计算缴纳。假定同类交易的市场实际利率为6%，不考虑其他相关税费。已知(P/F，6%，1)=0.943 4；(P/F，6%，2)=0.890 0；(P/F，6%，3)=0.839 6。

则甲公司的账务处理如下(单位：万元)：

(1) 2×20年1月1日固定资产入账

固定资产的入账价值=1 000×0.943 4+600×0.890 0+400×0.839 6=1 813.24

借：固定资产	1 813.24
未确认融资费用	186.76
贷：长期应付款	2 000

(2) 每年利息费用的计算如表6-1所示：

表6-1　各年利息费用分摊表　　　　　　　　　　单位：万元

日期	①年初摊余成本	②当年利息费用=①×6%	③当年还款额	④应付本金减少额=③-②	⑤年末摊余成本=①-④
2×20年	1 813.4	108.80	1 000	891.21	922.03
2×21年	922.03	55.32	600	544.68	377.35
2×22年	377.35	22.65	400	377.35	0

注：*尾数调整186.76-108.79-55.32=22.65(万元)。

(3) 2×20年12月31日支付1 000万元：

借：财务费用	108.80
贷：未确认融资费用	108.80
借：长期应付款	1 000
应交税费——应交增值税(进项税额)	130
贷：银行存款	1 130

(4) 2×21年12月31日支付600万元：

借：财务费用	55.32
贷：未确认融资费用	55.32
借：长期应付款	600
应交税费——应交增值税(进项税额)	78
贷：银行存款	678

(5) 2×22年12月31日支付400万元：

借：财务费用	22.65	
贷：未确认融资费用		22.65
借：长期应付款	400	
应交税费——应交增值税(进项税额)	52	
贷：银行存款		452

二、自行建造的固定资产

自行建造固定资产，从开始建造到完工交付使用需经历较长的时间。为了归集建造过程中发生的各项支出，合理确定固定资产的建造成本，应通过"在建工程"账户进行核算。自建工程耗用的物资一般应通过"工程物资"账户核算。

企业为建造固定资产通过出让方式取得土地使用权而支付的土地出让金不计入在建工程，应确认为无形资产(土地使用权)。企业建造固定资产包括自营建造和出包建造两种方式，其账务处理有所不同。

1. 以自营方式建造固定资产

企业以自营方式建造固定资产，是指企业自行组织工程物资采购、自行组织施工人员从事工程施工完成固定资产建造。实务中，企业较少采用自营方式建造固定资产，多数情况下采用出包方式。企业如有以自营方式建造固定资产，通常将固定资产建造工程中所发生的直接支出计入工程成本，其内容主要包括消耗的工程物资、原材料、库存商品、负担的职工薪酬，辅助生产部门为工程提供的水、电及运输等劳务支出。

在确定自营工程成本时需要注意以下问题：

① 自营工程购入工程物资，如果用于生产经营所用设备的建造或厂房、建筑物等不动产工程，所支付的增值税进项税额不应计入工程成本，应作为进项税额单独列示，从销项税额中扣除；如果用于企业集体福利设施工程，则支付的增值税额不得抵扣，而应计入工程成本。

② 自营工程领用外购存货，应按成本转出，计入工程成本；如果外购存货用于企业集体福利设施工程，则支付的增值税额不得抵扣，而应计入工程成本。

③ 自营工程领用自制半成品和产成品，应按其生产成本计入自营工程成本；若自营工程属于企业集体福利设施工程，领用自制半成品和产成品应视同销售，按适用税率计算销项税额，并计入自营工程成本。

④ 在建工程进行负荷联合试车发生的费用，计入工程成本；试车期间形成的产品或副产品对外销售或转为库存商品时，应借记"银行存款""库存商品"等科目，贷记"在建工程"科目。

⑤ 建设期间发生的工程物资盘亏、报废及毁损，减去残料价值以及保险公司、过失人等赔款后的净损失，计入所建工程项目的成本；盘盈的工程物资或处置净收益，冲减所建工程项目的成本。

⑥ 工程完工后发生的工程物资盘盈、盘亏、报废、毁损，计入当期营业外收支。

⑦ 在建工程完工，对于已领出的剩余物资应办理退库手续，借记"工程物资"科目，贷记"在建工程"科目。

【例6-5】甲公司自建一幢厂房，购入为工程准备的各种物资500 000元，支付的增值税额为45 000元(增值税税率为9%)，全部用于工程建设，领用本企业生产的一批水泥，实际成本为80 000元，税务部门确定的计税价格为100 000元，增值税税率13%，工程人员应计工资100 000元，支付的其他费用30 000元。工程完工并达到预定可使用状态。甲公司应编制如下会计分录：

(1) 购入工程物资时：

借：工程物资　　　　　　　　　　　　　　　　　　500 000
　　应交税费——应交增值税(进项税额)　　　　　　45 000
　　　贷：银行存款　　　　　　　　　　　　　　　545 000

(2) 工程领用工程物资时：

借：在建工程　　　　　　　　　　　　　　　　　　500 000
　　　贷：工程物资　　　　　　　　　　　　　　　500 000

(3) 工程领用本企业生产的水泥，确定应计入在建工程成本的金额为80 000元。

借：在建工程　　　　　　　　　　　　　　　　　　80 000
　　　贷：库存商品　　　　　　　　　　　　　　　80 000

(4) 分配工程人员工资时：

借：在建工程　　　　　　　　　　　　　　　　　　100 000
　　　贷：应付职工薪酬　　　　　　　　　　　　　100 000

(5) 支付工程发生的其他费用时：

借：在建工程　　　　　　　　　　　　　　　　　　30 000
　　　贷：银行存款　　　　　　　　　　　　　　　30 000

(6) 工程完工转入固定资产的成本=500 000+80 000+100 000+30 000=710 000(元)。

借：固定资产　　　　　　　　　　　　　　　　　　710 000
　　　贷：在建工程　　　　　　　　　　　　　　　710 000

2. 采用出包方式建造固定资产

采用出包方式建造固定资产的，企业要与建造承包商签订建造合同。企业的新建、改建、扩建等建设项目，通常采用出包方式。

企业以出包方式建造固定资产，其成本由建造该项固定资产达到预定可使用状态前所发生的必要支出构成，包括：发生的建筑工程支出、安装工程支出，以及需分摊计入的待摊支出。

待摊支出是指在建设期间发生的，不能直接计入某项固定资产价值，而应由所建造固定资产共同负担的相关费用，包括为建造工程发生的管理费、可行性研究费、临时设施费、公证费、监理费、应负担的税金、符合资本化条件的借款费用、建设期间发生的工程物资盘亏、报废及毁损净损失，以及负荷联合试车费等。

以出包方式建造固定资产的具体支出，由建造承包商核算，"在建工程"科目实际成为企业与建造承包商的结算科目,企业将与建造承包商结算的工程价款作为工程成本,统一通过"在建工程"科目进行核算。

企业采用出包方式建造固定资产发生的,需分摊计入固定资产价值的待摊支出,应按下列公式进行分摊:

待摊支出分摊率=累计发生的待摊支出÷(建筑工程支出+安装工程支出)×100%

某工程应分摊的待摊支出=(某工程的建筑工程支出+某工程的安装工程支出)×待摊支出分摊率

【例6-6】甲公司将一幢厂房的建造工程出包给丙公司,按合理估计的发包工程进度和合同规定向丙公司结算进度款600 000元,工程完工后,收到丙公司有关工程结算单据,补付工程款400 000元,工程完工并达到预定可使用状态。甲公司相关会计分录为:

(1)按合理估计的发包工程进度和合同规定向丙公司结算进度款时:

借:在建工程　　　　　　　　　　　　　　　　　　　600 000
　　贷:银行存款　　　　　　　　　　　　　　　　　　600 000

(2)补付工程款时:

借:在建工程　　　　　　　　　　　　　　　　　　　400 000
　　贷:银行存款　　　　　　　　　　　　　　　　　　400 000

(3)工程完工并达到预定可使用状态时:

借:固定资产　　　　　　　　　　　　　　　　　　1 000 000
　　贷:在建工程　　　　　　　　　　　　　　　　　1 000 000

三、投资者投入的固定资产

企业接受投资者作价投入的固定资产,应按照投资合同或协议约定价值和相关税费确定固定资产的入账价值。投资合同或协议约定价值不公允除外。转入固定资产时,借记"固定资产"科目(投资合同协议约定的价值记录),贷记"实收资本"或"股本"科目(按投资者在企业中应享有的份额记录),资本公积——资本溢价或"股本溢价"科目(投资合同或协议价值超过投资者在企业中享有的份额部分)。

【例6-7】甲公司接受一项设备类固定资产投资,双方协议确定的价值为70万元,同时按协议可折换成每股面值为1元,数量为50万股的股权,则甲公司的账务处理如下(单位:万元):

借:固定资产　　　　　　　　　　　　　　　　　　　　70
　　应交税费——应交增值税(进项税额)　　　　　　　9.1
　　贷:股本　　　　　　　　　　　　　　　　　　　　50
　　　　资本公积——股本溢价　　　　　　　　　　　29.1

四、接受捐赠的固定资产

接受捐赠的固定资产,应根据具体情况合理确定其入账价值。一般分为两种情况:

① 捐赠方已提供有关凭据的，按凭据上标明的金额加上应支付的相关税费，作为入账价值。

② 捐赠方未提供有关凭据的，按如下顺序确定其入账价值：

● 同类或类似固定资产存在活跃市场的，按同类或类似固定资产的市场价格估计的金融，加上应支付的相关税费，作为入账价值。

● 同类或类似固定资产不存在活跃市场的，按该接受捐赠固定资产预计未来现金流量的现值，加上应支付的相关税费，作为入账价值。

企业接受捐赠的固定资产在按照上述会计规定确定入账价值以后，按接受捐赠金额，计入营业外收入。

【例6-8】甲公司为增值税一般纳税人，2×20年9月接受某企业捐赠的锅炉一台，据捐赠方提供的有关凭据该锅炉价款为80万元（适用的增值税税率为13%），当月作为固定资产投入使用。甲公司在接受资产捐赠时应做如下会计分录：

借：固定资产　　　　　　　　　　　　　　　　　　　　　80
　　应交税费——应交增值税(进项税额)　　　　　　　　　 10.4
　　贷：营业外收入——捐赠利得　　　　　　　　　　　　　90.4

五、租入的固定资产

修订版的《企业会计准则第21号——租赁》将于2019年1月1日、2021年1月1日施行。具体的实施范围和时间为：在境内外同时上市的企业以及在境外上市并采用国际财务报告准则或企业会计准则编制财务报表的企业自2019年1月1日起实施，以避免出现境内外报表会计准则适用差异；对于其他执行企业会计准则的企业（包括A股上市公司），自2021年1月1日起实施，以为其留出充足准备时间，总结借鉴境外上市企业执行新租赁准则的经验，确保准则实施质量。

新的租赁准则取消承租人经营租赁和融资租赁的分类，要求对所有租赁（短期租赁和低价值资产租赁除外）确认使用权资产和租赁负债，并分别计提折旧和利息费用。

短期租赁是指在租赁期开始日，租赁期不超过12个月的租赁。低价值资产租赁是指单项租赁资产为全新资产时价值较低的租赁。承租人对于短期租赁和低价值资产租赁可以选择不确认使用权资产和租赁负债，而是采用之前经营租赁相似的方式进行会计处理。

【例6-9】A公司与B公司签订了设备租赁协议，双方约定，自2×19年12月31日A公司租赁某设备4年，租赁费总额为3 600 000元，每年年末支付租金900 000元，合同约定的年利率为6%，A公司采用实际利率法分摊租金费用。假定不考虑相关税费的影响。相关折现系数如下表：P/A(4，6%)=3.465 1

(1)确定租赁资产的入账价值及未确认融资费用金额。

租赁付款额的折现值=900 000×3.465 1=3 118 590(元)

(2)未确认融资费用的分摊如表6-2所示。

表 6-2　未确认融资费用分摊表　　　　　　　　单位：元

日期	利息费用 ①=④×7%	支付的租金 ②	③归还的本金 ③=②-①	④尚余的负债本金 期末④=期初④-③
2×19.12.31				3 118 590
2×20.12.31	187 115	900 000	712 885	2 405 705
2×21.12.31	144 342	900 000	755 658	1 650 047
2×22.12.31	99 003	900 000	800 997	849 050
2×23.12.31	50 950	900 000	849 050	0

(3) A 公司租入设备时：

借：固定资产　　　　　　　　　　　　　　　　3 118 590
　　未确认融资费用　　　　　　　　　　　　　　481 410
　　贷：长期应付款　　　　　　　　　　　　　　3 600 000

(4) 2×19 年年末 A 公司支付租金及摊销未确认融资费用时：

借：财务费用　　　　　　　　　　　　　　　　187 115
　　贷：未确认融资费用　　　　　　　　　　　　187 115
借：长期应付款　　　　　　　　　　　　　　　900 000
　　贷：银行存款　　　　　　　　　　　　　　　900 000

(5) 2×20 年年末 A 公司支付租金及摊销未确认融资费用时：

借：财务费用　　　　　　　　　　　　　　　　144 342
　　贷：未确认融资费用　　　　　　　　　　　　144 342
借：长期应付款　　　　　　　　　　　　　　　900 000
　　贷：银行存款　　　　　　　　　　　　　　　900 000

(6) 2×21 年年末 A 公司支付租金及摊销未确认融资费用时：

借：财务费用　　　　　　　　　　　　　　　　99 003
　　贷：未确认融资费用　　　　　　　　　　　　99 003
借：长期应付款　　　　　　　　　　　　　　　900 000
　　贷：银行存款　　　　　　　　　　　　　　　900 000

(7) 2×22 年年末 A 公司支付租金及摊销未确认融资费用时：

借：财务费用　　　　　　　　　　　　　　　　50 950
　　贷：未确认融资费用　　　　　　　　　　　　50 950
借：长期应付款　　　　　　　　　　　　　　　900 000
　　贷：银行存款　　　　　　　　　　　　　　　900 000

六、取得存在弃置义务的固定资产

对于特殊行业的特定固定资产，确定其初始入账成本时还应考虑弃置费用。弃置费用通常是指根据国家法律和行政法规、国际公约等规定，企业承担的环境保护和生态恢复等义务所确定的支出，如核电站核设施等的弃置和恢复环境等义务。对于这些特殊行业的特定固定资产，企业应当按照弃置费用的现值计入相关固定资产成本。石油天然气开采企业应当按照油气资产的弃置费用现值计入相关油气资产成本。在固定资产或油气资产的使用寿命内，按照预计负债的摊余成本和实际利率计算确定的利息费用，应当在发生时计入财务费用。一般工商企业的固定资产发生的报废清理费用不属于弃置费用，应当在发生时作为固定资产处置费用处理。

【例6-10】 甲公司于2×20年1月1日正式建造完成一个核电站并交付使用，全部的成本为6 000万元，预计使用寿命为30年。据国家法律、行政法规和国际公约等规定，企业应承担环境保护和生态恢复等义务。2020年1月1日预计30年后该核电站的弃置费用为300万元(金额较大)。在考虑货币的时间价值和相关期间通货膨胀等因素下确定的折现率为5%。已知：(P/F，5%，30)=0.231 4，不考虑其他因素，甲公司在2×20年确认该固定资产的入账价值为固定资产的入账价值=6 000+300×0.231 4=6 069.42(万元)

第三节 固定资产的后续计量

一、固定资产折旧

1. 固定资产折旧的概念

固定资产的一个主要特征是能够连续在若干个生产周期内发挥作用并保持其原有的实物形态，而其价值则是随着固定资产的磨损逐渐转移到所生产的产品或费用中，这部分转移到产品或费用中的固定资产价值，就是固定资产折旧。

2. 影响固定资产折旧的主要因素

影响固定资产计提折旧的因素是计提固定资产折旧费时必须要考虑的因素，主要包括以下三个主要因素：

① 固定资产原值，即固定资产初始确认的入账价值。企业对于已经入账的固定资产价值，除发生下列情况外，不得任意变动：根据国家规定对固定资产价值重新估价；增加补充设备或改良装置；将固定资产的一部分拆除；根据实际价值调整原来暂估价值；发现原来记录固定资产价值有错误。

② 预计净残值，即固定资产报废时可收回的残余材料的价值减去估计清理费用后的数额。

③ 固定资产预计使用年限。该年限有两个方面的含义：其一是固定资产的物理使用寿命，其二是固定资产的经济寿命。固定资产的预计使用年限可用不同的指标来反映，主要有时间(年、月)、工作时数(例如工作台班数量)、产品数量等。

3. 固定资产计提折旧的范围

根据我国现行会计准则的规定，除下列情况外，企业应当对所有的固定资产计提折旧：
① 已提足折旧仍继续使用的固定资产。
② 单独计价入账的土地。

当月增加的固定资产，当月不计提折旧，从下月起计提折旧；当月减少的固定资产，当月仍计提折旧，从下月起不计提折旧。

除国务院财政、税务主管部门另有规定外，固定资产计算折旧的最低年限如下：
① 房屋、建筑物，为 20 年；
② 飞机、火车、轮船、机器、机械和其他生产设备，为 10 年；
③ 与生产经营活动有关的器具、工具、家具等，为 5 年；
④ 飞机、火车、轮船以外的运输工具，为 4 年；
⑤ 电子设备，为 3 年。

二、固定资产的折旧方法及账务处理

企业应当根据与固定资产有关的经济利益的预期实现方式，合理选择固定资产折旧方法。可选用的折旧方法包括年限平均法、工作量法、年数总和法和双倍余额递减法等。固定资产的经济寿命可称为固定资产的最优更新期，亦即按照这一时间间隔进行更新，可使固定资产的服务成本相对说来达到最低。

(1) 年限平均法

年限平均法即直线法，是将固定资产折旧额均衡地分摊到固定资产预计使用寿命内的一种方法。采用这种方法计算的每期折旧额均相等。计算公式如下：

年折旧额=(原价-预计净残值)÷预计使用年限

月折旧额=年折旧额÷12

实务中，固定资产折旧额一般根据固定资产原价乘以折旧率来计算。折旧率是指折旧额占原价的比重。计算公式如下：

年折旧率=(1-预计净残值率)÷预计使用年限

月折旧率=年折旧率÷12

预计净残值率=预计净残值÷原价×100%

【例6-11】某企业 2×19 年 12 月份购入设备一台，该设备原值为 1 200 000 元，预计可使用年限 10 年，按照有关规定，该设备报废时的净残值率为 4%，其折旧率与月折旧额计算如下：

该项设备的年折旧率=(1-4%)÷10=9.6%

该项设备的月折旧率=9.6%÷12=0.8%

该项设备的月折旧额=1 200 000×0.8%=9 600(元)

年限平均法具有易懂和易操作的优点，但这种方法会使固定资产在整个使用期间的使用成本(包括折旧成本与维修成本)分配不均衡，同时，如果一台设备使用初期和末期使用程度不同，却要与使用高峰期承担相同的折旧费用，显然是不合理的。

(2) 工作量法

工作量法是根据实际工作量计提折旧额的一种方法。它的理论依据在于资产价值的降低是资产使用状况的函数,所以应根据企业的经营活动情况或设备的使用状况来计提折旧。假定固定资产成本代表了购买一定数量的服务单位(可以是行驶里程数、工作小时数或产量数),那么应按服务单位分配成本。这种方法弥补了平均年限法只重使用时间,不考虑使用强度的特点。实际工作中,运输企业和其他专业车队的客货汽车,某些价值大而又不经常使用或季节性使用的大型机器设备,可以用工作量法来计提折旧。

【例6-12】某项设备原值90 000元,预计净残值为2 700元,预计能够使用15 000个小时,其中第一年实际使用3 000小时,采用工作量法第一年应计提折旧额为:

每小时折旧额=(90 000−2 700)÷15 000=5.82(元)

第一年应提折旧额为:5.82×3 000=17 460(元)

(3) 年数总和法

年数总和法是用固定资产原值减去预计净残值后的净额,乘以一个逐年递减的分数(称为折旧率),计算折旧额的一种加速折旧的方法。具体计算公式如下:

年折旧额=(固定资产原值−预计净残值)×可使用年数÷年数总和

年数总和法计提折旧公式:

年折旧率=尚可使用年数÷年数总和

=(预计使用年限−已使用年数)÷[预计使用年限×(预计使用年限+1)÷2]

【例6-13】某设备原值78 000元,预计净残值2 000元,预计可用4年,则采用年数总和法计算的每年折旧额如下所示:

年数总和=1+2+3+4=10

第一年折旧额=(78 000−2 000)×(4÷10)=30 400(元)

第二年折旧额=(78 000−2 000)×(3÷10)=22 800(元)

第三年折旧额=(78 000−2 000)×(2÷10)=15 200(元)

第四年折旧额=(78 000−2 000)×(1÷10)=7 600(元)

(4) 双倍余额递减法

双倍余额递减法是在不考虑固定资产预计净残值的情况下,根据每期期初固定资产原价减去累计折旧后的余额和双倍的直线法折旧率计算固定资产折旧的一种方法。计算公式如下:

年折旧率=2÷预计使用寿命(年)×100%

年折旧额=年初固定资产账面净值×年折旧率

月折旧率=年折旧率÷12

月折旧额=年初固定资产账面净值×月折旧率

由于每年年初固定资产净值没有扣除预计净残值,实行双倍余额递减法计算折旧的固定资产,应在其折旧年限到期前两年内(就是在固定资产使用期限的最后两年)将固定资产净值扣除预计净残值后的余额平均(除以2)摊销。

【例6-14】企业2×19年12月31日购入并投入使用不需要安装的一台设备,原值860

万元,预计使用年限 5 年,预计净残值 2 万元,采用双倍余额递减法计提折旧,则企业每年应计提的折旧额如下所示:

年折旧率=2÷5×100%=40%

2×20 年折旧额=860×40%=344(万元)

2×21 年折旧额=(860−344)×40%=206.4(万元)

2×22 折旧额=(860−344−206.4)×40%=123.84(万元)

最后两年每年的折旧额=(860−344−206.4−123.84)÷2=92.88(万元)

(5)加速折旧法

加速折旧法的特点是在固定资产有效使用年限的前期多提折旧,后期则少提折旧,从而相对加快折旧的速度,以使固定资产成本在有效使用年限中加快得到补偿。

加速折旧法的优点有:

① 最初几年工作效能高,收入多,相应的折旧费用大,符合成本与收入的配比原则。同时,早期多提折旧也符合谨慎性原则。

② 通过提高折旧水平可及早收回投资,即可减少无形损耗、通货膨胀带来的投资风险。

③ 可以用递减的折旧费抵补递增的维修费,使企业利润在正常生产年份保持稳定。

④ 可以加快固定资产设备的更新,促进企业技术进步,刺激生产和经济增长,从而增加国家财政收入。

⑤ 折旧具有"税收挡板"的作用,由于递延了税款,企业可以获得一笔无息贷款。这是政府鼓励投资,刺激生产,推动经济增长的一种政策性举措。

加速折旧法的适用范围:适用于技术进步快,在国民经济中具有重要地位的企业。如电子生产、船舶工业、飞机制造、汽车制造、化工医药等企业。

企业应于每年年末,对固定资产的使用寿命、预计净残值和折旧方法进行复核。使用寿命预计数与原先估计数有差异的,应当调整固定资产使用寿命。预计净残值与原先估计数有差异的,应当调整预计净残值。与固定资产有关的经济利益预期实现方式有重大改变的,应当改变固定资产折旧方法。固定资产使用寿命、预计净残值和折旧方法的改变应当作为会计估计变更。

(6)固定资产折旧的账务处理

企业按月计提折旧时,应根据固定资产的受益对象分配计入成本或费用中。生产车间使用的固定资产计提的折旧应计入"制造费用";企业管理部门、未使用的固定资产计提的折旧应计入"管理费用";企业专设销售部门的固定资产计提的折旧应计入"销售费用";企业出租固定资产计提的折旧应计入"其他业务成本";企业研发无形资产时使用的固定资产计提的折旧应计入"研发支出";自行建造固定资产过程中使用固定资产计提的折旧应计入"在建工程",同时贷记"累计折旧"。

三、固定资产的后续支出

固定资产的后续支出是指固定资产使用过程中发生的更新改造支出、修理费用等。更新改造支出是指固定资产的改扩建、更新等支出；修理费用指固定资产改良、日常维护修理等支出。

固定资产后续支出的基本处理原则为：符合固定资产确认条件的，应当计入固定资产成本，同时扣除被替换部分的账面价值；不符合固定资产确认条件的，应当计入当期损益。

对于资本化后续支出的账务处理，需要遵循三步走原则：第一步，将"固定资产"价值转入"在建工程"并停止计提折旧；第二步，将资本化的后续化支出，通过"在建工程"科目核算；第三步，将完工后的"在建工程"转入"固定资产"，并按重新确认的价值、使用寿命、预计净残值和折旧方法计提折旧。

对于费用化的后续支出，应当直接计入当期损益(管理费用或销售费用)。

【例6-15】甲公司有关固定资产更新改造的资料如下：

(1)2×19年12月30日，该公司自行建成一条生产线，建造成本为1 136 000元，采用年限平均法计提折旧，预计净残值率为3%，预计使用寿命为6年。

(2)2×21年12月31日，由于生产的产品适销对路，现有生产线的生产能力已难以满足公司生产发展的需要，但若新建生产线则建设周期过长。甲公司决定对现有生产线进行改扩建，以提高其生产能力。假定该生产线未发生减值。

(3)2×21年12月31日至2×22年3月31日，经过3个月的改扩建，完成了对这条生产线的改扩建工程，共发生支出537 800元，全部以银行存款支付。

(4)该生产线改扩建工程达到预定可使用状态后，大大提高了生产能力，预计将其使用寿命延长4年，即为10年。假定改扩建后的生产线的预计净残值率为改扩建后固定资产账面价值的3%，折旧方法仍为年限平均法。

为简化计算过程，整个过程不考虑其他相关税费，公司按年度计提固定资产折旧。

本例中，生产线改扩建后，生产能力将大大提高，能够为企业带来更多的经济利益，改扩建的支出金额也能可靠计量，因此该后续支出符合固定资产的确认条件，应计入固定资产的成本。有关的账务处理如下(单位：元)：

(1)固定资产后续支出发生前：

该条生产线的应计折旧额=1 136 000×(1–3%)=1 101 920(元)

年折旧额=1 101 920÷6≈183 653.33(元)

2×20年和2×21年计提固定资产折旧的账务处理为：

借：制造费用　　　　　　　　　　　　　　　　　　　　　　183 653.33
　　贷：累计折旧　　　　　　　　　　　　　　　　　　　　　183 653.33

(2)2×21年12月31日，固定资产的账面价值=1 136 000–(183 653.33×2)=768 693.34(元)，固定资产转入改扩建：

借：在建工程——××生产线　　　　　　　　　　　　　　　768 693.34
　　累计折旧　　　　　　　　　　　　　　　　　　　　　　367 306.66
　　贷：固定资产——××生产线　　　　　　　　　　　　　1 136 000

(3)2×21年12月31日至2×22年3月31日，发生改扩建工程支出：

借：在建工程——××生产线	537 800	
贷：银行存款等		537 800

(4) 2×22年3月31日，生产线改扩建工程达到预定可使用状态，

固定资产的入账价值=768 693.34+537 800=1 306 493.34(元)。

借：固定资产——××生产线	1 306 493.34	
贷：在建工程——××生产线		1 306 493.34

(5) 2×22年3月31日，转为固定资产后，按重新确定的使用寿命、预计净残值和折旧方法计提折旧：

应计折旧额=1 306 493.34×(1−3%)=1 267 298.54(元)

月折旧额=1 267 298.54÷(7×12+9)=13 626.87(元)

2×22年应计提的折旧额=13 626.87×9=122 641.83(元)

借：制造费用	122 641.83	
贷：累计折旧		122 641.83

第四节 固定资产的处置

一、处置固定资产的账务处理

固定资产处置一般通过"固定资产清理"科目进行核算。

企业因出售、转让、报废或毁损、对外投资、非货币性资产交换、债务重组等处置固定资产，其会计处理一般经过以下几个步骤：

第一，固定资产转入清理。固定资产转入清理时，按固定资产账面价值，借记"固定资产清理"科目，按已计提的累计折旧，借记"累计折旧"科目，按已计提的减值准备，借记"固定资产减值准备"科目，按固定资产账面余额，贷记"固定资产"科目。

第二，发生的清理费用。固定资产清理过程中发生的有关费用以及应支付的相关税费，借记"固定资产清理"科目，贷记"银行存款""应交税费"等科目。

第三，出售收入和残料等的处理。企业收回出售固定资产的价款、残料价值和变价收入等，应冲减清理支出。按实际收到的出售价款以及残料变价收入等，借记"银行存款""原材料"等科目，贷记"固定资产清理"科目。

第四，保险赔偿的处理。企业计算或收到的应由保险公司或过失人赔偿的损失，应冲减支出，借记"其他应收款""银行存款"等科目，贷记"固定资产清理"科目。

第五，清理净损益的处理。固定资产清理完成后的净损失，属于正常出售、转让所产生的收益或损失，借或贷记"资产处置损益"科目，贷或借记"固定资产清理"科目；属于已丧失正常使用功能所产生的利得或损失，借记"营业外支出——非流动资产报废"科目，属于自然灾害等非正常原因造成的，借记"营业外支出——非常损失"科目，贷记"固定资产清理"科目。

【例6-16】甲公司为增值税一般纳税人，2×20年12月2日，出售一座建筑物，原始价值为200万元，已计提折旧150万元，未计提减值准备。实际出售价格为120万元，税率为9%，款项已存入银行。甲公司的账务处理如下(单位：万元)：

(1)将出售固定资产转入清理时：

借：固定资产清理	50
累计折旧	150
贷：固定资产	200

(2)收到出售固定资产的价款和税款时：

借：银行存款	130.8
贷：固定资产清理	120
应交税费——应交增值税(销项税额)	10.8

(3)结转出售固定资产实现的利得时：

借：固定资产清理	70
贷：资产处置损益	70

【例6-17】长江公司(一般纳税人)一辆汽车丧失功能，原价100万元，已计提折旧50万元，已计提减值准备30万元。则长江公司的账务处理如下所示(单位：万元)：

(1)转入清理：

借：固定资产清理	20
累计折旧	50
固定资产减值准备	30
贷：固定资产	100

(2)用银行存款支付汽车清理费1万元，增值税0.13万元。会计分录如下：

借：固定资产清理	1
应交税费——应交增值税(进项税额)	0.13
贷：银行存款	1.13

(3)结转处置净损失：

固定资产清理=20+1=21(万元)

借：营业外支出——非流动资产报废	21
贷：固定资产清理	21

二、持有待售资产

1. 持有待售资产的内涵

(1)持有待售资产的界定

企业主要通过出售而非持续使用一项非流动资产或处置组收回其账面价值的，应当将其划分为持有待售类别。除处置组中包含的流动资产以外，其他流动资产不能划分为持有待售类别。非流动资产或处置组划分为持有待售类别，应当同时满足下列条件：

① 根据类似交易中出售此类资产或处置组的惯例,在当前状况下即可立即出售;

② 出售极可能发生,即企业已经就一项出售计划做出决议且获得确定的购买承诺,预计出售将在一年内完成。有关规定要求企业相关权力机构或者监管部门批准后方可出售的,应当已经获得批准。

(2)持有待售资产界定中需要注意的事项

① 专为转售而取得的非流动资产或处置组满足条件时应划分为持有待售。

② 不满足条件时应划出持有待售,但剩余部分仍然满足条件的,继续作为持有待售;企业不应当将结束使用而非出售的非流动资产或处置组划分为持有待售类别。

③ 对子公司的投资满足持有待售条件时,在母公司各个别财务报表中将对子公司投资整体划分为持有待售类别,在合并财务报表中将子公司所有资产和负债划分为持有待售类别。

(3)不适用持有待售资产规则的情形

下列非流动资产并不适用持有待售资产的规则:

① 采用公允价值模式进行后续计量的投资性房地产;

② 采用公允价值减去出售费用后的净额计量的生物资产;

③ 职工薪酬形成的资产;

④ 递延所得税资产;

⑤ 由金融工具相关会计准则规范的金融资产;

⑥ 由保险合同相关会计准则规范的保险合同所产生的权利。

2. 持有待售资产的计量

① 对于取得日划分为持有待售类别的非流动资产或处置组,企业应当在初始计量时比较假定其不划分为持有待售类别情况下的初始计量金额和公允价值减去出售费用后的净额,以两者孰低计量。除企业合并中取得的非流动资产或处置组外,由非流动资产或处置组以公允价值减去出售费用后的净额作为初始计量金额而产生的差额,应当计入当期损益。

② 企业初始计量或在资产负债表日重新计量持有待售的非流动资产时,其账面价值高于公允价值减去出售费用后的净额的,作为减值损失计入当期损益,计提减值准备。持有待售处置组的减值损失,先抵减处置组中商誉的账面价值,再根据处置组中各项非流动资产账面价值所占比重,按比例抵减其账面价值。

③ 后续资产负债表日持有待售的非流动资产公允价值减去出售费用后的净额增加的,以前减记的金额应当予以恢复,并在划分为持有待售类别后确认的资产减值损失金额内转回,转回金额计入当期损益。划分为持有待售类别前确认的资产减值损失不得转回。已抵减的商誉账面价值,以及适用本准则计量规定的非流动资产在划分为持有待售类别前确认的资产减值损失不得转回。

④ 持有待售的非流动资产或处置组中的非流动资产不应计提折旧或摊销,持有待售的处置组中负债的利息和其他费用应当继续予以确认。

3. 持有待售资产的终止确认

① 企业终止确认持有待售的非流动资产或处置组时,应当将尚未确认的利得或损失

计入当期损益。

② 非流动资产或处置组因不再满足持有待售类别的划分条件而不再继续划分为持有待售类别或非流动资产从持有待售的处置组中移除时，应当按照以下两者孰低计量：

- 划分为持有待售类别前的账面价值，按照假定不划分为持有待售类别情况下本应确认的折旧、摊销或减值等进行调整后的金额；
- 可收回金额。

【例6-18】2×20年3月1日，甲公司与乙公司签订了一项不可撤销的转让合同。协议约定，甲公司于2×20年12月1日，将其一台生产经营用设备出售给乙公司。该固定资产的账面价值为520万元，其中原值为800万元，已计提折旧200万元，已计提减值准备80万元。则：

(1) 如果公允价值为400万元，且将发生处置费用20万元，此时公允价值减去处置费用后的净额为380万元，小于账面价值，因此需要计提减值准备：

资产减值损失=520−380=140（万元）

借：资产减值损失　　　　　　　　　　　　　　　　　　　140
　　贷：固定资产减值准备　　　　　　　　　　　　　　　　　　140

即转为持有待售固定资产后，其账面价值为380万元。

(2) 如果公允价值为600万元，且将发生处置费用20万元，此时公允价值减去处置费用后的净额为580万元，大于账面价值，应该按照账面价值计量，其转为持有待售后，该固定资产的账面价值为520万元。

第五节　固定资产的期末计量

固定资产在会计期末按照账面价值与可收回金额孰低的原则计量。固定资产的账面价值指固定资产原价减去累计折旧后的余额；可收回金额按照固定资产的公允价值减去处置费用后的净额与固定资产预计未来现金流量的现值孰高者确认。固定资产的账面价值与可收回金额相比，如果账面价值大于可收回金额，需要计提资产减值准备；如果账面价值小于可收回金额，则无须计提资产减值准备。固定资产的减值准备，一经确认不得转回。

具体的账务处理为：
借：资产减值损失
　　贷：固定资产减值准备

固定资产减值损失确认后，该项固定资产的账面价值发生改变，故折旧也要做相应调整。

【例6-19】甲公司为增值税一般纳税人，2×20年至2×21年与固定资产有关的业务资料如下：

(1) 2×20年12月1日，甲公司购入一条需要安装的生产线，取得的增值税专用发票上注明的生产线价款为3 000万元，增值税额为390万元；发生保险费和运输费40万元（不考虑运输费的增值税），外聘专业人员服务费30万元，款项均以银行存款支付；没有发生其他相关税费。

(2)2×20年12月1日,甲公司开始以自营方式安装该生产线。安装期间领用本企业生产的产品,该产品的成本为200万元;发生安装工人工资6万元,没有发生其他相关税费。该产品已提减值准备20万元。

(3)2×20年12月31日,该生产线达到预定可使用状态,当日投入使用。该生产线预计使用年限为10年,预计净残值为150万元,采用年限平均法计提折旧。

(4)2×22年12月31日,因替代产品的出现,该生产线出现减值迹象。20×6年末该固定资产的预计未来现金流量的现值为1 350万元,公允价值减去处置费用后的净额为1 500万元。减值后的使用年限与折旧方法、净残值保持不变。

假定不考虑其他因素,甲公司的账务处理如下所示(单位:万元):

(1)固定资产购入支付设备价款、保险费、运输费以及外聘专业人员服务费时:

在建工程=(3 000+40+30)=3 070(万元)

借:在建工程　　　　　　　　　　　　　　　　3 070
　　应交税费——应交增值税(进项税额)　　　　390
　　贷:银行存款　　　　　　　　　　　　　　　　　3 460

(2)领用自产产品时:

借:在建工程　　　　　　　　　　　　　　　　180
　　存货跌价准备　　　　　　　　　　　　　　　20
　　贷:库存商品　　　　　　　　　　　　　　　　　200

(3)发生安装工人薪酬时:

借:在建工程　　　　　　　　　　　　　　　　6
　　贷:应付职工薪酬　　　　　　　　　　　　　　　6

(4)设备安装完毕达到预定可使用状态:

固定资产=(3 070+180+6)=3 256(万元)

借:固定资产　　　　　　　　　　　　　　　　3 256
　　贷:在建工程　　　　　　　　　　　　　　　　　3 256

(5)甲公司2×21年和2×22年计提折旧额=(3 256-150)÷10=310.6(万元)。

借:制造费用　　　　　　　　　　　　　　　　310.6
　　贷:累计折旧　　　　　　　　　　　　　　　　　310.6

2×22年末计提减值前固定资产的账面价值=3 256-310.6×2=2 634.8(万元)

甲公司持有该固定资产的预计未来现金流量的现值为1 350万元,小于其公允价值减去处置费用后的净额1 500万元,因此20×6年末该固定资产的可收回金额=1 500(万元),因此,甲公司对该固定资产应该计提的减值准备=2 634.8-1 500=1 134.8(万元)。

借:资产减值损失　　　　　　　　　　　　　　1 134.8
　　贷:固定资产减值准备　　　　　　　　　　　　　1 134.8

计提减值后,甲公司应将该固定资产按照减值后的账面价值在剩余使用年限内分摊,所以2×23年应计提的折旧额=(1 500-150)÷(10-2)=168.75(万元)。

思 考 题

1. 不同来源固定资产的入账价值应如何确定？
2. 固定资产的折旧方法有哪些？
3. 加速折旧法如何实现折旧额在折旧期间前高后低的？
4. 固定资产的后续支出有哪几种？分别如何处理？
5. 固定资产的减值如何界定？

练 习 题

ABC 公司有关固定资产更新改造的资料如下：

(1) 2×20 年 12 月 30 日，该公司自行建成了一条生产线，建造成本为 1 536 000 元；采用年限平均法计提折旧；预计净残值率为 4%，预计使用年限为 5 年。

(2) 2×22 年 12 月 31 日，由于生产的产品适销对路，现有生产线的生产能力已难以满足公司生产发展的需要，但若新建生产线则建设周期过长。ABC 公司决定对现有生产线进行改扩建，以提高其生产能力。假定该生产线未发生减值。

(3) 2×23 年 1 月 1 日至 3 月 31 日，经过三个月的改扩建，完成了对这条生产线的改扩建工程，为达到预定可使用状态共发生支出 450 800 元，全部以银行存款支付。

(4) 该生产线改扩建工程达到预定可使用状态后，大大提高了生产能力，预计尚可使用寿命为 10 年。假定改扩建后的生产线的预计净残值率为改扩建后固定资产账面价值的 3%；折旧方法为年数总和法。

(5) 为简化计算过程，整个过程不考虑其他因素；公司按年度计提固定资产折旧，假定其折旧计入制造费用。

要求：根据以上资料，逐笔编制 2×21 年至 2×23 年年末与固定资产相关的会计分录。

第七章
无形资产

本章学习提示

学习内容：

通过本章的学习，了解无形资产的概念、特征与分类；理解企业从各种不同的来源渠道取得无形资产的账务处理；掌握无形资产的摊销及减值的账务处理；掌握无形资产出售及报废的账务处理等。

学习要点：

1. 无形资产定义；
2. 无形资产的分类；
3. 无形资产使用寿命的界定；
4. 无形资产的摊销；
5. 无形资产的减值。

第一节 无形资产概述

一、无形资产的定义与特征

《企业会计准则第 6 号——无形资产》规定，无形资产是指企业拥有或控制的没有实物形态的可辨认非货币性资产。无形资产主要包括专利权、非专利技术、商标权、著作权、土地使用权、特许权等；商誉的存在无法与企业自身分离，不具有可辨认性，不在《企业会计准则第6号——无形资产》规范内。

无形资产具有以下特征：

① 无形资产不具有实物形态，但往往依托一定的实体而存在。无形资产特征例如专利权依托于专利产品；商标权依托于注册商标的商品；土地使用权依托于土地。

② 具有可辨认性。可辨认的标准包括：第一，能够从企业中分离或者划分出来，并能单独或者与相关合同、资产或负债一起，用于出售、转移、授予许可、租赁或者交换；第二，源自合同性权利或其他法定权利，无论这些权利是否可以从企业或其他权利和义务中转移或者分离。满足上述标准之一即符合可辨认性标准。

③ 属于非货币性资产。非货币性资产是指企业持有的货币资金和将以固定或可确定的金额收取的资产以外的其他资产。无形资产由于没有发达的交易市场，一般不容易转化成现金，在持有过程中为企业带来未来经济利益的情况不确定，不属于以固定或可确定的金额收取的资产，属于非货币性资产。

二、无形资产的具体内容

(1) 专利权

专利权，简称专利，是发明创造人或其权利受让人对特定的发明创造在一定期限内依法享有的独占实施权，是知识产权的一种。专利权受法律保护。我国《专利法》规定专利分为发明专利、实用新型专利、外观设计专利三种。保护期分别为 20 年、10 年、10 年。在专利权有效期内，其他企业和个人未经发明人许可不得无偿使用其专利。保护期满，专利权自动消失，不再受法律保护。

(2) 非专利技术

非专利技术是指不为外界所知的、在生产经营活动中已采用了的、不享有法律保护的各种技术和经验。如独特的设计、造型、配方、计算公式、软件包、制造工艺等工艺诀窍和技术秘密等。非专利技术与专利权的相同点是能使企业在竞争中处于优势地位，未来为企业带来经济效益。与专利权的不同是非专利技术没有在专利机关登记注册，依靠保密手段进行垄断。它不受法律保护且没有有效期，只要不泄露即可有效地使用并可有偿转让。

(3) 商标权

商标权是指国家有关管理部门根据法律规定，赋予商标权人对指定商品或企业使用注册商标的独占性的专有权。由文字、图形或其组合构成的商品商标和企业服务标记都可以得到商标法的保护。我国《商标法》规定，注册商标有效期为10年，到期后可以无限次续展，每次续展有效期均为10年。

(4) 著作权

著作权是指作者或其合法继承人、受让人依法对科学研究、文学艺术等方面的作品所享有的专门权利。我国《著作权法》规定，作者的署名权、修改权、保护作品完整权没有期限，公民作者的发表权、使用权和获得报酬的权利期限为作者终生及其死亡后50年，截止于作者死亡后第50年的12月31日，如果是合作作品，截止最后死亡的作者死亡之后第50年的12月31日，单位作者的保护期限为作品首次发表后50年。

(5) 土地使用权

土地使用权是指国家依法准许某一企业在一定时期内对国有土地享有开发、利用、经营的权利。我国《宪法》规定土地归国家所有，但土地使用权可以依法取得、抵押和转让。我国《土地管理法》和《城市房地产管理法》规定，土地使用权出让的法定最高年限为：居住用地70年；商业、旅游、娱乐用地40年；工业用地、教育科技文化用地、综合或其他用地均为50年。

(6) 特许权

特许经营权是指特许人拥有或有权授予他人使用注册商标、企业标志、专利、专有技术等经营资源的权利。在我国通常有两种形式：

一是由政府机构授权，准许特定企业使用公共财产，或在一定地区享有经营某种特许业务的权利，如准许航空公司在政府规定的航线上，利用国有的机场设施，经营客货运业务；

二是一家企业有期限地或永久地授予另一家企业使用其商标、商号、专利权、专有技术等专有权利，按照合同规定，在特许者统一的业务模式下从事经营活动，并向特许人支付相应费用。这属于企业无形资产的特许权。

三、无形资产的分类

① 按无形资产取得来源的不同分类，可分为外部取得的无形资产和自行开发的无形资产。外部取得的无形资产根据其取得的方式不同又可分为外购的无形资产、投资者投入的无形资产、企业合并取得的无形资产、债务重组取得的无形资产、以非货币性资产交换取得的无形资产以及政府补助取得的无形资产等。内部开发的无形资产是指企业内部的科研部门开发研制的科研成果或专有技术形成的无形资产。

② 按无形资产的使用寿命是否具有可确定性，可分为使用寿命确定的无形资产和使用寿命不确定的无形资产。无形资产的使用寿命是否可确定应在企业取得无形资产时就应加以分析和判断，其中需要考虑的因素很多。这种分类的目的主要是为了正确的将无形资产的应摊销金额在无形资产的使用寿命内系统而合理地进行摊销。使用寿命可确定的无形资产才存在价值的摊销问题，而使用寿命不能确定的无形资产，其价值是不能进行摊销的。

四、无形资产的确认条件

无形资产同时满足下列条件的，才能予以确认：

(1) 与该无形资产有关的经济利益很可能流入企业

作为无形资产确认的项目，必须具备其产生的经济利益很可能流入企业这一条件。因为资产最基本的特征是产生的经济利益预期很可能流入企业，如果某一项目产生的经济利益预期不能流入企业，就不能确认为企业的资产。在会计实务中，要确定无形资产所创造的经济利益是否很可能流入企业，需要对无形资产在预计使用寿命内可能存在的各种经济因素做出合理估计，并且应当有明确的证据支持。

(2) 该无形资产的成本能够可靠地计量

企业自创商誉以及内部产生的品牌、报刊名等，因其成本无法可靠计量，不应确认为无形资产。

第二节 无形资产的初始计量

一、外部取得的无形资产

1. 外购无形资产

(1) 计入无形资产成本的内容

无形资产的入账价值包括购买价款、相关税费(不包括可以抵扣的增值税)以及直接归属于使该项资产达到预定用途所发生的其他支出，其中，包括发生的专业服务费用、测试无形资产是否能够正常发挥作用的费用等。

注：企业出售无形资产的，如果无形资产是专利技术或非专利技术，免征增值税；如果无形资产是土地使用权，按9%的税率计缴增值税；其他无形资产处置均按6%的税率计缴增值税。

(2) 不计入无形资产成本的内容

无形资产的入账价值不包括为引入新产品进行宣传而发生的广告费用(计入销售费用)、管理费用及其他间接费用，也不包括在无形资产已经达到预定用途后发生的费用。无形资产达到预定用途后所发生的支出，不构成无形资产的成本。例如，在形成预定经济规模之前发生的初始运作损失，在无形资产达到预定用途之前发生的其他经营活动的支出，如果该经营活动并非为使无形资产达到预定用途所必不可少的，有关经营活动的支出应于发生时计入当期损益，不构成无形资产的成本。

【例7-1】甲公司(增值税一般纳税人)2×19年12月31日与乙公司签订协议，购入乙公司一项专利权作为管理用无形资产，购买价款为5 000万元，支付相关税费100万元。

甲公司的账务处理如下(单位：万元)：

| 借：无形资产——专利权 | 5 100 | |
| 贷：银行存款 | | 5 100 |

2. 分期付款购买无形资产

购买无形资产的价款超过正常信用条件延期支付，实质上具有融资性质的，无形资产的初始成本以购买价款的(或现销价格)的现值为基础确定。实际支付的价款与购买价款的现值之间的差额，除按照有关规定应予资本化的以外，应当在信用期间内采用实际利率法进行摊销，计入当期损益(财务费用)。

【例7-2】 长江公司是增值税一般纳税人，2×19年1月1日与黄河公司签订合同，约定分3年支付6 000万元从黄河公司购入一项商标权作为管理用无形资产。根据合同约定，长江公司应于每年12月31日向黄河公司支付2 000万元(不含增值税，适用的增值税税率为6%，支付价款时均取得增值税专用发票)。该商标权合同约定使用年限为8年，无残值，采用直线法摊销，购入当月投入使用。假定同类交易的市场利率为5%，已知：(P/A, 5%, 3)=2.723 2，不考虑其他因素，长江公司的账务处理如下所示(单位：万元)。

(1) 商标权的入账金额=2 000×2.723 2=5 446.4(万元)。

(2) 2×19年1月1日购入时：

借：无形资产	5 446.4	
未确认融资费用	553.6	
贷：长期应付款		6 000

2×19年12月31日支付款项时：

借：长期应付款	2 000	
应交税费——应交增值税(进项税额)	120(2 000×6%)	
贷：银行存款		2 120
借：财务费用	272.32(5 446.4×5%)	
贷：未确认融资费用		272.32

2×20年12月31日支付款项时：

借：长期应付款	2 000	
应交税费——应交增值税(进项税额)	120(2 000×6%)	
贷：银行存款		2 120
借：财务费用	185.94[(5 446.4–2 000+272.32)×5%]	
贷：未确认融资费用		185.94

2×21年12月31日支付款项时：

借：长期应付款	2 000	
应交税费——应交增值税(进项税额)	120(2 000×6%)	
贷：银行存款		2 120
借：财务费用	95.34(553.6–272.32–185.94)	
贷：未确认融资费用		95.34

3. 投资者投入的无形资产

投资者投入无形资产的成本应当按照投资合同或协议约定的价值确定,但合同或协议约定价值不公允的除外。在投资合同或协议约定价值不公允的情况下,按照该项无形资产的公允价值作为其入账价值。

4. 企业取得的土地使用权

企业取得的土地使用权,通常应当按照取得时所支付的价款及相关税费确认为无形资产。土地使用权用于自行开发建造厂房等地上建筑物时,土地使用权的账面价值不与地上建筑物合并计算其成本,而仍作为无形资产进行核算。但是,如果房地产开发企业取得的土地使用权用于建造对外出售的房屋建筑物的,其相关的土地使用权的价值应当计入所建造的房屋建筑物成本。

二、内部研究与开发的无形资产

1. 研究阶段与开发阶段的划分

无形资产研究开发过程可区分为研究阶段与开发阶段。企业应当根据研究与开发的实际情况加以判断。

(1) 研究阶段

研究阶段是探索性的,为进一步开发活动进行资料及相关方面的准备,已进行的研究活动将来是否会转入开发、开发后是否会形成无形资产等均具有较大的不确定性。比如,意在获取知识而进行的活动,研究成果或其他知识的应用性研究、评价和最终选择,材料、设备、产品、工序、系统或服务替代品的研究,新的或经改进的材料、设备、产品、工序、系统或服务的可能替代品的配制、设计、评价和最终选择等,均属于研究活动。

(2) 开发阶段

相对于研究阶段而言,开发阶段应当是已完成研究阶段的工作,在很大程度上具备了形成一项新产品或新技术的基本条件。比如,生产前或使用前的原型和模型的设计、建造和测试,不具有商业性生产经济规模的试生产设施的设计、建造和运营等,均属于开发活动。

2. 开发支出的资本化

根据《企业会计准则第6号——无形资产》规定,企业内部研究开发过程中,研究阶段的支出,应当于发生时计入当期损益;开发阶段的支出,同时满足下列条件的,才能确认为无形资产:

① 完成该无形资产以使其能够使用或出售在技术上具有可行性。判断无形资产的开发在技术上是否具有可行性,应当以目前阶段的成果为基础,并提供相关证据和材料,证明企业已经具备进行开发所需的技术条件,不存在技术上的障碍或其他不确定性。比如,企业已经完成了全部计划、设计和测试活动,这些活动是使资产能够达到设计规划书中的功能、特征和技术所必需的活动,或经过专家鉴定等。

② 具有完成该无形资产并使用或出售的意图。企业能够说明其开发无形资产的目的。

③ 无形资产产生经济利益的方式。无形资产是否能够为企业带来经济利益，应当对运用该无形资产生产产品的市场情况进行可靠预计，以证明所生产的产品存在市场并能够带来经济利益，或能够证明市场上存在对该无形资产的需求。

④ 有足够的技术、财务资源和其他资源支持，以完成该无形资产的开发，并有能力使用或出售该无形资产。企业能够证明可以取得无形资产开发所需的技术、财务和其他资源，以及获得这些资源的相关计划。企业自有资金不足以提供支持的，应能够证明存在外部其他方面的资金支持，如银行等金融机构声明愿意为该无形资产的开发提供所需资金等。

⑤ 归属于该无形资产开发阶段的支出能够可靠地计量。企业对研究开发的支出应当单独核算，比如，直接发生的研发人员工资、材料费，以及相关设备折旧费等。同时从事多项研究开发活动的，所发生的支出应当按照合理的标准在各项研究开发活动之间进行分配；无法合理分配的，应当计入当期损益。

3. 内部研究开发支出的账务处理

内部研究开发支出的财务处理原则为：企业研究阶段的支出全部费用化，通过"管理费用"计入当期损益；开发阶段的支出符合条件的应予以资本化确认为无形资产，不符合资本化条件的通过"管理费用"计入当期损益；如果确实无法区分研究阶段的支出和开发阶段的支出，应将其所发生的研发支出全部费用化，计入当期损益。

企业应设置"研发支出"科目用来核算企业在研究与开发过程中所使用资产的折旧、消耗的原材料、直接参与开发人员的工资及福利费、开发过程中发生的租金以及借款费用等。企业自行开发无形资产发生的研发支出，不满足资本化条件的，借记"研发支出——费用化支出"科目，满足资本化条件的，借记"研发支出——资本化支出"科目，贷记"原材料""银行存款""应付职工薪酬"等科目；研究开发项目达到预定用途形成无形资产的，应按"研发支出——资本化支出"科目的余额，借记"无形资产"科目，贷记"研发支出——资本化支出"科目；期(月)末，应将本科目归集的费用化支出金额转入"管理费用"科目，借记"管理费用"科目，贷记"研发支出——费用化支出"科目。

【例7-3】2×19年1月1日，甲公司的董事会批准研发某项新型技术，该公司董事会认为，研发该项目具有可靠的技术和财务等资源的支持，并且一旦研发成功将降低该公司的生产成本。2×20年1月31日，该项新型技术研发成功并已达到预定用途。研发过程中所发生的直接相关的必要支出情况如下：

(1) 2×19年度发生材料费用6 000 000元，人工费用5 000 000元，计提专用设备折旧700 000元，以银行存款支付其他费用4 000 000元，总计22 000 000元，其中，符合资本化条件的支出为13 000 000元。

(2) 2×20年1月31日前发生材料费用800 000元，人工费用、500 000元，计提专用设备折旧50 000元，其他费用20 000元，总计1 370 000元，符合资本化条件。

甲公司的财务处理如下所示(单位：元)：

(1) 2×19年度发生研发支出：

借：研发支出——费用化支出　　　　　　9 000 000 (22 000 000 −13 000 000)

——资本化支出	13 000 000
贷：原材料	6 000 000
应付职工薪酬	5 000 000
累计折旧	7 000 000
银行存款	4 000 000

(2) 2×19 年 12 月 31 日，将不符合资本化条件的研发支出转入当期管理费用：

借：管理费用——研究费用	9 000 000
贷：研发支出——费用化支出	9 000 000

(3) 2×20 年 1 月份发生的研发支出：

借：研发支出——资本化支出	1 370 000
贷：原材料	800 000
应付职工薪酬	500 000
累计折旧	50 000
银行存款	20 000

4) 2×20 年 1 月 31 日，该项新型技术已经达到预定用途：

借：无形资产	14 370 000
贷：研发支出——资本化支出	14 370 000

第三节　无形资产的后续计量

无形资产初始确认和计量后，在其后使用该项无形资产期间内应以成本减去累计摊销额和累计减值损失后的余额计量。需要强调的是，确定无形资产在使用过程中的累计摊销额，基础是估计其使用寿命，只有使用寿命有限的无形资产才需要在估计的使用寿命内采用系统合理的方法进行摊销，对于使用寿命不确定的无形资产，每年进行减值测试。

一、估计无形资产使用寿命应当考虑的相关因素

根据《企业会计准则第 6 号——无形资产》的规定，使用寿命有限的无形资产应当摊销，使用寿命不确定的无形资产不予摊销。在确定无形资产的使用寿命时，需要考虑以下因素：

① 企业持有的无形资产，通常来源于合同性权利或其他法定权利，且合同规定或法律规定有明确的使用年限。来源于合同性权利或其他法定权利的无形资产，其使用寿命不应超过合同性权利或其他法定权利的期限；合同性权利或其他法定权利在到期时因续约等延续、且有证据表明企业续约不需要付出大额成本的，续约期应当计入使用寿命。合同或法律没有规定使用寿命的，企业应当综合各方面因素判断，以确定无形资产能为企业带来经济利益的期限。比如，与同行业的情况进行比较、参考历史经验，或聘请相关专家进行论证等。按照上述方法仍无法合理确定无形资产为企业带来经济利益期限的，该项无形资产应作为使用寿命不确定的无形资产。

② 除以上因素外，企业确定无形资产使用寿命通常还应当考虑的因素有：运用该资

产生产的产品通常的寿命周期、可获得的类似资产使用寿命的信息；技术、工艺等方面的现阶段情况及对未来发展趋势的估计；以该资产生产的产品或提供服务的市场需求情况；现在或潜在的竞争者预期采取的行动；为维持该资产带来经济利益能力的预期维护支出，以及企业预计支付有关支出的能力；对该资产控制期限的相关法律规定或类似限制，如特许使用期、租赁期等；与企业持有其他资产使用寿命的关联性等。

二、无形资产的摊销

企业拥有使用寿命有限的无形资产，应在其预计的使用寿命内采用系统合理的方法对应摊销金额进行摊销。其中应摊销金额是指无形资产的成本扣除残值后的金额。

无形资产摊销的方法包括直线法、生产总量法和加速摊销法。企业选择的无形资产的摊销方法，应当反映与该项无形资产有关的经济利益的预期实现方式。无法可靠确定预期实现方式的，应当采用直线法摊销。

企业应当按月对无形资产进行摊销。无形资产的摊销额一般应当计入当期损益，企业自用的无形资产，其摊销金额计入"管理费用"科目；出租的无形资产，其摊销金额计入"其他业务成本"科目；某项无形资产包含的经济利益通过所生产的产品或其他资产实现的，其摊销金额应当计入相关资产成本。

【例7-4】甲公司购买了一项特许权，成本为4 800 000元，合同规定受益年限为10年，甲公司每月应摊销40 000(4 800 000÷10÷12)元。每月摊销时，甲公司应做如下账务处理(单位：元)：

借：管理费用 40 000
　　贷：累计摊销 40 000

三、无形资产的减值

当企业存在下列一项或若干项情况时，应当计提无形资产减值准备：

① 某项无形资产已被其他新技术等所替代，使其为企业创造经济利益的能力受到重大不利影响；

② 某项无形资产的市价在当期大幅下跌，在剩余摊销年限内预期不会恢复；

③ 某项无形资产已超过法律保护期限，但仍然具有部分使用价值；

④ 其他足以证明某项无形资产实质上已经发生了减值的情形。

企业应当定期或者至少于每年年度终了，检查各项无形资产预计给企业带来未来经济利益的能力，对预计可收回金额低于其账面价值的，应当计提减值准备。无形资产减值准备应按单项资产计提。无形资产减值准备一经计提，不得转回。

【例7-5】2×20年1月1日，长江公司自行研发的某项非专利技术已经达到预定可使用状态，累计研究支出为800 000元，累计开发支出为2 500 000元(其中符合资本化条件的支出为2 000 000元)。有关调查表明，根据产品生命周期、市场竞争等方面情况综合判断，该非专利技术将在不确定的期间内为企业带来经济利益。

由此，该非专利技术可视为使用寿命不确定的无形资产，在持有期间内不需要进行摊销。

2×21年年底,甲公司对该项非专利技术按照资产减值的原则进行减值测试,经测试表明其已发生减值。2×21年年底,该非专利技术的可收回金额为1 800 000元。

甲公司的账务处理为(单位:元):

(1)2×20年1月1日,非专利技术达到预定用途:

借:无形资产——非专利技术　　　　　　　　　　　　2 000 000
　　贷:研发支出——资本化支出　　　　　　　　　　　　　2 000 000

(2)2×21年12月31日,非专利技术发生减值:

借:资产减值损失——非专利技术　　200 000(2 000 000-1 800 000)
　　贷:无形资产减值准备——非专利技术　　　　　　　　　200 000

第四节　无形资产的出租与处置

一、无形资产的出租

企业让渡无形资产使用权并收取租金,在满足收入确认条件的情况下,应确认相关的收入和费用。出租无形资产取得租金收入时,借记"银行存款"等科目,贷记"其他业务收入""应交税费"等科目;摊销出租无形资产的成本和发生与转让有关的各种费用支出时,借记"其他业务成本"等科目,贷记"累计摊销"等科目。企业(一般纳税人)出租无形资产如果是土地使用权,按9%的税率计缴增值税,其他无形资产按6%的税率计缴增值税。

【例7-6】 2×19年1月1日,A公司将一项商标权出租给B公司,租期为5年,每年租金为120万元,A公司在租赁期内,不再使用该商标。该商标权是A公司于2×17年1月1日购入,入账价值为128万元,预计使用年限为8年,采用直线法进行摊销,无残值。假定不考虑相关税费的影响,A公司的相关账务处理如下(单位:万元):

按年确认租金收入时

借:银行存款　　　　　　　　　　　　　　　　　　　　127.2
　　贷:其他业务收入　　　　　　　　　　　　　　　　　　120
　　　　应交税费——应交增值税(销项税额)　　　　　　　7.2

按年摊销时

借:其他业务成本　　　　　　　　　　　　　　　　　　　16
　　贷:累计摊销　　　　　　　　　　　　　　　　　　　　16

二、无形资产的处置

1. 无形资产的出售

企业出售无形资产是指转让无形资产的所有权、使用权、收益权和处置权。出售无形资产是无形资产所有权转让的主要形式,出售人不再保留无形资产的所有权,因而不再拥有使用、收益和处置的权利。

出售无形资产的账务处理为：企业出售无形资产，按实际取得的收入，借记"银行存款"等科目，按其已计提的减值准备，借记"无形资产减值准备"科目，按无形资产已累计摊销的金额，借记"累计摊销"科目；按无形资产的账面价值，贷记"无形资产"科目，按应支付的相关税费，贷记"银行存款""应交税费"等科目，按其差额，借或贷记"资产处置损益"科目。

【例7-7】 甲企业为增值税一般纳税人，出售一项商标权，所得的不含税价款为120万元，应缴纳的增值税为7.2万元（适用增值税税率为6%，不考虑其他税费）。该商标权成本为300万元，出售时已摊销金额为180万元，已计提的减值准备为30万元。

甲企业的账务处理为：

```
借：银行存款                            127.2
    累计摊销                            180
    无形资产减值准备——商标权            30
  贷：无形资产——商标权                  300
      应交税费——应交增值税（销项税额）   7.2
      资产处置损益                      30
```

2. 无形资产的报废

如果无形资产预期不能为企业带来经济利益，不再符合无形资产的定义，例如，该无形资产已被其他新技术所替代，则应将其报废并予转销。转销时，应按已计提的累计摊销，借记"累计摊销"科目；按其账面余额，贷记"无形资产"科目；按其差额，借记"营业外支出——非流动资产报废"科目。已计提减值准备的，还应同时结转减值准备。

【例7-8】 甲企业原拥有一项非专利技术，采用直线法进行摊销，预计使用期限为10年。现该项非专利技术已被内部研发成功的新技术所替代，并且根据市场调查，用该非专利技术生产的产品已没有市场，预期不能再为企业带来任何经济利益，故应当予以转销。转销时，该项非专利技术的成本为9 000 000元，已摊销6年，累计计提减值准备2 400 000元，该项非专利技术的残值为0。假定不考虑其他相关因素。甲企业的账务处理为（单位：元）：

```
借：累计摊销                            5 400 000
    无形资产减值准备——专利权            2 400 000
    营业外支出——非流动资产报废          1 200 000
  贷：无形资产——专利权                  9 000 000
```

在资产负债表上，无形资产项目只需填列无形资产的期末余额，不需填列其他项目。资产负债表中的"无形资产"项目是根据"无形资产"科目的余额减去"累计摊销"科目的余额再减去"无形资产减值准备"科目的余额计算填列的。

思 考 题

1. 无形资产有哪些特征？

2. 不同来源取得的无形资产如何界定入账价值?
3. 内部研究与开发费用的确认与计量原则是什么?
4. 无形资产的使用寿命如何界定?

练 习 题

长江公司于 2×13 年 7 月接受投资者投入一项无形资产,该无形资产原账面价值为 1 000 万元,投资协议约定的价值为 1 200 万元(与公允价值相等),预计使用年限为 10 年,预计净残值为 0,采用直线法进行摊销。2×17 年年末长江公司预计该无形资产的可收回金额为 500 万元,计提减值准备后预计尚可使用年限为 4 年,摊销方法和预计净残值不变。2×19 年 7 月对外出售该无形资产,取得 200 万元处置价款存入银行。假定不考虑其他因素,要求:

(1)计算长江公司取得该无形资产的入账价值;
(2)计算长江公司 2×17 年年末计提减值准备前该无形资产的账面价值;
(3)计算长江公司 2×17 年年末计提减值准备金额为 160 万元;
(4)计算长江公司 2×19 年 7 月对外出售该无形资产时的净损益。

第八章
投资性房地产

本章学习提示

学习内容：

通过本章的学习，了解投资性房地产的概念、性质及范围；掌握投资性房地产的确认条件及各种渠道取得投资性房地产的初始计量；掌握投资性房地产的后续计量模式；掌握投资性房地产与自用房地产相互转移的账务处理及注意事项。

学习要点：

1. 投资性房地产的界定；
2. 投资性房地产的后续计量模式；
3. 投资性房地产后续计量模式变化的账务处理；
4. 投资性房地产与自用房地产转换的账务处理。

第一节 投资性房地产概述

一、投资性房地产的定义及其特征

《企业会计准则第 3 号——投资性房地产》将投资性房地产定义为以赚取租金或资本增值为目的而持有的房地产。《国际会计准则第 40 号——投资性房地产》将房地产的范围定义为房屋和土地，因为我国土地所有权归国家或集体所有，企业只能取得土地使用权，所以准则中的房地产实际上指的是"土地使用权"和建筑物。

投资性房地产和自用房地产在实物形态上完全相同，例如都表现为土地使用权、建筑物或构建物等，但在产生现金流量的方式上具有各自的特点和显著的差异。房地产投资是企业的一种经营性活动，目的是为了赚取租金或资本增值，或两者兼有。投资性房地产产生的现金流量在很大程度上独立于企业持有的其他资产，而自用房地产必须与其他资产如生产设备、原材料、人力资源等相结合才能产生现金流量。根据实质重于形式原则，两类房地产应区分进行会计处理，投资性房地产适用《企业会计准则第 3 号——投资性房地产》，而自用房地产适用《企业会计准则第 4 号——固定资产》或《企业会计准则第 6 号——无形资产》。

二、投资性房地产的范围

根据《企业会计准则第 3 号——投资性房地产》第二条和第三条规定，投资性房地产包括已出租的土地使用权、持有并准备增值后转让的土地使用权、已出租的建筑物。

① 已出租的土地使用权和已出租的建筑物，是指以经营租赁方式出租的土地使用权和建筑物。其中，用于出租的土地使用权是指企业通过出让或转让方式取得的土地使用权；用于出租的建筑物是指企业拥有产权的建筑物。

② 持有并准备增值后转让的土地使用权，是指企业取得的、准备增值后转让的土地使用权。按照国家有关规定认定的闲置土地，不属于持有并准备增值后转让的土地使用权。

③ 某项房地产，部分用于赚取租金或资本增值、部分用于生产商品、提供劳务或经营管理，能够单独计量和出售的、用于赚取租金或资本增值的部分，应当确认为投资性房地产；不能够单独计量和出售的、用于赚取租金或资本增值的部分，不确认为投资性房地产。

④ 企业将建筑物出租，按租赁协议向承租人提供的相关辅助服务在整个协议中不重大的，如企业将办公楼出租并向承租人提供保安、维修等辅助服务，应当将该建筑物确认为投资性房地产。

下列各项不属于投资性房地产：

① 自用房地产，即为生产商品、提供劳务或者经营管理而持有的房地产。

② 企业出租给本企业职工居住的宿舍，即使按照市场价格收取租金，也不属于投资性房地产。这部分房产间接为企业自身的生产经营服务，具有自用房地产的性质。

③ 房地产开发企业销售的，或为销售正在开发的商品房和土地，这部分房地产属于房地产开发企业的存货。

④ 企业拥有并自行经营的旅馆饭店，其经营目的主要是通过提供客房服务赚取服务收入，该旅馆饭店不确认为投资性房地产。

三、投资性房地产的后续计量模式

投资性房地产的后续计量存在两种方式，一是成本模式，其会计处理与固定资产一样，需要计提折旧，如果有减值迹象需计提减值。另一种是公允价值模式，即将投资性房地产按照公允价值计量，公允价值的变动直接影响当期损益。企业通常应当采用成本模式对投资性房地产进行后续计量，有确凿证据表明投资性房地产的公允价值是能够持续可靠地取得的，也可以采用公允价值模式对投资性房地产进行后续计量。同一个企业只能采用一种后续计量模式。

第二节 投资性房地产的确认与初始计量

一、投资性房地产的确认

将某个项目确认为投资性房地产，首先应当符合投资性房地产的概念，其次，要同时满足投资性房地产的两个确认条件：

① 与该资产相关的经济利益很可能流入企业；

② 该投资性房地产的成本能够可靠计量。

二、投资性房地产的初始计量

投资性房地产初始计量的基本原则为历史成本原则，即企业取得投资性房地产时，应当按照取得时的实际成本进行初始计量，在这点上与普通资产的核算标准相同。

1. 外购的投资性房地产

① 只有在购入房地产的同时对外出租或用于资本增值，才能称之为外购的投资性房地产。外购投资性房地产的成本，包括购买价款、相关税费和可直接归属于该资产的其他支出。

② 企业购入房地产，自用一段时间之后再改为出租或用于资本增值的，应当先将外购的房地产确认为固定资产、无形资产，自租赁开始日或用于资本增值之日开始，才能从固定资产、无形资产转换为投资性房地产；若取得的房产用于销售，应先确认为存货，自租赁期开始日将其转换为投资性房地产。

2. 自行建造的投资性房地产

① 企业自行建造或开发的房地产，只有在自行建造或开发活动完成(即达到预定可使用状态)的同时开始对外出租或用于资本增值，才能将自行建造的房地产确认为投资性房地

产。自行建造投资性房地产的成本，由建造该项房地产达到预定可使用状态前发生的必要支出构成。

② 企业自行建造或开发房地产达到预定可使用状态后一段时间才对外出租或用于资本增值的，应当先将自行建造或开发的房地产确认为固定资产、无形资产或存货，自租赁期开始日或用于资本增值之日开始，从固定资产、无形资产或存货转换为投资性房地产。

3. 以其他方式取得的投资性房地产

原则上按其取得时的实际成本作为入账价值，符合其他相关准则规定的按照相应的准则规定予以确定。比如债务重组转入的投资性房地产就应按债务重组准则的规定来处理。

第三节 投资性房地产的后续计量

一、采用成本模式后续计量

1. 科目设置

采用成本模式进行后续计量的企业，对投资性房地产会计处理的基本要求与固定资产或无形资产相同，即按照固定资产的有关规定按月计提折旧，或者按照无形资产的有关规定按月摊销其成本，计提的折旧或摊销的成本计入"其他业务成本"科目。按月计提时，按照计算建筑物月折旧额，借记"其他业务成本"科目，贷记"投资性房地产累计折旧"科目；按月摊销成本时，按照计算的土地使用权月摊销额，借记"其他业务成本"科目，贷记"投资性房地产累计摊销"科目。

投资性房地产存在减值迹象的，应当计提减值准备，借记"资产减值损失"科目，贷记"投资性房地产减值准备"科目。已经计提减值准备的投资性房地产，其减值损失在以后的会计期间不得转回。

2. 账务处理

投资性房地产的折旧或摊销与固定资产或无形资产的相关规定一样。即：当期增加的投资性房地产(建筑物)当期不提折旧，当期减少的投资性房地产(建筑物)当期照提折旧；当期增加的投资性房地产(土地使用权)当期即开始摊销，当期减少的投资性房地产(土地使用权)当期停止摊销。

(1) 计提折旧或摊销时

借：其他业务成本
　　贷：投资性房地产累计折旧(摊销)

(2) 计提减值准备时

借：资产减值损失
　　贷：投资性房地产减值准备

(3) 取得租金收入

借：银行存款
  贷：其他业务收入
    应交税费——应交增值税(销项税额)

【例 8-1】甲公司(增值税一般纳税人)2×19 年 12 月 31 日购入一栋写字楼，取得增值税专用发票注明的价款为 5 000 万元，增值税税额为 45 万元，支付相关税费 100 万元，甲公司当日即用于对外出租给乙公司使用，确认为投资性房地产，采用成本模式进行后续计量。甲公司按照年限平均法计提折旧，使用寿命为 20 年，预计净残值为零。经营租赁合同约定，乙公司每年支付甲公司租金 200 万元(不含税，增值税税率为 9%)。

甲公司的账务处理如下所示(单位：万元)：

(1) 取得投资性房地产时：

借：投资性房地产	5 100
应交税费——应交增值税(进项税额)	45
贷：银行存款	5 145

(2) 每年计提折旧时：

每年计提的折旧=5 000÷20=250(万元)

借：其他业务成本——出租写字楼折旧	250
贷：投资性房地产累计折旧	250

(3) 每年确认租金收入时：

借：银行存款(或其他应收款)	218
贷：其他业务收入——出租写字楼租金收入	200
应交税费——应交增值税(销项税额)	18

二、采用公允价值模式后续计量

1. 采用公允价值模式的前提条件

企业只有存在确凿证据表明投资性房地产的公允价值能够持续可靠取得，才可以采用公允价值模式对投资性房地产进行后续计量。

投资性房地产采用公允价值模式进行后续计量，应当同时满足以下两个条件：

① 投资性房地产所在地有活跃的房地产交易市场；

② 企业能够从活跃的房地产交易市场上取得同类或类似房地产的市场价格及其他相关信息，从而对投资性房地产的公允价值做出合理的估计。

2. 科目设置

投资性房地产采用公允价值进行后续计量的，不需要计提折旧或摊销，也不需要计提减值准备。企业应当以资产负债日的公允价值计量，公允价值的变动计入当期损益。资产负债日，投资性房地产的公允价值高于其账面余额时，应按二者之间的差额，调增投资性房地产的账面余额，同时确认公允价值上升的收益，借记"投资性房地产——公允价值变动"科目,贷记"公允价值变动损益"科目;投资性房地产的公允价值低于账面余额时,应按二者之间的差额,调减投资性房地产的账面余额,同时确认公允价值低于其账面余额时,应按二者之间的差额,调减投资性房地产的账面余额,同时确认公允价值上升的收益,借记"公允价值变动损益"科目,贷记"投资性房地产——公允价值变动"科目。

3. 账务处理

(1)公允价值上升

借:投资性房地产——公允价值变动
    贷:公允价值变动损益

(2)公允价值下降

借:公允价值变动损益
    贷:投资性房地产——公允价值变动

(3)取得租金收入

借:银行存款
    贷:其他业务收入
        应交税费——应交增值(销项税额)

【例8-2】2×19年11月,甲公司与乙公司签订租赁协议,约定将甲公司新建造的一栋写字楼租赁给乙公司使用,租赁期为20年。2×19年12月1日,该写字楼开始起租,写字楼的工程造价为6 000万元,公允价值也为相同金额。该写字楼所在区域有活跃的房地产交易市场,而且能够从房地产交易市场中取得同类房地产的市场报价,甲公司决定采用公允价值模式对该项出租的房地产进行后续计量。2×19年12月31日,该写字楼的公允价值为6 100万元。

甲公司的账务处理如下(单位:万元):

(1)2×19年12月1日,甲公司出租该写字楼:

借:投资性房地产——写字楼——成本   6 000
    贷:固定资产——写字楼   6 000

(2)2×19年12月31日,按照公允价值调整其账面价值:

借:投资性房地产——写字楼——公允价值变动   100
    贷:公允价值变动损益——投资性房地产   100

三、投资性房地产后续计量模式的变更

企业对投资性房地产的计量模式一经确定,不得随意变更。成本模式转为公允价值模式的,应当作为会计政策变更处理,将计量模式变更为公允价值与账面价值的差额,扣除所得税影响后调整期初留存收益(盈余公积和未分配利润)。

已采用公允价值模式计量的投资性房地产,不得从公允价值模式转为成本模式。

具体账务处理为:

借:投资性房地产(变更日投资性房地产的公允价值)

投资性房地产累计折旧(摊销)（原投资性房地产已计提的折旧或摊销）
投资性房地产减值准备（原投资性房地产已计提的减值准备）
  贷：投资性房地产(原值)
    利润分配——未分配利润(或借记)
    盈余公积(或借记)

【例8-3】A公司为房地产开发公司，2×20年至2×23年发生如下与投资性房地产有关的业务：

（1）2×20年12月31日，将一闲置建筑物出租给B公司并采用成本模式进行后续计量。租赁合同约定：租赁期开始日为2×21年1月1日，租赁期为3年，每年12月31日收取租金150万元。该建筑物的成本为2 800万元，出租时，已计提折旧500万元，已计提减值准备300万元，预计尚可使用年限为20年，A公司对该建筑物采用年限平均法计提折旧，预计净残值为0。

（2）2×22年1月1日，考虑到其所在地的房地产交易市场比较成熟，并且能够合理估计该建筑物的公允价值，A公司决定将该项投资性房地产的后续计量模式从成本模式转换为公允价值模式。2×22年1月1日，该建筑物的公允价值为3 000万元。2×22年12月31日，该建筑物的公允价值为3 500万元。假定A公司按净利润的10%提取盈余公积，不考虑增值税、所得税等相关税费的影响。则A公司的账务处理如下所示(单位：万元)。

（1）2×20年12月31日

借：投资性房地产　　　　　　　　　　　　　　　　　2 800
　　累计折旧　　　　　　　　　　　　　　　　　　　　500
　　固定资产减值准备　　　　　　　　　　　　　　　　300
　　贷：固定资产　　　　　　　　　　　　　　　　　2 800
　　　　投资性房地产累计折旧　　　　　　　　　　　　500
　　　　投资性房地产减值准备　　　　　　　　　　　　300

（2）2×21年12月31日

借：其他业务成本　　　　　　　　　　　　　　　　　　100
　　贷：投资性房地产累计折旧　　　　　　　　　　　　100
借：银行存款　　　　　　　　　　　　　　　　　　　　150
　　贷：其他业务收入　　　　　　　　　　　　　　　　150

该建筑物2×21年年末的账面价值=2 800-500-300-(2 800-500-300)÷20=1 900(万元)。

（3）2×22年1月1日

借：投资性房地产——成本　　　　　　　　　　　　　3 000
　　投资性房地产累计折旧　　　　　　600 [500+(2 800-500-300)÷20]
　　投资性房地产减值准备　　　　　　　　　　　　　　300
　　贷：投资性房地产　　　　　　　　　　　　　　　2 800
　　　　盈余公积　　　　　　　　　　　　　　　　　　110

　　　　利润分配——未分配利润　　　　　　　　　　　　　　　　　990
　(4) 2×22 年 12 月 31 日：
　　借：投资性房地产——公允价值变动　　　　　　　　　　　　　500
　　　　贷：公允价值变动损益　　　　　　　　　　　　　　　　　　500
　　借：银行存款　　　　　　　　　　　　　　　　　　　　　　　150
　　　　贷：其他业务收入　　　　　　　　　　　　　　　　　　　　150

四、与投资性房地产有关的后续支出

1. 资本化的后续支出

与投资性房地产有关的后续支出，满足投资性房地产确认条件的，应当计入投资性房地产成本。企业对某项投资性房地产进行改扩建等再开发且将来仍作为投资性房地产的，在再开发期间应继续将其作为投资性房地产，再开发期间不计提折旧或摊销。

转为改扩建时的账务处理如下：

(1) 成本模式
借：投资性房地产——在建
　　投资性房地产累计折旧(摊销)
　　投资性房地产减值准备
　　贷：投资性房地产

(2) 公允价值模式
借：投资性房地产——在建
　　　　　　　　——公允价值变动(也可能在贷方)
　　贷：投资性房地产——成本

【例 8-4】 2×19 年 5 月，长江公司与黄河公司的一项厂房经营租赁合同即将到期。为了提高厂房的租金收入，长江公司决定在租赁期满后对该厂房进行改扩建，并与 B 公司签订了经营租赁合同，约定自改扩建完工时将该厂房出租给 B 公司。2×19 年 5 月 31 日，与黄河公司的租赁合同到期，该厂房随即进入改扩建工程。2×19 年 5 月 31 日，该厂房账面余额为 20 000 000 元，其中成本 16 000 000 元，累计公允价值变动 4 000 000 元。2×19 年 11 月 30 日该厂房改扩建工程完工，共发生支出 3 000 000 元，均已支付，即日按照租赁合同出租给 B 公司。假定长江公司采用公允价值模式计量。

长江公司的账务处理如下(单位：元)：

(1) 2×19 年 5 月 31 日，投资性房地产转入改扩建工程：
借：投资性房地产——厂房——在建　　　　　　　　　　　20 000 000
　　贷：投资性房地产——厂房——成本　　　　　　　　　　16 000 000
　　　　　　　　　　　　——公允价值变动　　　　　　　　 4 000 000

(2) 2×19 年 5 月 31 日至 2×19 年 11 月 30 日，发生改扩建支出：
借：投资性房地产——厂房——在建　　　　　　　　　　　 3 000 000

　　　　贷：银行存款　　　　　　　　　　　　　　　　　　　3 000 000
　(3) 2×19年11月30日，改扩建工程完工：
　　借：投资性房地产——厂房——成本　　　　　　　　　23 000 000
　　　　贷：投资性房地产——厂房——在建　　　　　　　　23 000 000

2. 费用化的后续支出

与投资性房地产有关的后续支出，不满足投资性房地产确认条件的，应当在发生时计入当期损益(其他业务成本)。

第四节　投资性房地产的转换

一、房地产转换形式

《企业会计准则第3号——投资性房地产》相关规定如下：企业有确凿证据表明房地产用途发生改变，满足下列条件之一的，应当将投资性房地产转换为其他资产或者将其他资产转换为投资性房地产：

① 投资性房地产开始自用；
② 作为存货的房地产，改为出租；
③ 自用土地使用权停止自用，用于赚取租金或资本增值；
④ 自用建筑物停止自用，改为出租。

二、投资性房地产转换日的确定

转换日是指房地产用途发生改变、状态相应改变的日期。转换日的确定很重要，因为它关系到资产确认的时点与入账价值。

① 投资性房地产开始自用，是指投资性房地产转为自用房地产。其转换日为房地产达到自用状态，企业开始将房地产用于生产商品、提供劳务或者经营管理的日期。
② 投资性房地产转为存货，转换日为租赁期届满、企业董事会或者类似机构做出书面决议明确将其重新开发用于对外销售的日期。
③ 作为存货的房地产改为出租，或者自用建筑物、自用土地使用权停止自用改为出租，其转换日为租赁期开始日。租赁开始日是指承租人有权行使其使用租赁资产权利的日期。

三、投资性房地产转换的账务处理

1. 成本模式下的转换

(1) 投资性房地产转换为自用房地产

企业将原本用于赚取租金或资本增值的房地产改用于生产商品、提供劳务或者经营管理，投资性房地产相应地转换为固定资产或无形资产。例如，企业将出租的厂房收回，并用于生产本企业的产品。企业应当按该项投资性房地产在转换日的账面余额、累计折旧(摊销)、减值准备等，分别转入"固定资产""累计折旧""固定资产减值准备"等科目。

【例 8-5】 2×19 年 8 月 1 日，甲企业将出租在外的厂房收回，开始用于本企业生产商品。该项房地产在转换前采用成本模式计量，其账面价值为 3 000 万元，其中，原价 4 000 万元，累计已提折旧 1 000 万元。甲企业的账务处理如下(单位：万元)：

借：固定资产　　　　　　　　　　　　　　　　　4 000
　　投资性房地产累计折旧　　　　　　　　　　　1 000
　　贷：投资性房地产——厂房　　　　　　　　　　　4 000
　　　　累计折旧　　　　　　　　　　　　　　　　1 000

(2) 自用房地产转换为投资性房地产

企业将原本用于生产商品、提供劳务或者经营管理的房地产改用于出租，通常应于租赁期开始日，按照固定资产或无形资产账面价值，将相应的固定资产或无形资产转换为投资性房地产。对不再用于日常生产经营活动且经整理后达到可经营出租状态的建筑物，如果董事会或类似机构做出正式书面决议，明确表明其自用房地产用于经营租出、持有意图短期内不再发生变化的，应视为将自用房地产转换为投资性房地产。

企业将自用土地使用权或建筑物转换为以成本模式计量的投资性房地产时，应当按该项建筑物或土地使用权在转换日的原价、累计折旧、减值准备等，分别转入"投资性房地产""投资性房地产累计折旧(摊销)""投资性房地产减值准备"科目，按其账面余额，借记"投资性房地产"科目，贷记"固定资产"或"无形资产"科目，按已计提的折旧或摊销，借记"累计折旧"或"累计摊销"科目，贷记"投资性房地产累计折旧(摊销)"科目，原已计提减值准备的，借记"固定资产减值准备"或"无形资产减值准备"科目，贷记"投资性房地产减值准备"科目。

【例 8-6】 甲企业拥有一栋办公楼，用于本企业总部办公。2×19 年 2 月 20 日，甲企业与乙企业签订了经营租赁协议，将这栋办公楼整体出租给乙企业使用，租赁期开始以日为 2×19 年 3 月 20 日，为期 5 年。2×19 年 3 月 20 日，这栋办公楼的账面余额 4 000 万元，已计提折旧 200 万元。甲企业的投资性房地产采用成本计量模式，则甲企业的账务处理如下(单位：万元)：

借：投资性房地产——写字楼　　　　　　　　　　4 000
　　累计折旧　　　　　　　　　　　　　　　　　　200
　　贷：固定资产　　　　　　　　　　　　　　　　　4 000
　　　　投资性房地产累计折旧　　　　　　　　　　　200

2. 公允价值模式下的转换

(1) 投资性房地产转换为自用房地产

企业将采用公允价值模式计量的投资性房地产转换为自用房地产时，应当以其转换当日的公允价值作为自用房地产的账面价值，公允价值与原账面价值的差额计入当期损益。

转换日，按该项投资性房地产的公允价值，借记"固定资产"或"无形资产"科目，按该项投资性房地产的成本，贷记"投资性房地产——成本"科目；按该项投资性房地产的累计公允价值变动，贷记或借记"投资性房地产——公允价值变动"科目；按其差额，贷记或借记"公允价值变动损益"科目。

【例8-7】2×19年9月20日，甲企业因租赁期满，将出租的写字楼收回，准备作为办公楼用于本企业的行政管理。2×19年12月1日，该写字楼正式开始自用，相应由投资性房地产转换为自用房地产，当日的公允价值为5 000万元。该项房地产在转换前采用公允价值模式计量，原账面价值为4 500万元，其中，成本为4 200万元，公允价值变动为增值300万元。甲企业的账务处理如下（单位：万元）：

借：固定资产　　　　　　　　　　　　　　　　5 000
　　贷：投资性房地产——成本　　　　　　　　　　4 200
　　　　　　　　　——公允价值变动　　　　　　　　300
　　　　公允价值变动损益　　　　　　　　　　　　 500

(2) 自用房地产转换为投资性房地产

企业将自用房地产转换为采用公允价值模式计量的投资性房地产时，应当按该项土地使用权或建筑物在转换日的公允价值，借记"投资性房地产——成本"科目；按已计提的累计摊销或累计折旧，借记"累计摊销"或"累计折旧"科目；原已计提减值准备的，借记"无形资产减值准备""固定资产减值准备"科目；按其账面余额，贷记"固定资产"或"无形资产"科目。同时，转换日的公允价值小于账面价值的，按其差额，借记"公允价值变动损益"科目；转换日的公允价值大于账面价值的，按其差额，贷记"其他综合收益"科目。待该项投资性房地产处置时，因转换计入其他综合收益的部分应转入当期损益。

【例8-8】2×19年6月，甲企业打算搬迁至新建办公楼，由于原办公楼处于商业繁华地段，甲企业准备将其出租，以赚取租金收入。2×19年10月30日，甲企业完成了搬迁工作，原办公楼停止自用。2×19年12月，甲企业与乙企业签订了租赁协议，将其原办公楼租赁给乙企业使用，租赁期开始日为2×20年1月1日，租赁期限为3年。2×20年1月1日，该办公楼的公允价值为4亿元，其原价为5亿元，已提折旧1.5亿元；假设甲企业对投资性房地产采用公允价值模式计量。甲企业的账务处理如下（单位：万元）：

甲企业应当于租赁期开始日（2×20年1月1日）将自用房地产转换为投资性房地产。

借：投资性房地产——成本　　　　　　　　　　40 000
　　累计折旧　　　　　　　　　　　　　　　　15 000
　　贷：固定资产　　　　　　　　　　　　　　　　50 000
　　　　其他综合收益　　　　　　　　　　　　　　5 000

以上四种转换的账务处理如表8-1所示。

表 8-1 投资性房地产与自用房地产之间转换的账务处理

成本模式下的转换	公允价值模式下的转换
投资性房地产转换为自用房地产 借：固定资产(无形资产)【原值】 　　投资性房地产累计折旧(投资性房地产累计摊销) 　　投资性房地产减值准备 　　贷：投资性房地产【原值】 　　　　累计折旧(累计摊销) 　　　　固定资产减值准备(无形资产减值准备)	投资性房地产转换为自用房地产 借：固定资产(无形资产)【公允价值】 　　公允价值变动损益【借差】 　　贷：投资性房地产——成本 　　　　　　　　　　——公允价值变动 　　　　公允价值变动损益
自用房地产转换为投资性房地产 借：投资性房地产【原值】 　　累计折旧(累计摊销) 　　固定资产减值准备(无形资产减值准备) 　　贷：固定资产(无形资产)【原值】 　　　　投资性房地产累计折旧(投资性房地产累计摊销) 　　　　投资性房地产减值准备	自用房地产转换为投资性房地产 借：投资性房地产——成本【公允价值】 　　累计折旧(累计摊销) 　　固定资产减值准备(无形资产减值准备) 　　公允价值变动损益【借差】 　　贷：固定资产(无形资产)【原值】 　　　　其他综合收益【贷差】

第五节　投资性房地产的处置

当投资性房地产被处置或者永久退出使用且预计不能从其处置中取得经济利益时，应当终止确认该项投资性房地产。企业出售、转让、报废投资性房地产或者发生投资性房地产毁损时，应当将处置收入扣除其账面价值和相关税费后的金额计入当期损益(将实际收到的处置收入计入其他业务收入，所处置投资性房地产的账面价值计入其他业务成本)。具体账务处理如表8-2所示。

表 8-2 投资性房地产处置的账务处理

成本模式	公允价值模式
借：银行存款 　　贷：其他业务收入 　　　　应交税费——应交增值税(销项税额)	借：银行存款 　　贷：其他业务收入 　　　　应交税费——应交增值税(销项税额)
借：其他业务成本 　　投资性房地产累计折旧 　　投资性房地产减值准备 　　贷：投资性房地产	借：其他业务成本 　　贷：投资性房地产——成本 　　　　　　　　　　——公允价值变动 借：其他综合收益 　　贷：其他业务成本 借：公允价值变动损益 　　贷：其他业务成本 或做相反分录

【例8-9】长江公司于2×19年1月1日将一栋建筑物对外出租并采用公允价值模式计量，租期为3年，每年12月31日收取租金218万元(含增值税18万元)，出租时，该幢建筑物的账面价值为7 000万元，已提折旧2 000万元，公允价值为6 000万元，2×19年12

月31日,该幢商品房的公允价值为6 300万元,2×20年12月31日,该幢商品房的公允价值为6 600万元,2×21年12月31日,该幢商品房的公允价值为7 000万元,2×22年1月10日将该幢商品房对外出售,收到7 630万元(含增值税630万元)存入银行。

长江公司的账务处理如下所示(单位:万元):

(1) 2×19年1月1日:

借:投资性房地产——成本	6 000
累计折旧	2 000
贷:固定资产	7 000
其他综合收益	1 000

(2) 2×19年12月31日:

借:银行存款	218
贷:其他业务收入	200
应交税费——应交增值税(销项税额)	18
借:投资性房地产——公允价值变动	300
贷:公允价值变动损益	300

(3) 2×20年12月31日:

借:银行存款	218
贷:其他业务收入	200
应交税费——应交增值税(销项税额)	18
借:投资性房地产——公允价值变动	300
贷:公允价值变动损益	300

(4) 2×21年12月31日:

借:银行存款	218
贷:其他业务收入	200
应交税费——应交增值税(销项税额)	18
借:投资性房地产——公允价值变动	400
贷:公允价值变动损益	400

(5) 2×22年1月10日:

借:银行存款	7 630
贷:其他业务收入	7 000
应交税费——应交增值税(销项税额)	630
借:其他业务成本	7 000
贷:投资性房地产——成本	6 000
——公允价值变动	1 000
借:其他综合收益	1 000
公允价值变动损益	1 000
贷:其他业务成本	2 000

思 考 题

1. 投资性房地产界定的范围有哪些?
2. 投资性房地产的后续计量模式有哪些?
3. 投资性房地产成本模式改为公允价值计量模式如何进行账务处理?
4. 自用房地产与投资性房地产相互转换如何进行账务处理?

练 习 题

习题一：甲公司以成本模式对投资性房地产进行后续计量，2×19 年至 2×21 年发生如下与投资性房地产有关的业务：

(1) 2×18 年 12 月 31 日将一项自用厂房用于出租，租赁期为 3 年，每年租金 250 万元于下年起每年年末收取。该厂房为 2×17 年 11 月 10 日以银行存款 2 500 万元购入，发生直接相关税费 150 万元，另外购入后发生资本化的装修费 500 万元，2×17 年 12 月 31 日达到预定可使用状态，该厂房预计使用寿命为 20 年，预计净残值 150 万元，采用年限平均法计提折旧，2×18 年 12 月 31 日前未发生减值。2×19 年年末也未发现减值迹象。

(2) 2×20 年 12 月 31 日甲公司经测试表明该厂房公允价值减去处置费用后的净额为 2 250 万元，预计未来现金流量现值为 2 500 万元。假定计提减值后折旧方法、折旧年限均未发生变化，预计净残值为 0。

(3) 2×21 年 12 月 31 日租赁期届满，承租人与甲公司续租并要求甲公司对该厂房进行改扩建，改扩建过程中发生符合资本化条件的支出 200 万元，以银行存款支付。2×22 年 3 月 31 日，改扩建工程完工。

要求：根据上述业务，不考虑其他因素，编制甲公司与该项投资性房地产相关的会计分录。(计算结果保留两位小数，答案中的金额单位万元表示)

习题二：长江公司相关资料如下：

资料一：2×19 年 12 月 31 日，长江公司以银行存款 44 000 万元购入一栋达到预定可使用状态的写字楼，立即以经营租赁方式对外出租给乙公司，租期为 2 年，并办妥相关手续。该写字楼的预计可使用寿命为 22 年。

资料二：长江公司对该写字楼采用公允价值模式进行后续计量。所得税纳税申报时，该写字楼在其预计使用寿命内每年允许税前扣除的金额均为 2 000 万元。

资料三：2×20 年 12 月 31 日和 2×21 年 12 月 31 日，该写字楼的公允价值分别 45 500 万元和 50 000 万元。

资料四：2×21 年 12 月 31 日，租期届满，长江公司收回该写字楼，并供本公司行政管理部门使用。长江公司自 2016 年开始对写字楼按年限平均法计提折旧，预计尚可使用 20 年，预计净残值为零。

资料五：2×25年12月31日，长江公司以52 000万元出售该写字楼，款项收讫并存入银行。

要求：

(1)长江公司2×19年12月31日购入并立即出租该写字楼的相关会计分录。

(2)编制2×20年12月31日投资性房地产公允价值变动的会计分录。

(3)计算确定2×20年12月31日投资性房地产账面价值。

(4)编制2×21年12月31日长江公司收回该写字楼的相关会计分录。

(5)计算确定2×21年12月31日该写字楼的账面价值。

(6)编制出售固定资产的会计分录。

第九章
负　债

本章学习提示

学习内容：

通过本章的学习，了解负债的含义、特征及分类方法；掌握各种流动负债的内容及账务处理方法；掌握各种非流动负债的内容及账务处理方法。

学习要点：

1. 应付职工薪酬的分类及账务处理；
2. 应交税费的分类及账务处理；
3. 应付债券的账务处理；
4. 借款费用资本化的处理。

第一节 负债概述

一、负债的定义

负债是指企业过去的交易或事项形成的、预期会导致经济利益流出企业的现时义务。将一项现时义务确认为负债，除应符合负债的定义外，还要同时满足两个条件：

第一，与该义务有关的经济利益很可能流出企业。

从负债的定义可以看到，预期会导致经济利益流出企业是负债的一个本质特征。在实务中，履行义务所需流出的经济利益带有不确定性，尤其是与推定义务相关的经济利益通常需要依赖于大量的估计。因此，负债的确认应当与经济利益流出的不确定性程度的判断结合起来，如果有确凿证据表明，与现时义务有关的经济利益很可能流出企业，就应当将其作为负债予以确认；反之，如果企业承担了现时义务，但是导致企业经济利益流出的可能性很小，就不符合负债的确认条件，不应将其作为负债予以确认。

第二，未来流出的经济利益的金额能够可靠的计量。

负债的确认在考虑经济利益流出企业的同时，对于未来流出的经济利益的金额应当能够可靠计量。对于与法定义务有关的经济利益流出金额，通常可以根据合同或者法律规定的金额予以确定，考虑到经济利益流出的金额通常在未来期间，有时未来期间较长，有关金额的计量需要考虑货币时间价值等因素的影响。对于与推定义务有关的经济利益流出金额，企业应当根据履行相关义务所需支出的最佳估计数进行估计，并综合考虑有关货币时间价值、风险等因素的影响。

二、负债的分类

负债按其流动性划分，可以分为流动负债和非流动负债。

流动负债指企业在一年内或者超过一年的一个营业周期内需要偿还的债务，主要包括短期借款、应付及预收款项、应付职工薪酬、应交税费等。满足下列条件之一的负债应该确认为流动负债：①预计在一个正常的营业周期中清偿；②主要为交易目的而持有；③自资产负债表日起一年内应予以清偿；④企业无权自主地将清偿推迟至资产负债表日后一年以上。

非流动负债是指期限超过1年的债务，1年内到期的长期负债在资产负债表中列入流动负债。非流动负债主要包括长期借款、应付债券、长期应付款等。

第二节 流动负债

一、流动负债的分类

1. 流动负债按偿付金额是否能够确定的分类

流动负债按偿付金额是否能够确定分类为以下几项：

① 偿付金额能够确定的流动负债。这种负债指根据合同、契约或法律的规定，能确定未来应偿付的金额、付款日及债权人的负债。如短期借款、应付票据、应付账款、预收账款以及大部分应付职工薪酬等。

② 偿付金额视经营情况而定的流动负债。这种负债指在承担偿付义务时，并不能确定未来应偿付的金额，而必须等到期末，根据企业一定时期的经营状况才能计算确定其金额的负债。如应交税费、应付股利等。

③ 偿付金额需估计的流动负债。这种负债指债务的发生是确实的，但其应付金额、偿还日期和债权人在会计期末仍无法确定的流动负债。如或有负债、部分应付职工薪酬等。

2. 流动负债按其产生的原因的分类

流动负债按其产生的原因可以分为以下几类：

(1) 筹资形成的流动负债

筹资形成的流动负债主要是指企业从银行或其他金融机构筹集资金而产生的债务，如短期借款、一年内到期的长期借款和应付债券等。

(2) 结算中形成的流动负债

结算中形成的流动负债主要是指企业在与外部有关单位进行结算时所产生的债务，如应付账款、应付票据、预收账款、应交税费等。

(3) 经营中产生的流动负债

经营中产生的流动负债主要是指企业按照权责发生制原则核算正常的经营活动时产生的债务，即企业内部结算形成的流动负债，如应付职工薪酬、应付利息等。

(4) 利润分配中产生的流动负债

利润分配中产生的流动负债主要是指企业在利润分配中产生的债务，如应付利润或应付股利等。

二、短期借款

短期借款是指企业为维持正常的生产经营所需的资金或为抵偿某项债务而向银行或其他金融机构等外单位借入的、还款期限在一年以下(含一年)的各种借款，包括生产周转借款、临时借款等。

短期借款的借入与偿还，应通过"短期借款"科目进行核算，并按照债权人和借款种类设置明细账。企业借入的各种短期借款，借记"银行存款"科目，贷记"短期借款"科目；归还借款时，做相反的账务处理；资产负债表日，应按相关利率计算确定的短期借款利息的金额，借记"财务费用"科目，贷记"应付利息""银行存款"等科目。

因为短期借款的期限是1年或者1年以内，所以利息结算时，可以分为四种情况：按月度支付利息；按季度支付利息；按半年度支付利息；到达一年后，一次还本付息。

一般情况下，按月度支付利息的情形较少。一般在按月支付的利息较少的情况下，可以在实际支付时，直接计入当期损益。按季度或者半年度支付利息是比较常见的，而且这种情况一般数额较大。这种情况可以采用预提的办法，先按月进行预提，计入当期损益，到期再进行支付。最特殊的算是到达一年后,一次还本付息的情况,它可以根据还款利息金额的大小,适用以上两种情形。

【例 9-1】 长江公司为了周转资金,在 2×19 年 1 月 1 日向银行申请了一笔为期 9 个月的短期贷款,年利率为 4.5%,款项为 160 万元。长江公司采取按季度支付利息,本金到期归还。相关账务处理如下所示(单位:元):

(1)借入款项时:

借:银行存款　　　　　　　　　　　　　　　　　　1 600 000
　　贷:短期借款　　　　　　　　　　　　　　　　　　　1 600 000

(2)一月末预提当月利息:

1 600 000×4.5%÷12=6 000(元)

借:财务费用　　　　　　　　　　　　　　　　　　　6 000
　　贷:应付利息　　　　　　　　　　　　　　　　　　　　6 000

二月末账务处理同上

(3)三月末支付本季度借款利息时:

借:财务费用　　　　　　　　　　　　　　　　　　　6 000
　　应付利息　　　　　　　　　　　　　　　　　　　12 000
　　贷:银行存款　　　　　　　　　　　　　　　　　　　18 000

二、三季度账务处理同上

(4)2×19 年 10 月 1 日偿还本金时:

借:短期借款　　　　　　　　　　　　　　　　　　1 600 000
　　贷:银行存款　　　　　　　　　　　　　　　　　　　1 600 000

三、以公允价值计量且其变动计入当期损益的金融负债

以公允价值计量且其变动计入当期损益的金融负债可进一步分为交易性金融负债和直接指定为以公允价值计量且其变动计入当期损益的金融负债。

满足下列条件之一的应当划分为交易性金融负债:①承担金融负债的目的,主要是为了近期内出售或回购;②金融负债是企业采用短期获利模式进行管理的金融工具投资组合中的一部分;③属于衍生金融工具。

企业公允价值能够可靠计量的金融负债符合以下条件之一的,可以在初始确认时将其直接指定为交易性金融负债:①该指定可以消除或明显减少该金融负债在计量方面存在较大不一致的情况;②企业风险管理或投资策略的书面文件已载明,该金融负债以公允价值为基础进行管理和评价并向关键管理人员报告。

企业初始确认以公允价值计量且其变动计入当期损益的金融负债时,应当按照公允价值计量,相关交易费用应当直接计入当期损益(投资收益);资产负债表日,企业应当按照公允价值进行后续计量,其公允价值的变动应当计入当期损益(公允价值变动损益)。

【例9-2】2×19年7月1日，长江公司经批准在全国银行间债券市场公开发行10亿元人民币短期融资券，期限为1年，票面年利率5.58%，每张面值为100元，到期一次还本付息。所募集资金主要用于公司购买生产经营所需的原材料及配套件等。公司将该短期融资券指定为以公允价值计量且其变动计入当期损益的金融负债。假定不考虑发行短期融资券相关的交易费用。2×19年12月31日，该短期融资券市场价格每张120元(不含利息)；2×20年3月31日，该短期融资券市场价格每张110元(不含利息)；2×20年6月30日，该短期融资券到期兑付完成。据此，长江公司账务处理如下(金额单位：万元)：

(1) 2×19年7月1日发行短期融资券时：

借：银行存款　　　　　　　　　　　　　　　100 000
　　贷：交易性金融负债——成本　　　　　　　　　　100 000

(2) 2×19年12月31日，年末确认公允价值变动和利息费用：

借：公允价值变动损益　　　　　　20 000 (1 000×120-100 000)
　　贷：交易性金融负债——公允价值变动　　　　　　20 000
借：投资收益　　　　　　　　　2 790 (100 000×5.58%×6÷12)
　　贷：应付利息　　　　　　　　　　　　　　　　2 790

(3) 2×20年3月31日，季末确认公允价值变动和利息费用：

借：交易性金融负债——公允价值变动　　　　　　10 000
　　贷：公允价值变动损益　　　　10 000 [1 000×(120-110)]
借：投资收益　　　　　　　　　1 395 (100 000×5.58%×3÷12)
　　贷：应付利息　　　　　　　　　　　　　　　　1 395

(4) 2×20年6月30日，短期融资券到期：

借：投资收益　　　　　　　　　1 395 (100 000×5.58%×3÷12)
　　贷：应付利息　　　　　　　　　　　　　　　　1 395
借：交易性金融负债——成本　　　　　　　　　100 000
　　　　　　　　　　——公允价值变动　　　　　　10 000
　　应付利息　　　　　　　　　　5 580 (100 000×5.58%)
　　贷：银行存款　　　　　　105 580 (100 000+100 000×5.58%)
　　　　投资收益　　　　　　　　　　　　　　　　10 000

四、应付账款

应付账款是企业应支付但尚未支付的款项，用以核算企业因购买材料、商品和接受劳务供应等经营活动应支付的款项，这是买卖双方在购销活动中由于取得物资与支付货款在时间上不一致而产生的负债。企业应设置"应付账款"科目对其进行核算，并按照债权人进行明细核算。

企业购入材料、商品等验收入库，但货款尚未支付，根据有关凭证(发票账单、随货同行发票上记载的实际价款或暂估价值)，借记"材料采购""在途物资"等科目，按应付的款项，贷记"应付账款"科目。

接受供应单位提供劳务而发生的应付未付款项，根据供应单位的发票账单，借记"生产成本""管理费用"等科目，贷记"应付账款"科目。支付时，借记"应付账款"科目，贷记"银行存款"等科目。交易涉及增值税进项税额的，还应进行相应的处理。

如果销货方在赊销商品时为了尽快回笼资金给购货方开出现金折扣的条件，购货方选择总价法时，将不考虑现金折扣的价款总额确认应付账款的金额。若在折扣期内付款，获得的现金折扣作为购货价格的扣减，调减购货成本。

【例9-3】A百货商场于2×19年7月1日，从B公司购入一批家电产品并验收入库。增值税专用发票上列明，该批家电的价款为1 000 000元，增值税为130 000元。按照购货协议的规定，A百货商场如在15天内付清货款，将获得1%的现金折扣(假定现金折扣不考虑对增值税的影响)。A百货商场于2×19年7月13日，按照扣除现金折扣后的金额，用银行存款付清了所欠B公司货款。A百货商场相关账务处理如下所示(单位：元)：

(1)7月1日确认应付账款时：

借：库存商品　　　　　　　　　　　　　　　　　　1 000 000
　　应交税费——应交增值税(进项税额)　　　　　　　130 000
　　贷：应付账款——B公司　　　　　　　　　　　　　　1 130 000

(2)7月13日付清货款时：

借：应付账款——B公司　　　　　　　　　　　　　　1 130 000
　　贷：银行存款　　　　　　　　　　　　　　　　　　1 120 000
　　　　库存商品　　　　　　　　　　　　　　　　　　　10 000

五、应付票据

应付票据是指由出票人出票，并由承兑人允诺在一定时期内支付一定款项的书面证明。在我国，应付票据是在商品购销活动中由于采用商业汇票的结算方式而发生的。商业汇票分为银行承兑商业汇票和商业承兑商业汇票。

【例9-4】2×19年5月1日甲公司购买原材料款10 000元，购进的增值税为1 300元，银行要求全额划入保证金，并开具一张为期3个月的商业汇票(单位：元)。

(1)2×19年5月1日采购原材料，并开出票据时：

借：原材料　　　　　　　　　　　　　　　　　　　　10 000
　　应交税费——应交增值税(进项税额)　　　　　　　　1 300
　　贷：应付票据　　　　　　　　　　　　　　　　　　　11 300

(2)票据到期日：

借：应付票据　　　　　　　　　　　　　　　　　　　11 300
　　贷：银行存款　　　　　　　　　　　　　　　　　　　11 300

假如其他条件同上，甲公司到期无法偿付票据款时的处理如下：

① 若甲公司开出的是应付商业承兑汇票且到期并无力支付票款，应将应付票据按账面余额转作应付账款：

```
借：应付票据                                                    11 300
    贷：应付账款                                                      11 300
```
② 若甲公司开出的是应付银行承兑汇票且到期并无力支付票款，应将应付票据的账面余额转作短期借款，视为向银行的借款：
```
借：应付票据                                                    11 300
    贷：短期借款                                                      11 300
```

六、合同负债

"合同负债"核算企业已收或者应收客户对价而应向客户转让商品的义务，应该按合同进行明细核算。企业在向客户转让商品之前，客户已提前支付了合同对价，企业按收到价款，借记"银行存款"，贷记"合同负债"；企业向客户转让相关商品时，借记"合同负债"，贷记"主营业务收入"或者"其他业务收入""应交税费"等科目。

合同负债不是从是否收款的角度来衡量的，而是从是否存在履约义务的角度来衡量的。例如合同规定客户要先付款，主体才形成履约义务，未付款则不形成履约义务。则借记"银行存款"科目，贷记"合同负债"科目；或者到了合同规定的客户付款时间，即使客户没有支付款项，主体也存在履约义务，则借记"应收账款"科目，贷记"合同负债"科目。

【例9-5】甲公司为增值税一般纳税人。2×19年12月1日，甲公司以赊销方式向乙公司销售一批成本为75万元的商品。开出的增值税专用发票上注明的价款为80万元，满足销售商品收入确认条件。合同约定乙公司有权在三个月内退货。根据以往经验估计退货率为12%。则甲公司2×19年销售时的账务处理如下所示(单位：万元)：
```
借：应收账款                                              90.4
    贷：主营业务收入                                          70.4(80×88%)
        合同负债                                              9.6(80×12%)
        应交税费——应交增值税(销项税额)                        10.4
借：主营业务成本                                          66
    合同资产                                              9(75×12%)
    贷：库存商品                                              75
```
需要注意的是，在合同成立前已收到的对价不能称为合同负债，可作为"预收账款"。

七、应付职工薪酬

1. 应付职工薪酬的内容

职工薪酬是指企业为获得职工提供的服务或解除劳动关系而给予的各种形式的报酬或补偿。企业提供给职工配偶、子女、受赡养人、已故员工遗属及其他受益人的福利，也属于职工薪酬。职工是指与企业订立劳动合同的所有人员，含全职、兼职和临时职工，也包括虽未与企业订立劳动合同但由企业正式任命的人员。未与企业订立劳动合同或未由其正式任命，但向企业所提供服务与职工所提供服务类似的人员，也属于职工的范畴，包括通过企业与劳务中介公司签订用工合同而向企业提供服务的人员。

职工薪酬包括短期薪酬、离职后福利、辞退福利和其他长期职工福利。

(1) 短期薪酬

短期薪酬是指企业在职工提供相关服务的年度报告期间结束后十二个月内需要全部予以支付的职工薪酬，因解除与职工的劳动关系给予的补偿除外。短期薪酬具体包括：职工工资、奖金、津贴和补贴，职工福利费，医疗保险费、工伤保险费和生育保险费等社会保险费、住房公积金、工会经费和职工教育经费、短期带薪缺勤、短期利润分享计划、非货币性福利以及其他短期薪酬。

带薪缺勤是指企业支付工资或提供补偿的职工缺勤，包括年休假、病假、短期伤残、婚假、产假、丧假、探亲假等。

利润分享计划是指因职工提供服务而与职工达成的基于利润或其他经营成果提供薪酬的协议。

(2) 离职后福利

离职后福利是指企业为获得职工提供的服务而在职工退休或与企业解除劳动关系后，提供的各种形式的报酬和福利，短期薪酬和辞退福利除外。

(3) 辞退福利

辞退福利是指企业在职工劳动合同到期之前解除与职工的劳动关系，或者为鼓励职工自愿接受裁减而给予职工的补偿。

(4) 其他长期职工福利

其他长期职工福利是指除短期薪酬、离职后福利、辞退福利之外所有的职工薪酬，包括长期带薪缺勤、其他长期服务福利、长期残疾福利、长期利润分享计划和长期奖金计划等。

下面我们主要讲解应付短期薪酬的账务处理。

2. 应付短期薪酬的账务处理

(1) 货币性短期薪酬

① 货币性短期薪酬的计提。

生产部门人员的职工薪酬，借记"生产成本""制造费用""劳务成本"等科目，贷记"应付职工薪酬——工资"科目；管理部门人员的职工薪酬，借记"管理费用"科目，贷记"应付职工薪酬——工资"科目；销售人员的职工薪酬，借记"销售费用"科目，贷记"应付职工薪酬——工资"科目；应由在建工程、研发支出负担的职工薪酬，借记"在建工程""研发支出"科目，贷记"应付职工薪酬——工资"科目。

企业应向社会保险经办机构(或企业年金基金账户管理人)缴纳的医疗保险费、养老保险费、失业保险费、工伤保险费、生育保险费等社会保险费，应向住房公积金管理中心缴存的住房公积金，以及应向工会部门缴存的工会经费等，国家(或企业年金计划)统一规定了计提基础和计提比例，应按照国家规定的标准计提。

当期实际发生金额大于预计金额的,应当补提应付职工薪酬;当期实际发生金额小于预计金额的,应当冲回多提的应付职工薪酬。

② 货币性短期薪酬的发放。

● 支付职工工资、奖金、津贴和补贴。企业支付职工工资、奖金、津贴和补贴时,借记"应付职工薪酬——工资"科目,贷记"银行存款"等科目;企业从应付职工薪酬中扣还的各种款项(垫付的家属药费、个人所得税等),借记"应付职工薪酬——工资"科目,贷记"银行存款""库存现金""其他应收款""应交税费——应交个人所得税"等科目。

● 支付职工福利费。企业向职工食堂、职工医院、生活困难职工等支付职工福利时,借记"应付职工薪酬——职工福利"科目,贷记"银行存款""库存现金"等科目。

● 支付工会经费、职工教育经费和缴纳社会保险费、住房公积金。

企业向职工支付工会经费、职工教育经费和缴纳社会保险费、住房公积金时,借记"应付职工薪酬——工会经费(或职工教育经费、社会保险费、住房公积金)"科目,贷记"银行存款""库存现金"等科目。

(2) 非货币性短期薪酬

① 非货币性职工薪酬的计提。企业以其自产产品作为非货币性福利发放给职工的,应当根据受益对象,按照该产品的公允价值,计入相关资产成本或当期损益,同时确认应付职工薪酬,借记"管理费用""生产成本""制造费用"等科目,贷记"应付职工薪酬——非货币性福利"科目。

将企业拥有的房屋等资产无偿提供给职工使用的,应当根据受益对象,将该住房每期应计提的折旧计入相关资产成本或当期损益,同时确认应付职工薪酬,借记"管理费用""生产成本""制造费用"等科目,贷记"应付职工薪酬——非货币性福利"科目,并且同时借记"应付职工薪酬——非货币性福利"科目,贷记"累计折旧"科目。

租赁住房等资产供职工无偿使用的,应当根据受益对象,将每期应付的租金计入相关资产成本或当期损益,并确认应付职工薪酬,借记"管理费用""生产成本""制造费用"等科目,贷记"应付职工薪酬——非货币性福利"科目。

② 非货币性福利发放。企业发放非货币性福利时,应借记"应付职工薪酬——非货币性福利"科目,贷记"主营业务收入"科目;企业支付租赁住房等资产供职工无偿使用,借记"应付职工薪酬——非货币性福利"科目,贷记"银行存款"等科目。

【例9-6】长江公司2×19年发生与职工薪酬相关的事项如下:

(1) 4月10日,长江公司董事会通过决议,以本公司自产产品作为奖品,对A车间全体员工超额完成一季度生产任务进行奖励,每名员工奖励一件产品,该车间员工总数为200人,其中车间管理人员30人,一线生产工人170人,发放给员工的本公司产品市场售价为3 000元/件,成本为1 800元/件。4月20日,200件产品发放完毕。

(2) 长江公司正在研发B项目,2×19年其发生项目研发人员工资200万元,其中自2×19年1月1日研发开始至6月30日期间发生的研发人员工资120万元属于费用化支出,7月

1日至11月30日研发项目达到预定用途前发生的研发人员工资80万元属于资本化支出，有关工资以银行存款支付。

长江公司为增值税一般纳税人，销售商品适用的增值税税率为13%。

长江公司的相关账务处理如下所示(单位：万元)：

(1)企业以其生产的产品作为非货币性福利提供给职工的，应当按照该产品公允价值和相关税费计量应计入成本费用的职工薪酬金额，相关收入的确认、销售成本的结转和相关税费的处理，与正常商品销售相同。

借：制造费用　　　　　　　　　　　　　10.17[30×0.3×(1+13%)]
　　生产成本　　　　　　　　　　　　　57.63[170×0.3×(1+13%)]
　　　贷：应付职工薪酬　　　　　　　　　　　　　　　　67.8
借：应付职工薪酬　　　　　　　　　　　67.8
　　　贷：主营业务收入　　　　　　　　　　　　　60(0.3×200)
　　　　　应交税费——应交增值税(销项税额)　7.8(0.3×200×13%)
借：主营业务成本　　　　　　　　　　　36(0.18×200)
　　　贷：库存商品　　　　　　　　　　　　　　　　　　36

(2)长江公司应当根据职工提供服务的情况，按照受益对象将相关工资总额计入当期损益或相关资产成本。

借：研发支出——费用化支出　　　　　　120
　　　　　　——资本化支出　　　　　　 80
　　　贷：应付职工薪酬　　　　　　　　　　　　　　　　200
借：应付职工薪酬　　　　　　　　　　　200
　　　贷：银行存款　　　　　　　　　　　　　　　　　　200

2×19年12月31日：

借：管理费用　　　　　　　　　　　　　120
　　　贷：研发支出——费用化支出　　　　　　　　　　　120
借：无形资产　　　　　　　　　　　　　80
　　　贷：研发支出——资本化支出　　　　　　　　　　　80

③ 带薪缺勤的账务处理。

带薪缺勤可以分为累积带薪缺勤和非累积带薪缺勤两种形式。

● 累积带薪缺勤。累积带薪缺勤是指带薪权利可以结转下期的带薪缺勤，本期尚未用完的带薪缺勤权利可以在未来期间使用。

企业应当在职工提供了服务从而增加其未来享有的带薪缺勤权利时，确认与累积带薪缺勤相关的职工薪酬，并以累积未行使权利而增加的预期支付金额计量。

【例9-7】长江公司共有2 000名职工，从2×19年1月1日起实行累积带薪缺勤制度。制度规定，每个职工每年可享受5个工作日带薪年休假，未使用的年休假只能向后结转一个公历年度，超过1年未使用的权利作废，在职工离开公司时也无权获得现金支付；职工休年假时,首先使用当年可享受的权利,再从上年结转的带薪年休假中扣除。

2×19年12月31日,长江公司预计2×20年有1 900名职工将享受不超过5天的带薪年休假,剩余100名职工每人将平均享受6天半年休假,假定这100名职工全部为各部门经理,平均每名职工每个工作日工资为300元。不考虑其他相关因素,2×19年12月31日,长江公司应编制如下账务处理(单位:元):

借:管理费用 45 000
　　贷:应付职工薪酬——带薪缺勤——累积带薪缺勤 45 000

长江公司在2×19年12月31日应预计由于累积未使用的带薪年休假权利导致的预期支付的金额,即相当于150天[100×(6.5-5)]的年休假工资金额45 000元(150×300)。

● 非累积带薪缺勤。非累积带薪缺勤指带薪权利不能结转下期的带薪缺勤,本期尚未用完的带薪缺勤权利将予以取消,并且职工离开企业时也无权获得现金支付。诸如婚假、产假、丧假、病假等带薪休假权利不存在递延性,带薪权利不能结转下期,职工提供的服务本身不能增加其能够享受的福利金额,一般是在缺勤期间计提应付工资薪酬时一并处理,因此,会计期末不需将企业未享受的非累积带薪缺勤作为一项负债挂账。

但是,如果职工放弃非累积带薪休假权利时,企业没有任何货币补偿,则不做会计处理;如果有一定金额的货币补偿,则应该在补偿当期确认一项负债计入当期的成本费用中。

【例9-8】长江公司2×19年2月有2名销售人员放弃15天的婚假,假设平均每名职工每个工作日工资为200元,月工资为6 000元。

(1)假设长江公司未实行非累积带薪缺勤货币补偿制度,账务处理为(单位:元):

借:销售费用 12 000
　　贷:应付职工薪酬——工资 12 000

(2)假设长江公司实行非累积带薪缺勤货币补偿制度,补偿金额为放弃带薪休假期间平均日工资的2倍,账务处理为(单位:元):

借:销售费用 24 000
　　贷:应付职工薪酬——工资 12 000
　　　　应付职工薪酬——带薪缺勤——非累积带薪缺勤 12 000(2×15×200×2)

实际补偿时一般随工资同时支付:

借:应付职工薪酬——工资 12 000
　　应付职工薪酬——带薪缺勤——非累积带薪缺勤 12 000
　　贷:库存现金 24 000

八、应交税费

应交税费是指企业按照税法规定计算应交纳的各种税费,包括增值税、消费税、所得税、资源税、土地增值税、城市维护建设税、房产税、土地使用税、个人所得税、车船税、教育费附加、矿产资源补偿费等。

1. 增值税

(1)增值税概述

我国税法规定,在中华人民共和国境内发生销售货物、服务、无形资产、不动产和金融商品以及进口货物等应税交易,应当依照规定缴纳增值税。销售货物、不动产、金融商品,是指有偿转让货物、不动产、金融商品的所有权;销售服务,是指有偿提供服务;销售无形资产,是指有偿转让无形资产的所有权或者使用权。一般计税方法按照销项税额抵扣进项税额后的余额计算应纳税额。增值税为价外税,应税交易的计税价格不包括增值税额。发生应税交易,应当按照一般计税方法计算缴纳增值税,国务院规定适用简易计税方法的除外。进口货物,按照税法规定的组成计税价格和适用税率计算缴纳增值税。简易计税方法按照应税交易销售额(以下称销售额)和征收率计算应纳税额,不得抵扣进项税额。

增值税的纳税人按其经营规模及会计核算是否健全划分为一般纳税人和小规模纳税人。

一般纳税人的税率具体规定如下:

① 纳税人销售货物,销售加工修理修配、有形动产租赁服务,进口货物,税率为13%。

② 纳税人销售交通运输、邮政、基础电信、建筑、不动产租赁服务,销售不动产,转让土地使用权,销售或者进口下列货物,税率为9%:

● 农产品、食用植物油、食用盐;

● 自来水、暖气、冷气、热水、煤气、石油液化气、天然气、二甲醚、沼气、居民用煤炭制品;

● 图书、报纸、杂志、音像制品、电子出版物;

● 饲料、化肥、农药、农机、农膜。

③ 纳税人销售服务、无形资产、金融商品,税率为6%。

④ 纳税人出口货物,税率为零;国务院另有规定的除外。

⑤ 境内单位和个人跨境销售国务院规定范围内的服务、无形资产,税率为零。

⑥ 采用简易计税方法的项目增值税征收率为3%。

(2)一般纳税人增值税核算的账户设置及相关账务处理

增值税一般纳税人应当在"应交税费"科目下设置"应交增值税""未交增值税""预交增值税""待抵扣进项税额""待认证进项税额""待转销项税额""简易计税""转让金融商品应交增值税""代扣代交增值税"等明细科目。

① 应交税费——应交增值税。

增值税一般纳税人应在"应交增值税"明细账内设置"进项税额""已交税金""减免税款""出口抵减内销产品应纳税额""销项税额抵减""转出未交增值税""销项税额""出口退税""进项税额转出""转出多交增值税"等专栏。

其中借方专栏包括以下6个:

● 进项税额。"进项税额"记录一般纳税人购进货物、加工修理修配劳务、服务、无形资产或不动产而支付或负担的、准予从当期销项税额中抵扣的增值税额。

a. 国内购进货物。企业在国内采购的货物，按照增值税发票上注明的增值税额：
借：应交税费——应交增值税(进项税额)
　　材料采购÷商品采购÷原材料÷制造费用÷销售费用÷管理费用
　　贷：应付账款÷应付票据÷银行存款

b. 接受投资转入货物，应按照专用发票上注明的增值税额：
借：应交税费——应交增值税(进项税额)
　　原材料÷库存商品
　　贷：实收资本

c. 接受捐赠转入的货物。应按照增值税专用发票上注明的增值税额：
借：应交税费——应交增值税(进项税额)
　　原材料÷库存商品
　　贷：营业外收入

d. 接受应税劳务。应按增值税专用发票上注明的增值税额：
借：应交税费——应交增值税(进项税额)
　　其他业务成本÷制造费用÷销售费用÷管理费用
　　贷：应付账款÷银行存款

e. 进口货物。按照海关提供的完税凭证上注明的增值税额：
借：应交税费——应交增值税(进项税额)
　　材料采购÷商品采购÷原材料
　　贷：应付账款÷银行存款

f. 购入免税农产品。应按购入免税农产品的买价和扣除率计算进项税额：
借：应交税费——应交增值税(进项税额)
　　材料采购÷商品采购
　　贷：应付账款÷银行存款

● 已交税金。"已交税金"记录一般纳税人当月已交纳的应交增值税额。
交纳当月应交的增值税：
借：应交税费——应交增值税(已交税金)
　　贷：银行存款
当月上交上月应交未交的增值税时：
借：应交税费——未交增值税
　　贷：银行存款

● 减免税款。"减免税款"核算企业按规定直接减免的增值税额。
借：应交税费——应交增值税(减免税款)
　　贷：营业外收入

企业初次购买增值税税控系统专用设备支付的费用以及缴纳的技术维护费允许在增值税应纳税额中全额抵减的，按规定抵减的增值税应纳税额，借记"应交税费——应交增值税(减免税款)"科目，贷记"管理费用"等科目。

【例9-9】某公司购买税控盘200元,技术维护费280元,取得增值税专用发票,则账务处理如下所示(单位:元):

借:管理费用　　　　　　　　　　　　　　　　　　　　　480
　　贷:银行存款　　　　　　　　　　　　　　　　　　　　480
借:应交税费——应交增值税(减免税款)　　　　　　　　　480
　　贷:管理费用　　　　　　　　　　　　　　　　　　　　480

● 出口抵减内销产品应纳税额。"出口抵减内销产品应纳税额"记录一般纳税人按现行增值税制度规定准予减免的增值税额,账务处理如下所示:

借:应交税费——应交增值税(出口抵减内销产品应纳税额)
　　贷:应交税费——应交增值税(出口退税)

● 销项税额抵减。"销项税额抵减"记录一般纳税人按照现行增值税制度规定因扣减销售额而减少的销项税额,账务处理如下所示:

借:主营业务成本
　　应交税费——应交增值税(销项税额抵减)
　　贷:银行存款(或应付账款)

【例9-10】某房地产企业系一般纳税人,2×19年6月销售开发产品售价1 090万元,假设土地成本654万元,开具增值税专用发票注明销项税额90万元。

销售方差额纳税=(1 090–654)÷(1+9%)×9%=36万元,购买方全额抵扣进项税额90万元,账务处理如下所示(单位:万元):

销售开发产品时:
借:银行存款　　　　　　　　　　　　　　　　　　　　　1 090
　　贷:主营业务收入　　　　　　　　　　　　　　　　　　1 000
　　　　应交税费——应交增值税(销项税额)　　　　　　　　90
购入土地时:
借:开发成本——土地　　　　　　　　　　　　　　　　　　654
　　贷:银行存款　　　　　　　　　　　　　　　　　　　　654
差额扣税时:
借:应交税费——应交增值税(销项税额抵减)　　　　　　　　54
　　贷:主营业务成本　　　　　　　　　　　　　　　　　　54

● 转出未交增值税。"转出未交增值税"记录一般纳税人月度终了转出当月应交未交或多交的增值税额;月末"应交税费——应交增值税"明细账出现贷方余额时,根据余额借记"应交税费——转出未交增值税",贷记"应交税费——未交增值税"科目。

贷方专栏包括以下4个:

● 销项税额。"销项税额"专栏,记录一般纳税人销售货物、加工修理修配劳务、服务、无形资产或不动产应收取的增值税额;退回销售货物应冲减的销项税额,只能在贷方用红字登记销项税额科目。

a. 销售货物或提供应税劳务。企业销售货物或提供应税劳务(包括将自产、委托加工或购买的货物分配给股东、投资者),按照实现的销售收入和按规定收取的增值税额:

借:应收账款÷应收票据÷银行存款
　　贷:应交税费——应交增值税(销项税额)
　　　　主营业务收入÷其他业务收入

同时结转成本:

借:主营业务成本
　　贷:库存商品

b. 将自产、委托加工货物用于非应税项目。应视同销售货物计算应交增值税:

借:在建工程(计税价格是成本价或确认价)
　　贷:应交税费——应交增值税(销项税额)
　　　　库存商品÷委托加工物资

c. 利用自产、委托加工或购买的货物进行投资。企业自产、委托加工货物作为投资,提供给其他单位和个体经营者,应视同销售货物计算应交增值税:

借:长期股权投资(计税价格是公允价或确认价)
　　贷:应交税费——应交增值税(销项税额)
　　　　库存商品÷委托加工物资÷原材料

d. 将自产、委托加工货物用于集体福利。企业将自产、委托加工货物用于集体福利消费等,应视同销售货物计算应交增值税:

借:相关费用÷制造费用÷销售费用÷管理费用(计税价格是公允价或成本加利润价)
　　贷:应交税费——应交增值税(销项税额)
　　　　库存商品÷委托加工物资

e. 无偿赠送自产、委托加工或购买货物。企业将自产、委托加工或购买货物无偿赠送他人,应视同销售货物计算应交增值税:

借:营业外支出等(计税价格是公允价或成本加利润)
　　贷:应交税费——应交增值税(销项税额)
　　　　库存商品÷委托加工物资÷原材料

f. 随同产品出售的包装物。随同产品出售但单独计价的包装物,按规定应缴增值税:

借:应收账款等
　　贷:应交税费——应交增值税(销项税额)
　　　　低值易耗品——周转材料

企业逾期未退回的包装物押金,按规定应缴增值税:

借:其他应付款等
　　贷:应交税费——应交增值税(销项税额)相关科目

● 出口退税。"出口退税"专栏,记录一般纳税人出口货物、加工修理修配劳务、服务、无形资产按规定退回的增值税额;"出口抵减内销产品应纳税额"专栏,记录一般纳税人按现行增值税制度规定准予减免的增值税额；

对于生产企业而言

当期免抵退税不得免征和抵扣税额时：

借：主营业务成本
  贷：应交税费——应交增值税(进项税额转出)；

出口抵减内销时：

借：应交税费——应交增值税(出口抵减内销产品应纳税额)
  贷：应交税费——应交增值税(出口退税)

按规定计算的当期应退税额：

借：应收出口退税款(增值税)
  贷：应交税费——应交增值税(出口退税)；

借：银行存款
  贷：应收出口退税款(增值税)

对于外贸企业而言

计算出口退税额时：

借：应收出口退税款
  贷：应交税费——应交增值税(出口退税)

收到出口退税时：

借：银行存款
  贷：应收出口退税款

退税额低于购进时取得的增值税专用发票上的增值税额的差额：

借：主营业务成本
  贷：应交税费——应交增值税(进项税额转出)

● 进项税额转出。"进项税额转出"专栏，记录一般纳税人购进货物、加工修理修配劳务、服务、无形资产或不动产等发生非正常损失以及其他原因而不应从销项税额中抵扣、按规定转出的进项税额。

● 转出多交增值税。"转出多交增值税"专栏，记录一般纳税人月份终了转出当月应交、未交或多交的增值税额；由于多预缴税款形成的"应交税费——应交增值税"的借方余额才需要做会计分录：

借：应交税费——未交增值税
  贷：应交税费——应交增值税(转出多交增值税)；

对于因应交税费——应交增值税(进项税额)大于应交税费——应交增值税(销项税额)而形成的借方余额，月末不进行账务处理。

② 应交税费——未交增值税。

"未交增值税"明细科目，核算一般纳税人月份终了从"应交增值税"或"预交增值税"明细科目转入当月应交未交、多交或预缴的增值税额，以及当月交纳以前期间未交的增值税额。

● 月份终了,将当月发生的应缴增值税额从"应交税费——应交增值税"科目转入"未交增值税"科目:

借:应交税费——应交增值税(转出未交增值税)

　　贷:应交税费——未交增值税

● 月份终了,将当月多缴的增值税额从"应交税费——应交增值税"科目转入"未交增值税"科目:

借:应交税费——未交增值税

　　贷:应交税费——应交增值税(转出多交增值税)

● 当月缴纳上月应缴未缴的增值税:

借:应交税费——未交增值税

　　贷:银行存款

③ 应交税费——增值税检查调整。

● 凡检查后应调减账面进项税额或调增销项税额和进项税额转出的数额,借记有关科目,贷记本科目;

● 凡检查后应调增账面进项税额或调减销项税额和进项税额转出的数额,借记本科目,贷记有关科目;

● 全部调账事项入账后,若本科目余额在借方:

借:应交税费——应交增值税(进项税额)

　　贷:应交税费——增值税检查调整

● 全部调账事项入账后,若本科目余额在贷方:

a. 借记本科目,贷记"应交税费——未交增值税"科目。

b. 若"应交税费——应交增值税"账户有借方余额且等于或大于这个贷方余额,按贷方余额数,借记本科目,贷记"应交税费——应交增值税"科目。

c. 若本账户余额在贷方,"应交税费——应交增值税"账户有借方余额但小于这个贷方余额,应将这两个账户的余额冲出,其差额贷记"应交税费——未交增值税"科目。

④ 应交税费——预交增值税。

"预交增值税"明细科目,核算一般纳税人转让不动产、提供不动产经营租赁服务、提供建筑服务、采用预收款方式销售自行开发的房地产项目等,以及其他按现行增值税制度规定应预缴的增值税额。

新纳入试点纳税人转让不动产、不动产经营租赁、建筑服务、销售自行开发房地产(以下简称四大行业)预缴增值税,同时需要预缴城建税等附加税费时:

借:应交税费——预交增值税

　　　　　　——应交城建税

　　　　　　——应交教育费附加

　　　　　　——应交地方教育费附加

　　贷:银行存款等

⑤ 应交税费——待抵扣进项税额。

"待抵扣进项税额"明细科目，核算一般纳税人已取得增值税扣税凭证并经税务机关认证，按照现行增值税制度规定准予以后期间从销项税额中抵扣的进项税额。包括：一般纳税人自 2016 年 5 月 1 日后取得并按固定资产核算的不动产或者 2016 年 5 月 1 日后取得的不动产在建工程，按现行增值税制度规定准予以后期间从销项税额中抵扣的进项税额；实行纳税辅导期管理的一般纳税人取得的尚未交叉稽核比对的增值税扣税凭证上注明或计算的进项税额。

● 一般纳税人自 2016 年 5 月 1 日后取得并按固定资产核算的不动产或者 2016 年 5 月 1 日后取得的不动产在建工程，按现行增值税制度规定准予以后期间从销项税额中抵扣的进项税额（自 2019 年 4 月 1 日后购入的不动产，纳税人可在购进当期一次性予以抵扣；4 月 1 日以前购入的不动产，还没有抵扣 40%的部分，从 2019 年 4 月所属期开始，允许全部从销项税额中抵扣）；

● 实行纳税辅导期管理的一般纳税人取得的尚未交叉稽核比对的增值税扣税凭证上注明或计算的进项税额；

● 转登记纳税人在转登记日当期尚未申报抵扣的进项税额，以及转登记日当期的期末留抵税额。

⑥ 应交税费——待认证进项税额。

"待认证进项税额"明细科目，核算一般纳税人由于未经税务机关认证而不得从当期销项税额中抵扣的进项税额。包括：一般纳税人已取得增值税扣税凭证、按照现行增值税制度规定准予从销项税额中抵扣，但尚未经税务机关认证的进项税额；一般纳税人已申请稽核但尚未取得稽核相符结果的海关缴款书进项税额。

● 取得专用发票时：
借：相关成本费用或资产
　　应交税费——待认证进项税额
　　　贷：银行存款÷应付账款等

● 认证时：
借：应交税费——应交增值税(进项税额)
　　　贷：应交税费——待认证进项税额

● 领用时：
借：相关成本费用或资产
　　　贷：应交税费——应交增值税(进项税额转出)

⑦ 应交税费——待转销项税额。

"应交税费——待转销项税额"核算一般纳税人销售货物、加工修理修配劳务、服务、无形资产或不动产，已确认相关收入(或利得)但尚未发生增值税纳税义务而需于以后期间确认为销项税额的增值税额。

假设某企业提供建筑服务办理工程价款结算的时点早于增值税纳税义务发生的时点：
借：应收账款等

贷：合同结算——价款结算
　　　　应交税费——待转销项税额
收到工程进度款，增值税纳税义务发生时：
借：应交税费——待转销项税额
　　贷：应交税费——应交增值税(销项税额)
⑧ 应交税费——简易计税。

"简易计税"明细科目，核算一般纳税人采用简易计税方法发生的增值税计提、扣减、预缴、缴纳等业务。

差额征税时：
- 借：银行存款
　　贷：主营业务收入
　　　　应交税费——简易计税
- 借：应交税费——简易计税
　　　主营业务成本
　　贷：银行存款

处置固定资产时：
- 借：银行存款
　　贷：固定资产清理
　　　　应交税费——简易计税
- 借：应交税费——简易计税
　　　贷：银行存款
- 借：应交税费——简易计税
　　　贷：营业外收入÷其他收益

注：差额征税的账务处理

a. 企业发生相关成本费用允许扣减销售额的账务处理。按现行增值税制度规定企业发生相关成本费用允许扣减销售额的，发生成本费用时，按应付或实际支付的金额，借记"主营业务成本""存货""工程施工"等科目，贷记"应付账款""应付票据""银行存款"等科目。待取得合规增值税扣税凭证且纳税义务发生时，按照允许抵扣的税额，借记"应交税费——应交增值税(销项税额抵减)"或"应交税费——简易计税"科目(小规模纳税人应借记"应交税费——应交增值税"科目)，贷记"主营业务成本""存货""工程施工"等科目。

b. 金融商品转让按规定以盈亏相抵后的余额作为销售额的账务处理。金融商品实际转让月末，如产生转让收益，则按应纳税额借记"投资收益"等科目，贷记"应交税费——转让金融商品应交增值税"科目；如产生转让损失，则按可结转下月抵扣税额，借记"应交税费——转让金融商品应交增值税"科目，贷记"投资收益"等科目。交纳增值税时，应借记"应交税费——转让金融商品应交增值税"科目，贷记"银行存款"科目。年末，本科目如有借方余额，则借记"投资收益"等科目，贷记"应交税费——转让金融商品应交增值税"科目。

c."四大行业"选择简易计税预缴税款时：

借：应交税费——简易计税

  贷：银行存款

⑨ 应交税费——转让金融商品应交增值税(小规模纳税人也适用)。

"转让金融商品应交增值税"明细科目，核算增值税纳税人转让金融商品发生的增值税额。金融商品转让，按照卖出价扣除买入价后的余额为销售额。转让金融商品出现的正负差，按盈亏相抵后的余额为销售额。若相抵后出现负差，可结转下一纳税期与下期转让金融商品销售额相抵，但年末时仍出现负差的，不得转入下一个会计年度。

- 产生转让收益时：

借：投资收益

  贷：应交税费——转让金融商品应交增值税

- 产生转让损失时：

借：应交税费——转让金融商品应交增值税

  贷：投资收益

- 交纳增值税时：

借：应交税费——转让金融商品应交增值税

  贷：银行存款

- 年末，本科目如有借方余额：

借：投资收益

  贷：应交税费——转让金融商品应交增值税

⑩ 应交税费——代扣代交增值税(小规模纳税人也适用)。

"代扣代交增值税"明细科目，核算纳税人购进在境内未设经营机构的境外单位或个人在境内的应税行为代扣代缴的增值税。

借：相关成本费用或资产

  应交税费——进项税额(小规模纳税人无)

  贷：应付账款

    应交税费——代扣代交增值税

实际缴纳代扣代缴增值税时：

借：应交税费——代扣代交增值税

  贷：银行存款

注：小规模纳税人的应纳增值税额，也通过"应交税费——应交增值税"明细科目核算，但不设置若干专栏。小规模纳税人应交税费下共设"应交税费——应交增值税""应交税费——转让金融商品应交增值税""应交税费——代扣代交增值税"三个明细科目。

2. 消费税

(1) 消费税的定义及计算公式

消费税是以消费品的流转额作为征税对象，对在我国境内从事生产、委托加工和进口应纳消费税的消费品的单位和个人计征的一种流转税。在对货物普遍征收增值税的基础上，选择部分消费品再征收一道消费税，目的是为了调节产品结构，引导消费方向，保证国家财政收入。

消费税应纳税额采用从价定率和从量定额两种方法计算确定，两种计算公式：

① 从价定率下的应纳消费税额=销售额×税率

② 从量定额下的应纳消费税额=销售数×单位税额

(2) 消费税的账务处理

为了反映和监督消费税的结算情况，企业应设置"应交税费——应交消费税"账户。

① 销售应税消费品的会计处理。

企业销售应税消费品或用应税消费品换取物资、抵偿债务时，应将发生的消费税借记"税金及附加"账户，贷记"应交税费应交消费税"账户。当企业用应税消费品对外投资或用于在建工程、非生产机构等其他方面时，应将发生的消费税借记"长期股权投资""在建工程""营业外支出"等账户，贷记"应交税费——应交消费税"账户。企业实际缴纳消费税时，借记"应交税费——应交消费税"账户，贷记"银行存款"账户。

【例9-11】A公司为一般纳税人，本月销售应税消费品一批，价款为50 000元，增值税额为6 500元，共计56 500元。该批产品消费税率为10%，实际成本40 000元。则A公司的相关账务处理如下所示(单位：元)：

借：银行存款		56 500
贷：主营业务收入		50 000
应交税费——应交增值税(销项税额)		6 500
借：税金及附加		5 000
贷：应交税费——应交消费税		5 000
同时结转成本：		
借：主营业务成本		40 000
贷：库存商品		40 000

② 委托加工应税消费品的账务处理。

委托加工应税消费品，是指由委托方提供原料和主要材料，受托方只收取加工费和代垫部分辅助材料加工的应税消费品。按照税法规定，委托加工的应税消费品，由受托方代收代缴税款。委托加工消费品收回后，委托方用于连续生产应税消费品的，所纳税款准予抵扣。委托加工的应税消费品直接出售的，应将受托方代收代缴的消费税计入委托加工消费品的成本。

纳税人委托加工应税消费品，如果没有同类消费品销售价格的，应按照组成计税价格计算应纳税额，计算公式为

组成计税价格=(材料成本+加工费)÷(1-消费税税率)

委托加工的应税消费品收回后用于连续生产应税消费品，按规定准予抵扣的，委托方应按代收代缴的消费税款，借记"应交税费—应交消费税"科目，贷记"应付账款""银行存款"等科目，待用委托加工的应税消费品生产出应纳消费税的产品销售时，再缴纳消费税。如果委托方收回应税消费品后直接用于销售，委托方可将代扣代缴的消费税计入委托加工的应税消费品的成本，借记"委托加工物资""生产成本"等科目，贷记"应付账款""银行存款"等科目，待委托加工应税消费品销售时是，不需要再缴纳消费税。

【例9-12】A企业委托B企业加工一批甲材料（属于应税消费品），成本为100 000元，支付加工费为26 000元（不含增值税），消费税税率为10%，汽车轮胎加工完毕验收入库，加工费用等尚未支付。适用的增值税税率为13%，A企业有关账务处理如下所示（单位：元）：

(1)发出委托加工材料：

借：委托加工物资　　　　　　　　　　　　　　　　　100 000
　　贷：原材料——甲材料　　　　　　　　　　　　　　　　100 000

(2)支付加工费用：

消费税的组成计税价格=(100 000+26 000)÷(1-10%)=140 000元

(受托方)代收代缴的消费税：140 000×10%=14 000元

应纳增值税=26 000×13%=3 380元

① 若A企业收回加工后的材料用于继续生产应税消费品：

借：委托加工物资　　　　　　　　　　　　　　　　　26 000
　　应交税金——应交增值税（进项税额）　　　　　　　3 380
　　　　　　——应交消费税　　　　　　　　　　　　　14 000
　　贷：应付账款——B企业　　　　　　　　　　　　　　43 380

② 若A企业收回加工后的材料直接用于销售：

借：委托加工物资　　　　　　　　　　　　　　40 000(26 000+14 000)
　　应交税金——应交增值税（进项税额）　　　　　　　3 380
　　贷：应付账款——B企业　　　　　　　　　　　　　　43 380

(3)加工完成收回委托加工甲材料：

① 若A企业收回加工的材料后用于继续生产应税消费品：

借：原材料——甲材料　　　　　　　　　　　　　　　126 000
　　贷：委托加工物资　　　　　　　　　　　　　　　　　126 000

② 若A企业收回加工后的材料直接用于销售：

借：原材料——甲材料　　　　　　　　　　　　　　　140 000
　　贷：委托加工物资　　　　　　　　　　　　　　　　　140 000

3. 其他应交税费

其他应交税费是指除上述应交税费以外的其他各种应上交国家的税费，包括应交资源税、应交城市维护建设税、应交土地增值税、应交所得税、应交房产税、应交城镇土地使用税、应交车船税、应交教育费附加、应交矿产资源补偿费、应交个人所得税等。

企业应当在"应交税费"科目下设置相应的明细科目进行核算，贷方登记应交纳的有关税费，借方登记已交纳的有关税费。期末贷方余额，反映企业尚未交纳的有关税费。

(1) 资源税

资源税是对在我国境内开采矿产品或者生产盐的单位和个人征收的税。

对外销售应税产品应交纳的资源税应计入"税金及附加"科目，借记"税金及附加"科目，贷记"应交税费——应交资源税"科目；自产自用应税产品应交纳的资源税应计入"生产成本""制造费用"等科目，借记"生产成本""制造费用"等科目，贷记"应交税费——应交资源税"科目。

【例9-13】A企业对外销售资源税应税矿产品3 600吨，将自产资源税应税矿产品800吨用于其产品生产，税法规定每吨矿产品应交资源税5元。A企业账务处理如下所示(单位：元)：

(1) 计算对外销售应税矿产品应交资源税：

借：税金及附加　　　　　　　　　　　　　　　　　　　18 000
　　贷：应交税费——应交资源税　　　　　　　(3 600×5) 18 000

(2) 计算自用应税矿产品应交资源税：

借：生产成本　　　　　　　　　　　　　　　　　　　　4 000
　　贷：应交税费——应交资源税　　　　　　　　(800×5) 4 000

(3) 交纳资源税：

借：应交税费——应交资源税　　　　　　　　　　　　　22 000
　　贷：银行存款　　　　　　　　　　　　　　　　　　22 000

(2) 城市维护建设税

城市维护建设税是以增值税和消费税为计税依据征收的。其纳税人为交纳增值税和消费税的单位和个人，以纳税人实际缴纳的增值税和消费税税额为计税依据，并分别与两项税金同时缴纳。税率因纳税人所在地不同从1%～7%不等。

$$应纳税额=(实纳增值税+实纳消费税) \times 适用税率$$

企业按规定计算出应交纳的城市维护建设税，借记"税金及附加"等科目，贷记"应交税费——应交城市维护建设税"科目。交纳城市维护建设税，借记"应交税费——应交城市维护建设税"科目，贷记"银行存款"科目。

【例9-14】A企业本期实际缴纳增值税51万元、消费税24万元，适用的城市维护建设税税率为7%。A企业相关账务处理如下所示(单位：万元)：

(1) 计算应交城市维护建设税：

借：税金及附加　　　　　　　　　　　　　　　　　5.25 [(51+24)×7%]
　　贷：应交税费——应交城市维护建设税　　　　　　　　5.25

(2) 用银行存款上交城市维护建设税：

借：应交税费——应交城市维护建设税　　　　　　　5.25
　　贷：银行存款　　　　　　　　　　　　　　　　　　　5.25

(3) 教育费附加

教育费附加是为了发展教育事业而向企业征收的附加费用，企业按应交流转税的一定比例计算交纳。企业按规定计算出应交纳的教育费附加，借记"税金及附加"等科目，贷记"应交税费——应交教育费附加"科目。

(4) 土地增值税

土地增值税是对转让国有土地使用权、地上的建筑物及其附着物(以下简称转让房地产)并取得增值性收入的单位和个人所征收的一种税。土地增值税按照转让房地产所取得的增值额和规定的税率计算征收。

转让房地产的增值额是转让收入减去税法规定扣除项目金额后的余额，其中，转让收入包括货币收入、实物收入和其他收入；扣除项目主要包括取得土地使用权所支付的金额、开发土地的成本及费用、新建房及配套设施的成本及费用、与转让房地产有关的税金、旧房及建筑物的评估价格、财政部确定的其他扣除项目等。

土地增值税采用四级超率累进税率，其中最低税率为30%，最高税率为60%。

根据企业对房地产核算方法不同，企业应交土地增值税的账务处理也有所区别：

① 企业转让的土地使用权连同地上建筑物及其附着物一并在"固定资产"科目核算的，转让时应交的土地增值税，借记"固定资产清理"科目，贷记"应交税费——应交土地增值税"科目；

② 土地使用权在"无形资产"科目核算的，借记"银行存款""累计摊销""无形资产减值准备"科目，按应交的土地增值税，贷记"应交税费——应交土地增值税"科目，同时冲销土地使用权的账面价值，贷记"无形资产"科目，按其差额，借记"营业外支出"科目或贷记"营业外收入"科目；

③ 房地产开发经营企业销售房地产应交纳的土地增值税，借记"税金及附加"科目，贷记"应交税费——应交土地增值税"科目。

交纳土地增值税，借记"应交税费——应交土地增值税"科目，贷记"银行存款"科目。

【例9-15】A企业对外转让一栋厂房，根据税法规定计算的应交土地增值税为25 000元。A企业账务处理如下所示(单位：元)：

(1) 应交土地增值税：

借：固定资产清理　　　　　　　　　　　　　　　25 000
　　贷：应交税费——应交土地增值税　　　　　　　　　25 000

(2) 用银行存款交纳土地增值税：

借：应交税费——应交土地增值税	25 000	
贷：银行存款		25 000

(5) 房产税、城镇土地使用税、车船税和矿产资源补偿费

房产税是国家对在城市、县城、建制镇和工矿区征收的由产权所有人缴纳的一种税。房产税依照房产原值一次减除10%~30%后的余额计算交纳。没有房产原值作为依据的，由房产所在地税务机关参考同类房产核定；房产出租的，以房产租金收入为房产税的计税依据。

城镇土地使用税是以城市、县城、建制镇、工矿区范围内使用土地的单位和个人为纳税人，以其实际占用的土地面积和规定税额计算征收。

车船税是以车辆、船舶(简称车船)为课征对象，向车船的所有人或者管理人征收的一种税。

矿产资源补偿费是对在我国领域和管辖海域开采矿产资源而征收的费用。

企业应交的房产税、城镇土地使用税、车船税、矿产资源补偿费，计入"税金及附加"科目，借记"税金及附加"科目，贷记"应交税费——应交房产税或应交城镇土地使用税、应交车船税、应交矿产资源补偿费"科目。

【例9-16】A企业按税法规定本期应交纳房产税16万元、车船税3.8万元、城镇土地使用税4.5万元。A企业账务处理如下所示(单位：万元)：

(1) 计算应交纳上述税金：

借：税金及附加	24.3	
贷：应交税费——应交房产税		16
——应交城镇土地使用税		4.5
——应交车船税		3.8

(2) 用银行存款交纳上述税金：

借：应交税费——应交房产税	16	
——应交城镇土地使用税	4.5	
——应交车船税	3.8	
贷：银行存款		24.3

(6) 个人所得税

企业职工按规定应交纳的个人所得税通常由单位代扣代缴。

企业按规定计算的代扣代缴的职工个人所得税，借记"应付职工薪酬"科目，贷记"应交税费——应交个人所得税"科目；

企业交纳个人所得税时，借记"应交税费——应交个人所得税"科目，贷记"银行存款"等科目。

【例9-17】A企业结算本月应付职工工资总额300 000元，按税法规定应代扣代缴的职工个人所得税共计3 000元，实发工资297 000元。A企业账务处理如下所示(单位：元)：

(1) 代扣个人所得税：
借：应付职工薪酬　　　　　　　　　　　　　　　　　3 000
　　贷：应交税费——应交个人所得税　　　　　　　　　　　　3 000
(2) 交纳个人所得税：
借：应交税费——应交个人所得税　　　　　　　　　　3 000
　　贷：银行存款　　　　　　　　　　　　　　　　　　　　　3 000

第三节　非流动负债

非流动负债又称为长期负债，是指偿还期在一年以上的债务。非流动负债的主要项目有长期借款、应付债券和长期应付款等。非流动负债主要是企业为筹集长期投资项目所需资金而发生的，比如企业为购买大型设备而向银行借入的中长期贷款等。

一、长期借款

长期借款是指企业为扩大生产经营增加固定资产而向金融机构等借入的偿还期在一年以上的款项。长期借款按其偿还方式，可分为借款到期日一次还清全部本息和分期付息、到期还本两种。

企业应设置"长期借款"账户反映企业长期借款的借入、应计算的利息和归还本息的情况并设置"本金""利息调整""应计利息"等进行明细核算。

企业在资产负债表日确认长期借款当期的利息费用，按照长期借款的摊余成本和实际利率计算确定的利息费用，将符合资本化条件的部分，借记"在建工程"等科目，不符合资本化条件的部分，借记"财务费用"科目；按照借款本金和合同利率计算确定的应支付的利息，贷记"应付利息"科目，按照两者之间的差额，贷记"长期借款——利息调整"科目。

企业在付息日实际支付利息时，按照本期应支付的利息金额，借记"应付利息"科目，贷记"银行存款"科目。

企业到期偿还长期借款时，应当按照偿还的长期借款本金金额，借记"长期借款——本金"科目，贷记"银行存款"科目。

【例9-18】 A企业2×19年1月1日从某银行借入长期借款1 000 000元，用于扩建厂房，年末完工交付使用。借款期为三年，年利率9%，每年年末归还借款利息，到期一次还清本金，企业账务处理如下(单位：元)：

(1) 借款存入银行时：
借：银行存款　　　　　　　　　　　　　　　　　　1 000 000
　　贷：长期借款——本金　　　　　　　　　　　　　　　　1 000 000
(2) 每年应计利息=本金×利率=1 000 000×9%=90 000元，2×19年12月完工交付使用时计算计入工程利息：
借：在建工程　　　　　　　　　　　　　　　　　　　　90 000

　　　　贷：长期借款——应计利息　　　　　　　　　　　　　　　　　90 000
2×19年年末支付银行利息时：
　　借：长期借款——应计利息　　　　　　　　　　　　　　　　　90 000
　　　　贷：银行存款　　　　　　　　　　　　　　　　　　　　　　90 000
(3) 2×20年按月计提借款利息时：
　　借：财务费用　　　　　　　　　　　　　　　　　　　　　　　　7 500
　　　　贷：长期借款——应计利息　　　　　　　　　　　　　　　　 7 500
年末偿还借款利息会计处理同2×19年年末。
(4) 2×21年每月计提利息的处理同2×20年，年末归还本金及利息的处理为：
　　借：长期借款——本金　　　　　　　　　　　　　　　　　1 000 000
　　　　　　　　——应计利息　　　　　　　　　　　　　　　　 90 000
　　　　贷：银行存款　　　　　　　　　　　　　　　　　　　 1 090 000

二、应付债券

1. 债券的性质

应付债券是指企业为筹集资金而对外发行的期限在一年以上的长期借款性质的书面证明，约定在一定期限内还本付息的一种书面承诺，属于非流动负债。应付债券的特点是期限长、数额大、到期无条件支付本息。企业应设置"应付债券"账户，并同时设置"面值""利息调整""应计利息"明细科目对应付债券进行明细核算。

2. 债券发行价格的确定与发行方式

债券的发行价格等于以债券发行时实际利率作为折现率计算的债券存续期间现金流量(包括债券的本金和利息)的现值。

【例9-19】2×19年1月1日，长江公司经批准发行面值为5 000 000元的公司债券，该债券的票面利率为5%，期限为5年，每年6月30日和12月31日支付利息，债券发行时的市场利率为6%。

债券本金的现值=5 000 000×(P÷F,3%, 10)=5 000 000×0.744 1=3 720 500(元)
债券利息的现值=5 000 000×5%×6÷12×(P÷A, 3%, 10)=125 000×8.530 2=1 066 275(元)
债券的发行价格=3 720 500+1 066 275=4 786 775(元)

由于债券发行价格是由发行时的市场利率决定的，因此，如果票面利率高于市场利率，则债券溢价发行，溢价作为发行人对将来按票面利率计算比按市场利率计算多付出利息的资金来源；如果票面利率等于市场利率，则债券平价发行，即按面值发行。如果票面利率低于市场利率，则债券折价发行，折价意味着发行人对将来按票面利率计算比按市场利率计算少付利息而提前预付的利息。

发行债券通常会发生发行费用，如印刷费、律师费、手续费、广告费以及经纪人承销佣金等，这些费用可以统称为债券的发行费用。我国现行准则要求将债券的发行费用计入债券的初始确认金额，并按照借款费用的原则予以资本化或费用化。

3. 债券摊余成本和利息费用的确定

债券的摊余成本是指应付债券的初始确认金额（债券的发行价格）经过下列调整后的结果：扣除已偿还的本金；加上或减去采用实际利率法将该初始确认金额与到期日金额之间的差额进行摊销形成的累计摊销额。

应付债券的利息费用采用实际利率法计算。在资产负债表日，将应付债券的摊余成本乘以实际利率计算的利息费用，计入资产成本或当期损益。应付债券的摊余成本，是指应付债券的初始确认金额（即债券的发行价格）扣除已偿还的本金，再加上或减去采用实际利率法将该初始确认金额与到期日金额之间的差额进行摊销形成的累计摊销额后的金额。

【例9-20】长江公司于2×18年1月1日发行5年期、一次还本、分期付息的公司债券，于次年1月10日支付上年利息。该公司债券票面年利率为5%，面值总额为3 000万元，发行价格总额为3 133.77万元，实际年利率为4%。黄河公司于当日购入并根据业务模式评估和合同现金流量测试将其确定以摊余成本计量的金融资产（单位：万元）。

2×18年1月1日

长江公司的账务处理如下所示（单位：万元）：

借：银行存款　　　　　　　　　　　　　　　　3 133.77
　　贷：应付债券——面值　　　　　　　　　　　　3 000
　　　　　　　——利息调整　　　　　　　　　　　133.77

黄河公司的账务处理如下所示：

借：债权投资——成本　　　　　　　　　　　　3 000
　　　　　　——利息调整　　　　　　　　　　　133.77
　　贷：银行存款　　　　　　　　　　　　　　　3 133.77

2×18年12月31日

长江公司的账务处理如下所示：

$$应付利息 = 3\,000 \times 5\% = 150（万元）$$
$$实际利息费用 = 3\,133.77 \times 4\% = 125.35（万元）$$
$$摊销利息调整 = 150 - 125.35 = 24.65（万元）$$

借：财务费用　　　　　　　　　　　　　　　　125.35
　　应付债券——利息调整　　　　　　　　　　　24.65
　　贷：应付利息　　　　　　　　　　　　　　　150

$$年末摊余成本 = 3\,133.77 - 24.65 = 3\,109.12（万元）$$

黄河公司的账务处理如下所示：

$$应收利息 = 3\,000 \times 5\% = 150（万元）$$
$$实际利息收入 = 3\,133.77 \times 4\% = 125.35（万元）$$

摊销利息调整=150-125.35=24.65(万元)

借：应收利息　　　　　　　　　　　　　　　　　　　150
　　贷：投资收益　　　　　　　　　　　　　　　　　　125.35
　　　　债权投资——利息调整　　　　　　　　　　　　24.65

以后各年的账务处理适用实际利率法，可以参照第二章金融资产中的方法处理，这里不再赘述。

采用实际利率法对利息调整摊销时，在债券溢价发行时，随着每期溢价摊销额的摊销，债券的账面价值逐期递减，则每期的利息费用也逐期递减，而每期实付利息相等，所以每期摊销的溢价是递增的。在债券折价发行时，债券的账面价值逐期递增，则每期的利息费用也逐期递增，而每期实付利息相等，所以每期摊销的折价也是递增的。

三、长期应付款

长期应付款是指企业除长期借款和应付债券以外的其他各种长期应付款项，包括应付补偿贸易引进设备款、采用分期付款方式购入固定资产和无形资产发生的应付账款、长期应付款应按照长期应付款的种类和债权人进行明细核算。

购入有关资产超过正常信用条件延期支付价款、实质上具有融资性质的，应按购买价款的现值，借记"固定资产""在建工程"等科目，按应支付的金额，贷记"长期应付款"科目，按其差额，借记"未确认融资费用"科目。

按期支付的价款，借记"长期应付款"科目，贷记"银行存款"科目。

四、或有事项

随着我国社会主义市场经济的发展，或有事项作为特殊的不确定事项，已越来越普遍地出现在企业的日常经济活动中，并对企业的财务状况和经营成果产生较大的影响。为了充分地披露或有事项对企业财务状况的潜在影响，使报表使用者获得更加充分、详细的相关信息，保证会计资料的真实、可靠，《企业会计准则第13号——或有事项》在对或有事项的确认、计量、披露等方面做出了相应的规定，并逐步与国际会计准则的趋同。

1. 或有事项的含义

或有事项，是指过去的交易或者事项形成的，其结果须由某些未来事项的发生或不发生才能决定的不确定事项。常见的或有事项包括：未决诉讼或未决仲裁、债务担保、产品质量保证(含产品安全保证)、亏损合同、重组义务、承诺、环境污染整治、商业承兑汇票背书转让或贴现等。

由未来事项决定，是指或有事项的结果只能由未来不确定事项的发生或不发生才能决定。

或有事项的结果，由未来事项发生或不发生予以确定。例如，或有事项发生时，将会对企业产生有利影响还是不利影响，或虽已知是有利影响或不利影响，但影响有多大，在或有事项发生时是难以确定的。这种不确定性的消失，只能由未来不确定事项的发生或不发生才能证实。例如，未决诉讼只能等到人民法院判决才能决定其结果。

或有事项与不确定性联系在一起，但会计处理过程中存在不确定性的事项并不都是或有事项，企业应当按照或有事项的定义和特征进行判断。例如，对固定资产计提折旧虽然也涉及对固定资产预计净残值和使用寿命进行分析和判断，带有一定的不确定性，但是，固定资产折旧是已经发生的损耗，固定资产的原值是确定的，其价值最终会转移到成本或费用中也是确定的，该事项的结果是确定的，因此，对固定资产计提折旧不属于或有事项。

2. 或有事项的会计处理

(1) 或有事项的确认

如果与或有事项相关的义务同时符合以下3个条件，企业应将其确认为预计负债：

① 该义务是企业承担的现时义务，而不是潜在义务。例如，在专利权使用纠纷中，判明本公司侵权了其他公司的专利权，就发生了现时义务。又如，在执行合同中，本公司违约导致对方发生经济损失，被告上法庭，因违约的事实已经发生，应承担相应的现时义务。

② 履行该义务很可能导致经济利益流出企业。在对或有事项加以确认时，通常需要对其发生的概率加以分析和判断。

③ 该义务的金额能够可靠地计量。

(2) 或有事项的计量

或有事项的计量主要涉及两个问题：一是最佳估计数的确定；二是预期可获得的补偿的处理。

① 最佳估计数的确定方法。预计负债应当按照履行相关现时义务所需支出的最佳估计数进行初始计量。所需支出存在一个连续范围，且该范围内各种结果发生的可能性相同，最佳估计数应当按照该范围内的中间值确定。例如，假设甲公司认为很可能赔偿的金额在50万元至70万元之间，且该范围内各种结果发生的可能性相同，则按其中间值确定预计负债60万元。

② 企业清偿预计负债所需支出全部或部分预期由第三方补偿的，补偿金额只有在基本确定能够收到时才能作为资产单独确认。在确定补偿金额时应注意：补偿金额只有在"基本确定"能收到时予以确认，即发生的概率在95%以上时才能做账，将补偿金额计入账内。补偿金额应单独确认为资产，即应计入"其他应收款"科目，不能直接冲减"预计负债"。确认入账的金额不能超过预计负债的金额。如果确认补偿金的金额超过了预计负债的金额，将使利润出现正数，等于确认了或有资产，这违背了谨慎原则。

③ 待执行合同、企业重组形成的或有事项的确认和计量。

在新准则中，对待执行合同、企业重组形成的或有事项作了特别强调，属于新增加的内容，在此特做说明。

① 待执行合同形成的或有事项的确认和计量。

待执行合同，是指合同各方尚未履行任何合同义务，或部分地履行了同等义务的合同。

比如，企业与其他企业签订的商品销售合同、劳务提供合同、让渡资产使用权合同、租赁合同等，均属于待执行合同。待执行合同本身不属于或有事项准则规范的内容，只有待执行合同变为亏损合同时，应当作为或有事项准则规范的或有事项。亏损合同分为两种情况处理：企业在履行合同义务过程中发生的成本可能出现超过预期经济利益的情况时，待执行合同即变成了亏损合同,此时,如果与该合同相关的义务不需支付任何补偿即可撤销,通常不存在现时义务,不应确认预计负债。待执行合同变成亏损合同的,该亏损合同产生的义务满足或有事项确认条件的,应当确认为预计负债。如果与该合同相关的义务不可撤销,企业就存在了现时义务,同时满足该义务很可能导致经济利益流出企业和金额能够可靠地计量的,通常应当确认预计负债。

② 企业重组形成的或有事项的确认和计量。

企业承担的重组义务满足或有事项确认条件的,应当确认为预计负债。企业应当按照与重组有关的直接支出确定该预计负债金额。直接支出不包括留用职工岗前培训、市场推广、新系统和营销网络投入等支出。下列情况同时存在时,表明企业承担了重组义务:有详细、正式的重组计划,包括重组涉及的业务、主要地点、需要补偿的职工人数及其岗位性质、预计重组支出、计划实施时间等;该重组计划已对外公告。

企业承担的重组义务不满足或有事项确认条件的,不应当确认为预计负债。例如,某公司董事会决定关闭一个事业部。如果有关决定尚未传达到受影响的各方,也未采取任何措施实施该项决定,表明该公司没有承担重组义务,不应确认预计负债。

(3) 或有事项的披露

或有事项的披露具体说来就包括预计负债的披露、或有事项的披露和或有资产的披露。

① 预计负债的披露。企业对预计负债,应在资产负债表中单列项目反映,并在附注中披露下列信息:

● 预计负债的种类、形成原因以及经济利益流出不确定性的说明。
● 各类预计负债的期初、期末余额和本期变动情况。
● 与预计负债有关的预期补偿金额和本期已确认的预期补偿金额。

② 或有负债的披露。

● 或有负债是指过去的交易或事项形成的潜在义务,其存在须通过未来不确定事项的发生或不发生予以证实;或过去的交易或事项形成的现时义务,履行该义务不是很可能导致经济利益流出企业或该义务的金额不能可靠计量。也就是说,与或有事项有关的义务,只要不能同时满足确认负债的3个条件,就形成了或有负债。

● 企业应在附注中披露或有负债(不包括极小可能导致经济利益流出企业的或有负债)的下列信息:或有负债的种类及其形成原因,包括已贴现商业承兑汇票、未决诉讼、未决仲裁、对外提供担保等形成的或有负债。经济利益流出不确定性的说明。或有负债预计产生的财务影响,以及获得补偿的可能性;无法预计的,应当说明原因。

应注意的是:在原会计准则中,对已贴现的商业汇票、未决诉讼、未决仲裁、对外提供担保等形成的或有负债,无论导致经济利益流出企业的可能性大小,一律应披露;新会计准则改变了这种做法,只有可能导致经济利益流出企业时,才应披露。

● 或有事项披露的豁免。在涉及未决诉讼、未决仲裁的情况下,如果披露与该或有事项有关的全部或部分信息预期会对企业造成重大不利影响的,企业无须披露这些信息,但应当披露该未决诉讼、未决仲裁的性质,以及没有披露这些信息的事实和原因。

③或有资产的披露。或有资产指过去的交易或者事项形成的潜在资产,其存在须通过未来不确定事项的发生或不发生予以证实。企业通常不披露或有资产。但或有资产很可能会给企业带来经济利益的,应当在附注中披露其形成的原因、预计产生的财务影响等。

五、借款费用资本化

1. 借款费用的内容

借款费用是指企业因借款而发生的利息、折价或者溢价的摊销和辅助费用,以及因外币借款而发生的汇兑差额,它反映的是企业借入资金所付出的代价。借款费用的内容主要包括以下几个方面:

(1) 因借款而发生的利息

因借款而发生的利息,包括企业从银行或者其他金融机构等借入资金发生的利息、发行债券发生的利息,以及为购建固定资产而发生的带息债务应当承担的利息等。

(2) 因借款而发生的折价或溢价的摊销

因借款而发生的折价或者溢价主要是指发行公司债券所发生的折价或者溢价。例如,某公司发行公司债券的票面价值为 1 000 元,票面年利率为 6%,期限为 4 年,而同期市场利率为年利率 8%,由于公司债券的票面利率低于市场利率,这样,该公司将会折价发行公司债券,来补偿投资者在购入债券后所发生的利息收入上的损失,以使公司债券能够成功发行;反之,将会溢价发行公司债券,来补偿发行债券公司以后多支付给投资者利息支出上的损失。显然,企业在每期摊销折价或者溢价时,其实质上便是对债券利息的调整(即将债券名义利率调整为实际利率),因此,因借款而发生的折价或者溢价的摊销属于借款费用的范畴。

(3) 因借款而发生的辅助费用

因借款而发生的辅助费用,是指企业在借款过程中发生的诸如手续费、佣金、印刷费、承诺费等费用,由于这些费用是因安排借款而发生的,亦属于借入资金所付出的代价,因而因借款而发生的辅助费用亦构成了借款费用的组成部分。

(4) 因外币借款而发生的汇兑差额

因外币借款而发生的汇兑差额,是指由于汇率变动导致市场汇率与账面汇率出现差异,从而对外币借款本金及其利息的记账本位币金额所产生的影响金额。

2. 借款费用的确认

(1) 借款费用确认的原则

根据我国《企业会计准则第 17 号——借款费用》的规定,借款费用确认的基本原则为:企业发生的借款费用可直接归属于符合资本化条件的资产购建或者生产的,应当予以资本化,计入相关资产成本;其他借款费用应当在发生时根据其发生额确认为费用,计入当期损益。

(2) 借款费用资本化的资产范围

借款费用资本化的资产是指需要经过相当长时间的购建或者生产活动才能达到可使

用或者可销售状态的资产，包括固定资产和需要经过相当长时间的购建或者生产活动才能达到可使用或可销售状态的存货、投资性房产等。其中，"相当长时间"是指为资产的购建或者生产所必需的时间，通常为1年以上(含1年)。制造企业为生产大型机器设备、船舶以及房地产开发企业为开发房地产等生产周期较长且用于出售的资产而借入的款项所发生的借款费用允许资本化，计入存货价值。

(3)借款费用资本化的借款范围

借款费用资本化的借款范围包括专门借款和一般借款。专门借款是指为购建或者生产符合资本化条件的资产而专门借入的款项。一般借款是指除专门借款之外的借款，相对于专门借款而言，一般借款在借入时，其用途通常没有特指用于符合资本化条件的资产的购建或者生产。无论是专门借款还是一般借款，在满足一定条件的情况下，借款费用都可能予以资本化。

3. 借款费用资本化的条件

借款费用资本化期间是指从借款费用开始资本化时点到停止资本化时点的期间，不包括暂停资本化期间。

(1)借款费用开始资本化的时点

借款费用开始资本化必须同时满足三个条件：

第一个条件是资产支出已经发生。这一条件是指企业购置或建造符合资本化条件的资产的支出已经发生，包括支付现金、转移非现金资产和承担带息债务形式所发生的支出。

第二个条件是借款费用已经发生。这一条件是指企业已经发生了因购建或者生产符合资本化条件的资产而专门借入款项的借款费用，或者所占用的一般借款的借款费用。

第三个条件是为使资产达到预定可使用或者可销售状态所必要的构建或者生产活动已经开始。主要是指符合资本化条件的资产的实体建造或者生产工作已经开始，如主体设备的安装、厂房的实际开工建造等。

企业只有在同时满足了上述三个条件的情况下，有关借款费用才可以开始资本化，只要其中一个条件没有满足，借款费用就不能开始资本化。

(2)借款费用暂停资本化的期间

符合资本化条件的资产在购建或者生产过程中发生非正常中断，且中断时间连续超过3个月的，应当暂停借款费用的资本化。在中断期间所发生的借款费用，应当计入当期损益，直至购建或者生产活动重新开始。但是，如果中断是使所购建或者生产的符合资本化条件的资产达到预定可使用或者可销售状态必要的程序，中断期间所发生的借款费用应当继续资本化。

非正常中断，通常是由于企业管理决策上的原因或者其他不可预见的原因等所导致的中断。例如，企业因与施工方发生了质量纠纷、资金周转困难、发生安全事故、发生劳动纠纷等原因导致的中断。

正常中断通常仅限于因购建或者生产符合资本化条件的资产达到预定可使用或者可销售状态所必要的程序，或者事先可预见的不可抗力因素导致的中断。某些地区的工程在建造过程中，由于可预见的不可抗力因素(如雨季或冰冻季节等原因)导致施工出现停顿，也属于正常中断。

(3) 借款费用停止资本化的时点

购建或者生产符合资本化条件的资产达到预定可使用或者可销售状态时，借款费用应当停止资本化，之后所发生的借款费用，应当在发生时根据其发生额确认为费用，计入当期损益。具体可从以下几个方面进行判断：

① 符合资本化条件的资产的实体建造(包括安装)或者生产活动已经全部完成或者实质上已经完成。

② 所购建或者生产的符合资本化条件的资产与设计要求、合同规定或者生产要求相符或者基本相符，即使有极个别与设计、合同或者生产要求不相符的地方，也不影响其正常使用或者销售。

③ 继续发生在所购建或生产的符合资本化条件的资产上的支出金额很少或者几乎不再发生。

4. 借款费用的计量

(1) 专门借款费用资本化金额的确定

专门借款费用资本化金额=资本化期间的实际的利息费用−资本化期间的存款利息收入

专门借款费用费用化金额=费用化期间的实际的利息费用−费用化期间的存款利息收入

(2) 一般借款

一般借款利息费用资本化金额=累计资产支出超过专门借款部分的资产支出加权平均数×所占用一般借款的资本化率

其中：所占用一般借款的资本化率=所占用一般借款加权平均利率

=所占用一般借款当期实际发生的利息之和÷所占用一般借款本金加权平均数

其中：所占用一般借款本金加权平均数=Σ(所占用每笔一般借款本金×每笔一般借款在当期所占用的天数÷当期天数)

【例9-21】长江公司拟在厂区内建造一幢新厂房，有关资料如下：

(1) 2×18年1月1日向银行专门借款5 000万元，期限为3年，年利率为12%，每年1月1日付息。

(2) 除专门借款外，公司另有两笔一般借款，一笔为2×17年12月1日借入的长期借款4 000万元，期限为5年，年利率为10%，每年12月31日付息，另一笔为2×18年1月1日借入的长期借款6 000万元，期限为5年，年利率为5%，每年12月31日付息。

(3) 由于审批、办手续等原因，厂房于2×18年4月1日才开始动工兴建，当日支付工程款2 000万元。工程建设期间的支出情况如下：

2×18年6月1日：1 000万元；
2×18年7月1日：3 200万元；
2×19年1月1日：2 400万元；
2×19年4月1日：1 200万元；
2×19年7月1日：3 600万元。

工程于2×19年9月30日完工，达到预定可使用状态。其中，由于施工质量问题工程于2×18年9月1日—12月31日停工4个月。

(4)专门借款中未支出部分全部存入银行，假定月利率为0.5%。假定全年按照360天计算，每月按照30天计算。

则长江公司关于借款费用的计算及账务处理如下所示：

(1)2×18年相关处理：

2×18年专门借款利息资本化的金额=5 000×12%×5÷12−(3 000×0.5%×2+2 000×0.5%×1)=250−(30+10)=210(万元)

2×18年专门借款费用化的金额=5 000×12%×7÷12−5 000×0.5%×3=350−75=275(万元)

2×18年一般借款支出加权平均数=1 200×2÷12=200(万元)

2×18年一般借款发生的利息金额=4 000×10%+6 000×5%=700(万元)

2×18年一般借款的利息资本化率=700÷(4 000+6 000)=7%

2×18年一般借款的利息资本化金额=200×7%=14(万元)

2×18年一般借款费用化金额=700−14=686(万元)

所以，2×18年利息资本化金额=210+14=224(万元)

2×18年利息费用化金额=275+686=961(万元)

长江公司的相关账务处理如下所示(单位：万元)：

借：在建工程 224
　　财务费用 961
　　应收利息 115
　贷：应付利息 1 300

(2)2×19年相关处理：

2×19年专门借款利息资本化金额=5 000×12%×9÷12=450(万元)

2×19年专门借款利息费用化金额=5 000×12%×3÷12=150(万元)

2×19年一般借款加权平均支出=1 200×9÷12+2 400×9÷12+1 200×6÷12+3 600×3÷12=4 200(万元)

2×19年一般借款利息发生金额=4 000×10%+6 000×5%=7 000(万元)

2×19年一般借款利息资本化率=700÷(4 000+6 000)=7%

2×19年一般借款利息资本化金额=4 200×7%=294(万元)

2×19年应当计入当期损益的一般借款利息金额=700−294=406(万元)

所以，2×19年利息资本化金额=450+294=744(万元)

2×19年利息费用化金额=150+406=556(万元)

长江公司的相关账务处理如下所示(单位：万元)：

借：在建工程 744
　　财务费用 556
　贷：应付利息 1 300

思 考 题

1. 负债的定义及特征是什么？
2. 应交税费包括哪些项目？
3. 职工薪酬包括哪些内容？应如何进行确认与计量？
4. 什么是或有事项？或有事项有哪些特征？
5. 如何界定借款费用的范围？
6. 借款费用资本化的条件有哪些？

练 习 题

习题一：长江公司于 2×19 年 1 月 1 日发行公司债券，专门用于生产线的建设。该公司债券为 5 年期、一次还本、分期付息的公司债券，每年 12 月 31 日支付利息，债券票面年利率为 5%，面值总额为 300 000 万元，发行价格总额为 313 347 万元；支付发行费用 120 万元，发行期间冻结资金利息为 150 万元。实际年利率为 4%。生产线建造工程于 2×19 年 1 月 1 日开工，并支付工程款，2×19 年 12 月 31 日工程达到预定可使用状态，不考虑存款利息收入。

要求：

(1)编制长江公司 2×19 年 1 月 1 日的会计分录；
(2)编制长江公司 2×19 年 12 月 31 日的会计分录；
(3)编制长江公司 2×20 年 12 月 31 日的会计分录。

习题二：A 公司为建造办公楼于 2×19 年 1 月 1 日借入专门借款 1 500 万元，年利率 8%。此外，该公司在建造该办公楼过程中还占用了两笔一般借款：其中一笔借款是 2×18 年 3 月 1 日取得的，金额 1 000 万元，借款期限为 4 年，年利率为 6%，利息按年支付；另一笔借款是 2×19 年 7 月 1 日取得的，金额为 2 000 万元，借款期限为 5 年，年利率为 9%，利息按年支付。该项工程于 2×19 年 1 月 1 日开始动工兴建，资产支出情况如下：1 月 1 日 1 000 万元，6 月 1 日 1 400 万元，8 月 1 日 600 万元，当年未建造完毕。假设不考虑专门借款闲置资金投资收益。

要求：计算 A 公司 2×19 年借款费用资本化的金额。

第十章
所有者权益

本章学习提示

学习内容：

通过本章的学习，了解企业的组织形式；掌握所有者权益的含义及构成；理解注册资本的主要法律规定；掌握实收资本、其他权益工具、资本公积、其他综合收益及留存收益的账务处理等。

学习要点：

1. 所有者权益的构成；
2. 实收资本与其他权益工具的内容；
3. 资本公司与其他综合收益的内容；
4. 留存收益的内容；
5. 股票股利与股票分割。

第一节　所有者权益概述

一、企业的组织形式

1. 非公司制企业

(1) 独资企业

独资企业是指一人投资经营的企业。企业的全部资产归出资者一人所有，企业的经营也由出资者独自运行，所以独资企业的所有权与经营权是统一的。独资企业投资者对企业债务负无限责任。按照我国现行税法有关规定，私营独资企业取得的生产经营所得和其他所得，应按规定缴纳个人所得税。在独资企业中，企业所有者对企业的债务承担无限责任，即当企业的全部财产不足以清偿到期债务时，所有者应以个人的全部财产用于清偿，实际上就是将企业的责任与所有者的责任连为一体。

(2) 合伙企业

合伙企业是指由两个或两个以上合伙人订立合伙协议，共同出资，共同经营，共享收益，共担风险，并对企业债务承担无限连带责任的营利性组织。合伙企业是没有法人资格的，所以不用缴纳企业所得税，只需要缴纳个人所得税。合伙企业最显著的特点是合伙人对企业债务承担无限连带责任，合伙人共同对企业债务承担无限责任，而且合伙人除承担企业债务分到自己名下的份额外，还需对企业其他合伙人名下的债务份额承担连带性义务。

合伙企业相较于独资企业而言，因为是合伙人共同承担债务风险，所以减少了银行贷款的风险，同时合伙企业吸收了其他合伙人的投资，为扩大企业生产经营规模提供了一定的条件，因而是一种比独资企业更先进的企业组织形式。但是合伙企业也有一定的缺陷，如产权转让困难、合伙人之间承担无限连带责任；企业寿命不容易延续很久；合伙人代表企业，对内对外均容易产生意见分歧，影响决策制定等。

2. 公司制企业

公司制企业是指按照法律规定，由法定人数以上的投资者(或股东)出资建立、自主经营、自负盈亏、具有法人资格的经济组织。当企业采用公司制的组织形式时，所有权主体和经营权主体发生分离。

公司制企业的主要特征有：1)公司制企业投资主体多元化，各个投资主体所占份额十分明确，产权界定非常清晰；2)投资者的责任是有限的，股东以其出资额为限来承担责任；3)公司有一套规范、严密而灵活的产权转让机制，上市公司的股票很容易通过股票交易市场进行购买或出售，非上市公司的股权转移和股权认购也较便利、快捷；公司的法律地位明确，使公司的合法权益不受侵犯，除非公司自愿终止或破产，其他因素一般都不会影响公司的存续和发展。

我国目前主要的公司制企业分为有限责任公司和股份有限公司两种形式。

(1)有限责任公司

有限责任公司是指由一定数量的股东共同出资,每个股东以其所认缴的出资额对公司承担有限责任,公司以其全部资产对其债务承担责任的经济组织。

有限责任公司包括国有独资公司以及其他有限责任公司。国有独资公司是指国家授权的投资机构或者国家授权的部门单独投资设立的有限责任公司。其他有限责任公司是指国有独资公司以外的其他有限责任公司。

有限责任公司有以下特点:

① 有限责任公司的股东,仅就其出资额为限对公司负责。有限公司是以股东出资为基础建立起来的法人组织,股东只对公司负以其出资额为限的责任,对公司的债权人不负直接责任。

② 有限责任公司的股东人数,一般都有最高人数的限制。在我国,有限责任公司的股东人数不超过五十人。

③ 有限责任公司不能公开募集股份,不能发行股票。

④ 有限责任公司股东出资的转让也有严格限制。股东出资的转让应由公司批准,并在公司登记。有限公司的股东人数有限,因此,有限责任公司的经营情况,不涉及社会上其他公众利益,其经营状况也没有必要公开。

⑤ 有限责任公司的设立程序要比股份有限公司简便。只有发起设立,而无募股设立,程序上也较为简化,有限责任公司的成立可以由一个或几个人发起,股东的出资金额在公司成立时必须缴足。有限责任公司的组织也比较简单,可以由一个或几个董事管理,是否设监察人由公司自行决定,股东会的召集方法及决议方法也简便易行。

(2)股份有限公司

股份有限公司是指根据《中华人民共和国公司登记管理条例》规定登记注册,其全部注册资本由等额股份构成并通过发行股票筹集资本,股东以其认购的股份对公司承担有限责任,公司以其全部资产对其债务承担责任的经济组织。其主要特点:

① 股份有限公司是最典型的法人组织。这不仅是因为现代意义上的完整的公司概念和法人概念始于股份有限公司,而且更重要的是因为股份有限公司的完备的组织机构、完全独立的财产及其责任最充分地表现了法人组织所具有的法律特征。

② 股份有限公司是最典型的资合公司。股份有限公司的信用基础在于其资本,而不在于股东个人,公司资本不仅是公司赖以经营的基本条件,而且是公司债权人的基本担保,由此决定了股东只能以现金或实物出资,而不能以信用或劳务出资;同时由于股份有限公司股东个人的人身地位不甚重要,因此股份可以自由转让,任何合法持有股票的人都是公司的股东。

③ 股份有限公司的股东必须达到法定的人数。股东的人数与公司的规模有关,由于股份有限公司的重要作用在于面向社会,广泛集资,兴办较大的企业,因此在人数上应有一定的低限。

④ 股份有限公司的资本划分为均等的股份。资本平均分为股份,每股金额相等,是股份有限公司区别于有限责任公司的重要特征之一。资本的股份化不仅适应股份有限公司

公开发行股份，募集社会资金的需要，而且也便于公司相关股利的计算和股东权利的确定和行使。

⑤ 股份有限公司的股东承担有限责任，股份有限公司全体股东对公司的债务，以其所认购的股份金额为限对公司负责，此外对公司及公司债权人不负任何责任，公司不得以章程或决议，随意扩大股东的责任范围。

不同的企业组织形式，对企业所有者权益的账务处理影响不同。

二、所有者权益的内涵

1. 所有者权益的含义

我国《企业会计准则——基本准则》规定："所有者权益是指企业资产扣除负债后由所有者享有的剩余权益。公司的所有者权益又称为股东权益。"所有者权益是所有者对企业资产的剩余索取权，它是企业的资产扣除债权人权益后应由所有者享有的部分，既可反映所有者投入资本的保值增值情况，又体现了保护债权人权益的理念。所有者权益又称为净资产。

所有者权益与负债（债权人权益）虽然都称为权益，但两者之间有着很大的区别，主要体现在以下几个方面：

① 所有者权益与债权人权益在公司经营中所处的地位不同。债权人与公司之间只是存在债权债务关系，他们无权参与公司的日常经营活动，我们可以将债权人权益称为"不参与权益"。而股东凭借其所拥有的权益可以直接参与公司的经营管理，也可以委托他人间接进行经营管理，我们可以将所有者权益称为"参与权益"。

② 所有者权益和债权人权益各自承担的风险不同。从财产求偿权来看，债权人权益优先于所有者权益。债权人权益是以公司全部资产为要求对象的，而所有者权益是对全部资产扣除负债后的净资产的所有权，是一种剩余权益。另一方面，在公司的解散清算过程中，债权人权益也排在所有者权益之前。与风险承担相吻合，债权人权益要求的报酬率一般低于所有者权益要求的报酬率。不管公司经营状况如何，债权人的权益报酬率是相对稳定的，除非公司资不抵债。而所有者权益的报酬率则随着公司经营业绩的变化而变化：当公司经营业绩好时，所有者权益的报酬率就高，反之则低或者为零，甚至会损失初始的投入资本。

③ 两种权益的偿还期限不同。所有者权益在公司经营期内除依法转让外不得抽回资金，所有者权益只有在清算后尚存剩余财产时才有可能补偿投入资本。而债权人权益有确定的偿付日期，公司到期必须足额偿付利息和本金，否则将面临破产清算的风险。

2. 所有者权益的来源

我国《企业会计准则——基本准则》规定："所有者权益的来源包括所有者投入的资本、直接计入所有者权益的利得和损失、留存收益等。"具体而言，基于公司制的特点，所有者权益通常由实收资本（或股本）、其他权益工具、资本公积、其他综合收益和留存收益（包括盈余公积和未分配利润）组成。

实收资本是指企业按照章程规定或合同、协议的约定，接受投资者投入企业的资本。

实收资本的构成比例或股东的股份比例是确定所有者在企业所有者权益中份额的基础，也是企业进行利润或股利分配的主要依据。

其他权益工具是指企业发行的除普通股以外的归类于权益工具的各种金融工具，主要包括归类于权益工具的优先股、永续债、认股权、可转换公司债券等金融工具。

资本公积是指投资者或者他人投入到企业、所有权归属于投资者、并且投入金额上超过法定资本部分的资本，是指企业在经营过程中由于资本溢价(股本溢价)以及法定财产重估增值等原因所形成的公积金。资本公积是与企业收益无关而与资本相关的项目。

其他综合收益是指企业根据《企业会计准则》规定未在当期损益中确认的各项利得和损失。主要包括以公允价值计量且其变动计入其他综合收益的金融资产公允价值变动，权益法下被投资单位其他综合收益发生变动等。

留存收益是指企业从历年实现的利润中提取或形成的留存于企业的内部积累，包括法定盈余公积、任意盈余公司和未分配利润。

所有者权益体现的是所有者在企业中的剩余权益，因此，所有者权益的确认主要依赖于其他会计要素，尤其是资产和负债的确认；所有者权益金额的确定也是主要取决于资产和负债的计量。

第二节 实收资本与资本公积

一、概念界定

1. 实收资本

按照我国有关法律规定，投资者设立企业首先必须要投入资本。实收资本是投资者投入企业形成法定资本的价值，所有者向企业投入的资本，在一般情况下无须偿还，可以长期周转使用。

我国《公司法》规定，"股东可以用货币出资，也可以用实物、知识产权、土地使用权等可以用货币估价并可以依法转让的非货币财产作价出资；但是，法律、行政法规规定不得作为出资的财产除外。"

对于有限责任公司,全体股东的货币出资金额不得低于有限责任公司注册资本的30%。注册资本中以实物出资的，公司章程应当就实物转移的方式、期限等做出规定。实物中须办理过户手续的，公司应当于成立后半年内办理过户手续，并报公司登记机关备案。股东的无形资产出资必须是可以用货币估价的财产，因为非货币出资也是公司的注册资本的一部分，注册资本最终是以货币数额来体现的，因此，无法用货币估价的财产不能作为出资。股东可以用土地使用权作价出资并且应注意以下四点：①这种出资是土地使用权的出资，而不是所有权的出资；②用于出资的土地使用权只能是国有土地的使用权，而不能是集体土地的使用权；③用于出资的土地使用权只能是出让土地使用权，而不能是划拨土地使用权；④用于出资的土地使用权应是未设负担的土地使用权。

对于股份有限公司，《公司法》对各个股东的出资比例和出资金额没有限制，由股东自行协商，以章程和股东大会决议形式体现。《公司法》只是对所有股东的总出资额有最低限制，对所有股东出资里的现金出资部分有最低比例要求。公司全体股东的首次出资额不得低于注册资本的20%，也不得低于法定的注册资本最低限额，其余部分由股东自公司成立之日起两年内缴足；其中，投资公司可以在五年内缴足。股东的出资方式也有货币和非货币两种形式。

2. 资本公积

资本公积，是指由投资者投入的超出其在企业注册资本（或股本）中所占份额的投资，以及直接计入所有者权益的利得和损失。资本公积包括资本溢价（或股本溢价）和其他资本公司。企业应设置"资本公积"账户，核算这类业务。

(1) 资本溢价

资本溢价指有限责任公司投资者交付的出资额大于按合同、协议所规定的出资比例计算的部分，是资本公积金的组成之一。有限责任公司在创立时，投资者认缴的出资额，都作为资本金计入"实收资本"科目，实际收到或者存入企业开户银行的金额超过其在该企业注册资本中所占份额的部分，计入"资本公积"科目。

但在以后有新的投资者加入时，为了维护原有投资者的权益，新加入的投资者的出资额，并不一定全部作为资本金计入"实收资本"科目。这是因为企业初创时，要经过筹建、开拓市场等过程，从投入资金到取得投资回报，需要较长时间。在这个过程中，资本利润率较低，具有一定投资风险，经过正常生产经营以后，资本利润率要高于初创时期，同时企业也提留了一定的盈余公积金，使原有投资在质量上和数量上都发生了变化。

(2) 股本溢价

股份有限公司在采用溢价发行股票的情况下，企业发行股票取得的收入，相当于股票的面值部分计入"股本"科目，超过股票面值的溢价部分在扣除发行手续费、佣金等发行费用后，计入"资本公积——股本溢价"科目。

(3) 其他资本公积

"资本公积——其他资本公积"是除了资本（或股本）溢价以外的属于企业资本的部分，如长期股权投资采用权益法核算的所有者权益的其他变动，以权益结算的股份支付换取职工或其他方提供服务等。

企业根据以权益结算的股份支付换取职工或其他方提供服务的，应按确定的金额，借记"管理费用"科目，贷记"资本公积——其他资本公积"；在行权日，应按实际行权的权益工具数量计算确定的金额，借记"资本公积——其他资本公积"科目，按计入实收资本或股本的金额，贷记"实收资本"或"股本"科目，并将其差额计入"资本公积——资本溢价或股本溢价"科目。

企业长期股权投资采用权益法核算的，被投资单位除净损益、其他综合收益和利润分配以外所有者权益的变动，投资企业按持股比例计算应享有的份额，应当增加或减少长期股权投资的账面价值，同是增加或减少"资本公积——其他资本公积"。

二、账务处理

1. 实收资本增加的账务处理

公司设立，《公司法》规定可以使用货币出资，也可以使用实物、知识产权、土地使用权等可以用货币估计并可以依法转让的非货币财产作价出资。

(1)接受现金资产投资：

① 股份有限公司以外的企业接受现金资产投资。

初始设立公司时：

借：银行存款(实际收到的金额)
　　贷：实收资本(按合同约定的投资者在注册资本中所占份额部分)

吸收新的投资者加入：

借：银行存款(实际收到的金额)
　　贷：实收资本(按合同约定的投资者在注册资本中所占份额部分)
　　　　资本公积——资本溢价(收到的金额超过注册资本中所占份额的部分)

② 股份有限公司根据核定的股本总额及核定的股份总额的范围内发行股票时，应在实际收到现金资产时进行会计处理。

借：银行存款(发行价格×发行数量−发行费用)
　　贷：股本(股数×面值)
　　　　资本公积——股本溢价(扣减发行费用)

(2)接受非现金资产投资：

① 股份有限公司以外的企业。

初始设立有限责任公司时：

借：固定资产(按投资合同或协议约定的价值)
　　原材料(按投资合同或协议约定的价值)
　　无形资产等(按投资合同或协议约定的价值)
　　应交税费——应交增值税(进项税额)
　　贷：实收资本(合同或协议约定的投资者在企业注册资本中享有的份额)
　　　　资本公积——资本溢价(差额)

吸收新的投资者加入时：

借：固定资产(按投资合同或协议约定的价值)
　　原材料(按投资合同或协议约定的价值)
　　无形资产等(按投资合同或协议约定的价值)
　　应交税费——应交增值税(进项税额)
　　贷：实收资本(合同或协议约定的投资者在企业注册资本中享有份额)
　　　　资本公积——资本溢价(差额)

② 股价有限公司。

借：固定资产(按投资合同或协议约定的价值)
　　原材料(按投资合同或协议约定的价值)
　　无形资产等(按投资合同或协议约定的价值)
　　应交税费——应交增值税(进项税额)
　　贷：股本(合同或协议约定的投资者在企业注册资本中享有的股份×面值)
　　　　资本公积——资本溢价(差额)

(3)其他方式增加实收资本(或股本)：

资本公积转增资本时：

借：资本公积
　　贷：实收资本或股本

盈余公积转增资本时：

借：盈余公积
　　贷：实收资本或股本

2．实收资本(或股本)减少的核算

(1)有限责任公司减少实收资本(需要按法定程序报经批准)：

借：实收资本
　　贷：银行存款

(2)股份有限公司(上市公司)采用回购本公司股票方式减资：

① 如果回购股票支付的价款大于面值总额的(即：库存股大于股本)：

回购时：

借：库存股(按照实际支付的回购价款)
　　贷：银行存款

注：库存股是所有者权益类的会计科目。

注销时：

借：股本(按股票面值×注销股数)
　　资本公积——股本溢价(借方差额)
　　贷：库存股(按注销库存股的账面余额)
　　　　资本公积(股本溢价)不足冲减的，冲减留存收益，应依次借记"盈余公积"
　　　　"利润分配——未分配利润"科目。

② 如果回购股票支付的价款小于面值总额的(即：库存股小于股本)：

回购时：

借：库存股(按照实际支付的回购价款)
　　贷：银行存款

注销时：

借：股本(按股票面值×注销股数)
　　贷：库存股(按注销库存股的账面余额)

资本公积——股本溢价(贷方差额)

【例10-1】A公司为非股份有限公司,收到B公司300万元的现金投资,但公司注册资本只能记载280万元,则A公司账务处理如下(单位:万元):

借:银行存款　　　　　　　　　　　　　　　　　　300
　　贷:实收资本　　　　　　　　　　　　　　　　280
　　　　资本公积——资本溢价　　　　　　　　　　 20

如A公司为股份有限公司,核定B公司的股本为280万股,每股面值1元,则A公司账务处理如下:

借:银行存款　　　　　　　　　　　　　　　　　　300
　　贷:股本　　　　　　　　　　　　　　　　　　280
　　　　资本公积——股本溢价　　　　　　　　　　 20

【例10-2】A公司为非股份有限公司,收到B公司不需安装的机器设备一台作为资本投入,合同约定机器设备价值为500万元,增值税进项税税额为65万元,两公司约定B公司以510万元作为投入资本,则A公司账务处理如下(单位:万元):

借:固定资产　　　　　　　　　　　　　　　　　　500
　　应交税费——应交增值税(进项税额)　　　　　　 65
　　贷:实收资本——B公司　　　　　　　　　　　 510
　　　　资本公积——资本溢价　　　　　　　　　　 55

【例10-3】A公司为D、E两位股东各自出资200万元设立,注册资本总额为400万元,3年后,公司盈余公积与未分配利润合计160万元,所有者权益总额560万元,投资者F与两位股东协商后,以240万元出资加入,且F在注册资本总享有的的金额为A公司接受投资后所有者权益总额的1/4,则A公司账务处理如下(单位:万元):

借:银行存款　　　　　　　　　　　　　　　　　　240
　　贷:实收资本　　　　　　　　　　　　　　　　200
　　　　资本公积——资本溢价　　　　　　　　　　 40

第三节　其他权益工具与其他综合收益

一、其他权益工具

其他权益工具是指企业发行的除普通股以外的归类为权益工具的各种金融工具。比如可转债权益部分的公允价值、符合权益工具认定条件的优先股、永续债等。企业发行其他权益工具,应按照实际发行的对价扣除直接归属于权益性交易的交易费用后的金额,贷记"其他权益工具";其他权益工具存续期间分派股利或利息的,作为利润分配处理,借记"利润分配"科目,贷记"应付股利"科目;企业发行的复合金融工具,应将负债成分与权益成分进行分拆,将归属于权益成分的金额计入其他权益工具。

【例10-4】长江公司2×19年1月1日发行3年期、每年1月1日付息、到期一次还本的可转换公司债券,面值总额为2 000万元,发行收款为2 180万元,票面年利率为4%,实际年利率为6%。负债成分的公允价值为1 893.08万元。假定不考虑其他因素,大海公司发行此项债券时应确认的"其他权益工具"的金额=发行价格-负债成分的公允价值=2 180-1 893.08=286.92(万元)。

二、其他综合收益

其他综合收益反映企业根据企业会计准则规定未在损益中确认的各项利得和损失扣除所得税影响后的净额。也可以认为是直接计入所有者权益的利得和损失。其他综合收益主要包括以公允价值计量且其变动计入其他综合收益的金融资产公允价值的变动,权益法下被投资单位其他综合收益的变动等。

【例10-5】2×20年1月1日,长江公司支付价款1 000万元(含交易费用)从上海证券交易所购入黄河公司同日发行的5年期公司债券12 500份,债券票面价值总额为1 250万元,票面年利率为4.72%,于年末支付本年度债券利息(即每年利息为59万元),本金在债券到期时一次偿还。合同约定,该债券的发行方在遇到特定情况时可以将债券赎回,且不需要为提前赎回支付额外款项。长江公司在购买该债券时,预计发行方不会提前赎回,长江公司根据其管理该债券的业务模式和该债券的合同现金流量特征,将该债券分类为以公允价计量且其变动计入其他综合收益的金融资产。

其他资料如下:

(1)2×20年12月31日,黄河公司债券的公允价值为1 200万元(不含利息)。

(2)2×21年12月31日,黄河公司债券的公允价值为1 300万元(不含利息)。

(3)2×22年12月31日,黄河公司债券的公允价值为1 250万元(不含利息)。

(4)2×23年12月31日,黄河公司债券的公允价值为1 200万元(不含利息)。

(5)2×24年1月20日,通过上海证券交易所出售了黄河公司债券12 500份,取得价款1 260万元。

假定不考虑所得税、减值损失等因素,计算该债券的实际利率 r:

$59\times(1+r)^{-1}+59\times(1+r)^{-2}+59\times(1+r)^{-3}+59\times(1+r)^{-4}+(59+1\,250)\times(1+r)^{-5}=1\,000(万元)$

采用插值法,计算得出 $r=10\%$。

表10-1 采用实际利率法对各项利息的摊销 单位:万元

日期	现金流入 (A)	实际利息收入 (B=期初 D×10%)	已收回的本金 (C=A-B)	摊余成本余额 (D=期初 D-C)	公允价值 (E)
2×20.1.1				1 000	1 000
2×20.12.31	59	100	-41	1 041	1 200
2×21.12.31	59	104	-45	1 086	1 300
2×22.12.31	59	109	-50	1 136	1 250
2×23.12.31	59	113	-54	1 190	1 200

根据表 10-1 中的数据,长江公司的有关账务处理如下(单位:万元):

(1) 2×20 年 1 月 1 日,购入黄河公司债券:

借:其他债权投资——成本 1 250
 贷:银行存款 1 000
  其他债权投资——利息调整 250

(2) 2×21 年 12 月 31 日,确认黄河公司债券实际利息收入、公允价值变动,收到债券利息:

借:应收利息 59
 其他债权投资——利息调整 41
 贷:投资收益 100
借:银行存款 59
 贷:应收利息 59
借:其他债权投资——公允价值变动 159
 贷:其他综合收益——其他债权投资公允价值变动 159

(3) 2×21 年 12 月 31 日,确认黄河公司债券实际利息收入、公允价值变动,收到债券利息:

借:应收利息 59
 其他债权投资——利息调整 45
 贷:投资收益 104
借:银行存款 59
 贷:应收利息 59
借:其他债权投资——公允价值变动 55
 贷:其他综合收益——其他债权投资公允价值变动 55

(4) 2×22 年 12 月 31 日,确认黄河公司债券实际利息收入、公允价值变动,收到债券利息:

借:应收利息 59
 其他债权投资——利息调整 50
 贷:投资收益 109
借:银行存款 59
 贷:应收利息 59
借:其他综合收益——其他债权投资公允价值变动 100
 贷:其他债权投资——公允价值变动 100

(5) 2×23 年 12 月 31 日,确认黄河公司债券实际利息收入、公允价值变动,收到债券利息:

借:应收利息 59
 其他债权投资——利息调整 54
 贷:投资收益 113

借：银行存款 59
　　贷：应收利息 59
借：其他综合收益——其他债权投资公允价值变动 104
　　贷：其他债权投资——公允价值变动 104

(6) 2×24 年 1 月 20 日，确认出售黄河公司债券实现的损益：
借：银行存款 1 260
　　其他债权投资——利息调整 60（250−41−45−50−54）
　　贷：其他债权投资——成本 1 250
　　　　　　　　　　　——公允价值变动 10
　　　　投资收益 60
借：其他综合收益——其他债权投资公允价值变动 10
　　贷：投资收益 10

第四节　留存收益

一、留存收益的定义

留存收益是指企业从历年实现的利润中提取或形成的留存于企业的内部积累，包括盈余公积和未分配利润两类。

盈余公积是指企业按照规定从净利润中提取的积累资金，包括法定盈余公积、任意盈余公积等。法定盈余公积按照净利润的 10%提取，法定公积金累计额已达注册资本的 50%时可以不再提取。任意盈余公积主要是公司制企业按照股东会的决议提取，其他企业也可根据需要提取任意盈余公积。

盈余公积用于弥补公司的亏损、扩大公司生产经营或者转为增加公司资本。法定盈余公积转为资本时，所留存的该项盈余公积不得少于转增前公司注册资本的百分之二十五。

未分配利润是指企业实现的净利润经过弥补亏损、提取盈余公积和向投资者分配利润后留存在企业的、历年结存的利润。

二、利润分配的账务处理

留存收益的处理主要是关于利润分配的内容。利润分配是指企业根据国家有关规定和企业章程、投资者的决议等，对企业当年可供分配的利润所进行的分配。

1. 可供分配的利润

企业本年实现的净利润(或净亏损)加上年初未分配利润(或减年初未弥补亏损)和其他转入后的余额，为可供分配的利润。

可供分配利润=当年实现的净利润(或净亏损)+年初未分配利润(或年初未弥补亏损)+其他转入

【例10-6】2×19年年初B企业"利润分配——未分配利润"科目借方余额20万元，2×19年度该企业实现净利润为160万元，则该企业2×19年年末可供分配利润的金额为=年初未分配利润+本年实现的净利润+其他转入=-20+160=140(万元)。

2. 利润分配的顺序

对于一般企业而言，利润分配的顺序如下所示：
① 结转净利润；
② 提取法定盈余公积；
③ 提取任意盈余公积；
④ 按照股东大会的决议，向投资者分配利润；
⑤ 将利润分配各明细科目"提取法定盈余公积""提取任意盈余公积""应付现金股利"余额转入"利润分配——未分配利润"科目。

"利润分配——未分配利润"科目如出现借方余额，则表示累积未弥补的亏损数额。

注：
① 对于未弥补亏损可以用以后年度实现的税前利润进行弥补，但弥补期限不得超过5年，超过5年以后可以用税后利润弥补，也可以用盈余公积补亏。
② 企业用当年实现利润弥补以前年度亏损，不需要单独进行账务处理，"利润分配——未分配利润"科目借贷方自动抵减即可完成。

3. 利润分配设置的科目

企业在"利润分配"科目下，设置"提取法定盈余公积""提取任意盈余公积""应付现金股利或利润""盈余公积补亏"和"未分配利润"等明细科目。(注：利润分配中除"未分配利润"明细科目以外的其他明细科目年末无余额)。

年度终了，企业应将全年实现的净利润，自"本年利润"科目转入"利润分配——未分配利润"科目，并将"利润分配"科目下的其他有关明细科目的余额，转入"未分配利润"明细科目。结转后，"未分配利润"明细科目如为贷方余额，表示累积未分配的利润数额；如为借方余额，则表示累积未弥补的亏损数额。

盈余公积补亏时，账务处理如下：
借：盈余公积
　　贷：利润分配——盈余公积补亏
借：利润分配——盈余公积补亏
　　贷：利润分配——未分配利润

【例10-7】长江公司2×19年亏损100万元，2×20年实现税前利润500万元。

税前利润弥补应纳企业所得税额：(500-100)×25%=100(万元)

完税后长江公司的未分配利润(不考虑其他相关事项)：500-100-100=300(万元)

如果使用税后利润弥补，则应纳企业所得税额：500×25%=125(万元)

完税后长江公司的未分配利润(不考虑其他相关事项)：500-100-125=275(万元)

【例10-8】A股份有限公司年初未分配利润为0,本年实现净利润200万元,本年提取法定盈余公积20万元,宣告发放现金股利80万元。假定不考虑其他因素,A股份有限公司的账务处理如下所示(单位:万元):

(1)结转实现净利润时:

借:本年利润 200
　　贷:利润分配——未分配利润 200

如企业当年发生亏损,则应借记"利润分配——未分配利润"科目,贷记"本年利润"科目。

(2)提取法定盈余公积、宣告发放现金股利:

借:利润分配——提取法定盈余公积 20
　　　　　　——应付现金股利 80
　　贷:盈余公积 20
　　　　应付股利 80

(3)将"利润分配"所属的明细科目余额转入"未分配利润"明细科目中:

借:利润分配——未分配利润 100
　　贷:利润分配——提取法定盈余公积 20
　　　　　　　　——应付现金股利 80

结转后,如果"未分配利润"明细科目的余额在贷方,表示累计未分配的利润;如果余额在借方,则表示累积未弥补的亏损。

第五节　股利分派与股票分割

一、股利分派

股利分派是指企业向股东分派股利,是企业利润分配的一部分。

1. 股利分派需要考虑的因素

股利是否发放以及以何种形式发放,虽然公司管理层可以做出决定,但在实务中还必须考虑有关的限制因素。为确保公司有一定的偿债能力,债权人要求现金股利的发放有一定的限度;如果公司还发行了优先股,由于其优先的收益请求权,对普通股股利的发放也有约束性;公司有良好的发展前景和众多的投资机会,则倾向于减少现金股利发放或以股票发放股利;多数上市公司一般具有较多的投资机会,倾向于以股票支付股利;但是,在公司大规模扩股以后,尤其是业绩较差的公司,为不至于使公司的每股税后利润太低,不以股票支付股利,只发放少量的现金股利。

2. 制定股利分派政策时应遵循的主要原则

(1)保持股利政策的连续性和稳定性

一般来说,股利政策的重大调整会在两个方面给股东带来影响:一方面,股利政策的波动或不稳定，会给投资者带来公司经营不稳定的印象，从而导致股票价格的下跌；另一方面，股利收入是一部分股东的生产和消费资金来源，股利的突然减少会给他们的生活带来较大的影响。因此，他们一般不愿意持有这种股票，最终导致价格下跌。所以，公司应该尽量避免削减股利，只有在确信未来能够维持新的股利水平时才宜提高股利。

(2) 有利于股价的合理定位

公司股票在市场上价格过高或过低都不利于公司的正常经营和稳定发展。股价过高会影响股票的流动性，并留下股价急剧下跌的隐患；股价过低，必将影响公司声誉，不利于今后增资扩股或负债融资，还有可能引发被收购和兼并的活动；股价时高时低，波动频繁剧烈，将动摇投资者信心。而股利政策对股票价格有着直接的影响，维持股票价格的合理定位就必然成为制定股利政策的一个重要原则。

(3) 既要考虑股东的眼前利益，又要保障公司的长远发展

股利政策的制定实际上是企业利润中股利和留存收益的分割比例问题。股利政策的基本任务之一是通过股利分配，平衡企业和股东面临的当前利益与未来利益、短期利益与长远利益、分配与增长的矛盾，有效地增强公司的发展后劲，促进公司的长期稳定发展。

3. 股利分派的有关日期

(1) 股利宣告日

股利宣告日是指公司董事会将股利支付情况予以公告的日期。

(2) 股权登记日

股权登记日是指有权领取股利的股东有资格登记的截止日期。

(3) 除息日

除息日是指领取股利的权利与股票相分离的日期。在除息日前，股利权从属于股票，持有股票者即有领取股利的权利，从除息日开始，股利权与股票相分离，新购入股票的人不能分享股利。

(4) 股利支付日

股利支付日是向股东发放股利的日期。

4. 股利支付的方式

股利的支付方式有现金股利、财产股利、负债股利和股票股利等，我们这里主要介绍现金股利和股票股利两种。

(1) 现金股利

现金股利是以现金形式分配给股东的股利。发放现金股利，必须同时具备三个条件：有足够的留存收益；有足够的现金；有董事会的决定。董事会的决定要建立在前两个条件的基础之上。分配现金股利，一方面会减少留存收益，另一方面会减少现金。现金股利分配政策一经宣告，即形成对股东的偿付义务，需要设置"应付股利"账户加以反映。

现金股利的优点是在企业营运资金和现金较多而又不需要追加投资的情况下，有利于改善企业长短期资金结构、有利于股东取得现金收入和增强投资能力；缺点是在企业营运

资金和现金较少,而又需要追加投资的情况下,发放现金股利将会增加企业的财务压力,导致企业偿债能力下降。

企业宣告分配现金股利时账务处理为:
借:利润分配——应付现金股利或利润
　　贷:应付股利
向投资者实际支付现金股利时的账务处理为:
借:应付股利
　　贷:银行存款

【例10-9】长江公司2×19年度经股东大会审议,通过向全体股东每股分派0.3元的现金股利分配方案。长江公司的总股本为5 000万股,其账务处理如下所示(单位:元):

借:利润分配——应付现金股利　　　　　　　　　15 000 000
　　贷:应付股利　　　　　　　　　　　　　　　　　15 000 000

(2)股票股利

股票股利是公司以发放的股票作为股利的支付方式。

采取股票股利分配股利时,通常由公司将股东应得的股利金额转入资本金,发行与此相等金额的新股票,按股东的持股比例进行分派。一般来说,普通股股东分派给普通股票,优先股股东分派给优先股票,这样可以不改变股东在公司中所占股份的结构和比例,只是增加了股票数量。

采用股票股利发放形式应具备的条件:公司必须有待分配的盈利;必须经股东大会做出决定;必须符合新股发行的有关规定。由于股票交易价格通常在面值以上,所以对于股东来说,派发股票股利可能得到比现金股利更多的投资收益;可以避免由于采用现金分配股利而导致企业支付能力下降、财务风险加大的缺点;当企业现金紧缺时,发放股票股利可起到稳定股价的作用,从而维护企业的市场形象;股票股利可避免发放现金股利后再筹集资本所发生的筹资费用。但股票股利派发过多,将增大股份总额,影响公司日后的每股股利水平和股票市价,不利于提高公司的市场形象和增加营运资金。

【例10-10】长江公司经股东大会审议,通过向股东每10股发3股的股票股利的分配方案。长江公司的总股本为5 000万股,每股面值1元。按股票面值将留存收益转入"股本"账户,其账务处理如下所示(单位:元):

借:利润分配——转作股本的股利　　　　　　　　1 500 000
　　贷:股本　　　　　　　　　　　　　　　　　　　　1 500 000

如果宣告分派股票股利当日的每股市价为3元,按股票市价将留存收益转入"股本"和"资本公积"账户,其账务处理如下所示(单位:元):

借:利润分配——转作股本的股利　　　　　　　　4 500 000
　　贷:应付股利——应付股票股利　　　　　　　　　1 500 000
　　　　资本公积　　　　　　　　　　　　　　　　　3 000 000

实际分派股票股利时，账务处理如下所示(单位：元)：

借：应付股利——应付股票股利　　　　　　　　　　　　1 500 000
　　贷：股本　　　　　　　　　　　　　　　　　　　　　　　　1 500 000

二、股票分割

1. 股票分割的含义

股票分割是指公司(企业)征得董事会和股东的同意后，将一张较大面值的股票拆成几张较少面值的股票。

2. 股票分割的作用

① 股票分割会在短时间内使公司股票每股市价降低，买卖该股票所必需的资金量减少，易于增加该股票在投资者之间的换手，并且可以使更多的资金实力有限的潜在股东变成持股的股东。因此，股票分割可以促进股票的流通和交易。

② 股票分割可以向投资者传递公司发展前景良好的信息，有助于提高投资者对公司的信心。

③ 股票分割可以为公司发行新股做准备。公司股票价格太高，会使许多潜在的投资者力不从心而不敢轻易对公司的股票进行投资。在新股发行之前，利用股票分割降低股票价格，可以促进新股的发行。

④ 股票分割有助于公司并购政策的实施，增加对被并购方的吸引力。

⑤ 股票分割带来的股票流通性的提高和股东数量的增加，会在一定程度上加大对公司股票恶意收购的难度。

⑥ 股票分割在短期内不会给投资者带来太大的收益或亏损，即给投资者带来的不是现实的利益，而是给投资者带来了今后可多分股息和更高收益的希望，是利好消息，因此对除权日后股价上涨有刺激作用。

3. 股票分割与股票股利的异同

股票分割与股票股利的相同点及不同点如表10-2所示：

表10-2　股票分割与股票股利的异同点

内容	股票股利	股票分割
不同点	(1)每股面值不变 (2)股东权益结构变化 (3)股价上涨幅度不大时采用 (4)属于股利支付方式	(1)每股面值变小 (2)股东权益结构不变 (3)股价暴涨且预期难以下降时采用 (4)不属于股利支付方式
相同点	(1)普通股股数均增加(通常股票分割增加更多) (2)如果净利润不变，市盈率不变，每股收益和每股市价均下降(股票分割下降更多) (3)股东持股比例不变 (4)股东权益总额不变 (5)通常都是成长中公司的行为	

表10-3是相关经济业务对所有者权益及留存收益的影响的总结。

表 10-3 相关经济业务对所有者权益及留存收益的影响

项目	对所有者权益影响	对留存收益影响
提取盈余公积	不影响	不影响
宣告分配现金股利	减少	减少
宣告分配股票股利	不影响	不影响
实际发放股票股利	不影响	减少
资本公积转增资本	不影响	不影响
盈余公积转增资本	不影响	减少
盈余公积补亏	不影响	不影响
税后利润补亏	不影响	不影响
回购股票	减少	不影响
注销库存股	不影响	减少或不变

思 考 题

1. 企业的组织形式有哪些？
2. 资本公积的构成内容有哪些？
3. 留存收益的构成内容有哪些？
4. 股利的分配形式与特征是什么？
5. 股票股利与股票分割的联系与区别是什么？

练 习 题

2×19 年 1 月 1 日，A 股份有限公司所有者权益各项目金额分别为：股本 10 000 万元，(每股面值 1 元)，资本公积(股本溢价) 50 000 万元，盈余公积 3 000 万元，未分配利润 1 000 万元(贷方余额)。2×19 年该公司发生的相关业务资料如下：

① 4 月 25 日，经股东大会批准，用盈余公积向普通股股东转增股本 400 万元，宣告分配现金股利 200 万元。5 月 24 日支付全部现金股利。

② 12 月 31 日，全年实现净利润 2 000 万元，按净利润的 10%提取法定盈余公积，发并结转至未分配利润。

要求：

(1)根据资料①，编制该公司盈余公积转增股本及宣告和发放现金股利的会计分录；

(2)根据资料②，编制该公司结转净利润、提取盈余公积会计分录；

(3)根据资料①和②，编制该公司结转各利润明细至未分配利润的会计分录。

第十一章
收入、费用与利润

本章学习提示

学习内容：

通过本章的学习，了解收入的含义与分类；掌握确认收入的五步法；掌握企业一般业务收入的账务处理和特殊业务收入的账务处理；掌握期间费用的含义及构成；掌握利润的三层含义及计算步骤等。

学习要点：

1. 确认收入的五步法；
2. 合同的确认；
3. 单项履约义务的界定；
4. 交易价格的确定原则；
5. 在一段时间内确认收入的注意事项；
6. 期间费用的构成；
7. 利润的组成及计算步骤。

第一节 收入的内涵

国际会计准则理事会(IASB)发布的《国际财务报告准则(IFRS)第 15 号——与客户之间的合同产生的收入》自 2018 年 1 月 1 日起生效,并允许主体提前采用。因此,所有在香港上市或在采用国际财务报告准则的境外市场发行权益证券或债券的境内公司,都须自 2018 年 1 月 1 日起执行该准则。

为保持与国际会计准则理事会 2014 年新发布的收入准则持续趋同,2017 年 7 月 5 日,我国财政部修订发布了《企业会计准则第 14 号——收入》(财会〔2017〕22 号),要求在境内外同时上市的企业以及在境外上市并采用国际财务报告准则或企业会计准则编制财务报表的企业,自 2018 年 1 月 1 日起施行;其他境内上市企业,自 2020 年 1 月 1 日起施行;执行企业会计准则的非上市企业,自 2021 年 1 月 1 日起施行。新收入准则将原《企业会计准则第 14 号——收入》和《企业会计准则第 15 号——建造合同》两项准则纳入统一的收入确认模型,要求采用统一的收入确认方法,规范所有与客户之间的合同产生的收入,但下列各项除外:长期股权投资、金融工具确认和计量、金融资产转移、套期会计、合并财务报表、合营安排、租赁、保险合同。

收入是指企业在日常活动中形成的、会导致所有者权益增加的、与所有者投入资本无关的经济利益的总流入。

日常活动是指企业为完成其经营目标所从事的经常性活动以及与之相关的活动。比如,工业企业制造并销售产品、商品流通企业销售商品、保险公司签发保单、咨询公司提供咨询服务、软件企业为客户开发软件均属于企业为完成其经营目标所从事的经常性活动,由此产生的经济利益的总流入构成收入。而工业企业转让无形资产使用权、出售不需用原材料等,则属于与经常性活动相关的活动,由此产生的经济利益的总流入也构成收入。

收入准则中所界定的收入是狭义的收入概念,即营业收入的含义。

新收入准则规范有关收入及所有与客户之间的合同,但下列各项除外:

① 由《长期股权投资》《金融工具确认和计量》《金融资产转移》《套期会计》《合并财务报表》以及《合营安排》规范的金融工具及其他合同权利和义务。

② 由《企业会计准则第 21 号——租赁》规范的租赁合同,适用《企业会计准则第 21 号——租赁》。

③ 由保险合同相关会计准则规范的保险合同,适用保险合同相关会计准则。

④ 企业以存货换取客户的固定资产、无形资产等的,按照新收入准则的规定进行会计处理;其他非货币性资产交换,按照《企业会计准则第 7 号——非货币性资产交换》的规定进行会计处理。

新收入准则中所称客户,是指与企业订立合同以向该企业购买其日常活动产出的商品或服务(以下简称"商品")并支付对价的一方。合同,是指双方或多方之间订立有法律约束力的权利义务的协议。合同有书面形式、口头形式以及其他形式。

第二节 收入的确认与计量

收入确认计量的步骤分为五步：第一步，识别与客户订立的合同；第二步，识别合同中的单项履约义务；第三步，确定交易价格；第四步，将交易价格分摊至各单项履约义务；第五步，履行每一单项履约义务时确认收入。

一、识别与客户订立的合同

合同是指双方或多方之间订立的有法律约束力的权利义务协议，包括书面形式、口头形式以及其他可验证的形式(如隐含于商业惯例或企业以往的习惯做法等)。

1. 合同成立时收入确认的原则

企业应当在履行了合同中的履约义务，即在客户取得相关商品控制权时确认收入。取得相关商品控制权，是指能够主导该商品的使用并从中获得几乎全部的经济利益。当企业与客户之间的合同同时满足以下条件时，企业应当在客户取得相关商品控制权时确认收入：

① 合同各方已批准该合同并承诺将履行各自的义务；
② 该合同明确了合同各方与所转让的商品(或提供的服务)相关的权利和义务；
③ 该合同有明确的与所转让的商品相关的支付条款；
④ 该合同具有商业实质，即履行该合同将改变企业未来现金流量的风险、时间分布或金额；
⑤ 企业因向客户转让商品而有权取得的对价很可能收回。

对于不能同时满足上述五个条件的合同，企业只有在不再负有向客户转让商品的剩余义务且已向客户收取的对价无须退回时，才能将已收取的对价确认为收入。否则应当将已收取的对价作为负债(新收入准则中，企业因转让商品收到的预收定金为"合同负债"，不再计入"预收账款")进行会计处理。

注："合同负债"科目核算企业已收或者应收客户对价而应向客户转让商品的义务，应该按合同进行明细核算。企业在向客户转让商品之前，客户已提前支付了合同对价，企业按收到价款，借记"银行存款"科目，贷记"合同负债"科目；企业向客户转让相关商品控制权确认收入时，借记"合同负债"科目，贷记"主营业务收入""其他业务收入""应交税费"等科目。

在合同开始日(通常是指合同生效日)，不满足上述收入确认条件的合同，企业应当在后续期间对其进行持续评估，并在满足相关条件时再按照相关规定进行处理。

2. 合同的合并

企业与同一客户(或该客户的关联方)同时订立或在相近时间内先后订立的两份或多份合同，在满足下列条件之一时，应当合并为一份合同进行会计处理：

① 该两份或多份合同基于同一商业目的而订立并构成一揽子交易；
② 该两份或多份合同中的一份合同的对价金额取决于其他合同的定价或履行情况；

③ 该两份或多份合同中所承诺的商品(或每份合同中所承诺的部分商品)构成准则中规定的单项履约义务。

【例 11-1】长江公司向黄河公司销售一份软件，签订合同确定交易价格为 100 万元。黄河公司采购部考虑到软件可能无法与现有的信息系统联网，需要对软件中的某些项目进行修改，于是与长江公司签订了一份软件修改协议，预计修改费用为 10 万元，并规定修改不符合要求或成本过高，将对原销售的软件进行折价。从上述两份合同来看，订立的时间接近，且符合下列条件：基于同一商业目的，且长江公司所承诺的内容都是为了销售软件；一份合同是否能够执行，取决于另一份合同的执行结果；长江公司所承诺的内容都是为了销售软件，构成单项履约义务，所以上述两份合同应当进行合并。

3. 合同的变更

企业应当区分下列三种情形对合同变更分别进行会计处理：

① 合同变更增加了可明确区分的商品及合同价款，且新增合同价款反映了新增商品单独售价的，应当将该合同变更部分作为一份单独的合同进行会计处理。

【例 11-2】ABC 公司是一家俱乐部，对客户实行会员制，合同规定缴纳 1 万元的会员费，会员可以每年享受 25 次免费服务，具体服务内容包括健身、行业沙龙、高尔夫运动等。两个月后，ABC 公司管理层发现，会员普遍反映就餐不方便，要求增加餐饮服务。ABC 公司管理层为了留住老客户，修改原合同，增加餐饮服务，但需按市场价格单独收费。

上述规定的修改合同价格，反映了新增商品的单独售价，应当将合同变更部分(增加的餐饮服务)作为一份单独的合同进行收入确认。

② 合同变更不属于上述 1)规定的情形，且在合同变更日已转让的商品或已提供的服务与未转让的商品或未提供的服务之间可明确区分的，应当视为原合同终止，同时，将原合同未履约部分与合同变更部分合并为新合同进行会计处理。

【例 11-3】ABC 公司是一家俱乐部，对客户实行会员制，合同规定缴纳 1 万元的会员费，会员可以每年享受 25 次服务，具体服务内容包括健身、行业沙龙、高尔夫运动等。有会员在半年内已经享受了 17 次服务，并要求增加次数。ABC 公司管理层修改合同，明确再缴纳 0.5 万元会员费，并在半年内除提供剩余未提供的 8 次服务外，再增加 20 次服务。

已经提供的服务和未提供的服务能够单独区分，但是新的合同价款不能反映市场单独售价，5 000÷20=250 元，市场单独售价为 10 000÷25=400 元。所以应当将原合同未履约部分与合同变更部分合并为新合同进行处理，后半年每次应确认的收入＝(10 000÷25×8+5 000)÷28=293 元。

③ 合同变更不属于上述 1)规定的情形，且在合同变更日已转让的商品或已提供的服务与未转让的商品或未提供的服务之间不可明确区分的，应当将该合同变更部分作为原合同的组成部分进行会计处理，由此产生的对已确认收入的影响，应当在合同变更日调整当期收入。

【例 11-4】ABC 公司是一家俱乐部，对客户实行会员制，合同规定缴纳 2 万元的会员费，会员可享受 1 年无限次的服务，两个月后，ABC 公司管理层发现，会员普遍反映就餐不方便，要求增加餐饮服务。ABC 公司管理层为了留住老客户，修改原合同，增加餐饮服务，但客户需要补缴会员费 1 000 元。实际增加的餐饮服务价值远大于补缴的会员费。

上述已转让的商品与未转让的商品之间不可明确区分，应当将该合同变更部分作为原合同的组成部分进行会计处理。应当将总价款 2.1 万元在 12 个月内分摊收入，前两个月少确认的收入，应当在合同变更日进行调整（基于成本效益原则，不去追溯调整）。

二、识别单项履约义务

合同开始日，企业应当对合同进行评估，识别该合同所包含的各单项履约义务，并确定各单项履约义务是在某一时段内履行还是在某一时点履行，然后在履行了各单项履约义务时分别确认收入。

履约义务是指合同中企业向客户转让可明确区分商品的承诺。履约义务既包括合同中明确的承诺，也包括由于企业已公开宣布的政策、特定声明或以往的习惯做法等导致合同订立时客户合理预期企业将履行的承诺。企业为履行合同而开展的初始活动，通常不构成履约义务，除非该活动向客户转让了承诺的商品。

企业向客户承诺的商品，同时满足以下条件的，应当作为可明确区分的商品：1）客户能够从该商品本身或从该商品与其他易于获得资源的使用中受益；2）企业向客户转让该商品的承诺与合同中其他承诺可单独区分。

企业向客户转让一系列实质相同且转让模式相同的、可明确区分商品的承诺应当作为单项履约义务，下列情形通常表明企业向客户转让该商品的承诺与合同中其他承诺不可单独区分：1）企业需提供重大的服务以将该商品与合同中承诺的其他商品整合成合同约定的组合产出转让给客户；2）该商品将对合同中承诺的其他商品予以重大修改或定制；3）该商品与合同中承诺的其他商品具有高度关联性。

【例 11-5】某建筑企业与客户签订了一份建造厂房的合同。该企业负责项目的整体管理，并识别应提供的各种商品或服务，包括工程技术、场地清理、地基构建、采购、建筑架构、管道和管线的铺设、设备安装及专修等，属于组合产出，不可明确区分各项承诺，应作为一个单项履约承诺处理。

【例 11-6】A 公司承诺向 B 公司提供其开发的一款现有软件，并提供安装服务，虽然该软件无须更新或无技术支持也可以直接使用，但是企业在安装过程中需要在该软件现有的基础上对其进行定制化的重大修改，以使其能够与 B 公司现有的信息系统相兼容。此时，转让软件的承诺与提供定制化重大修改的承诺是不可明确区分的，应作为一个单项履约承诺处理。

【例 11-7】A 首饰制作公司负责为某一影视公司设计一套首饰并负责提供一个样品。A 公司在制作样品的过程中需要对产品设计进行修正。此时，A 公司提供的设计服务和制作样品的服务是不断交替反复进行的,二者高度关联,因此,二者之间是不可明确区分的,应作为一个单项履约承诺处理。

三、确定交易价格

交易价格是企业因向客户转让商品或服务而预期有权收取的对价金额,不包括代第三方收取的款项(例如增值税)。

若一项安排涉及可变对价、重大融资成分、非现金对价或应付客户对价,交易价格的确定会更为复杂。

1. 可变对价

可变对价是指企业与客户的合同中约定的对价金额可能会因折扣、价格折让、返利、退款、奖励积分、激励措施、业绩资金、索赔等因素而变化的对价。合同中存在可变对价的,企业应当按照期望值或最可能发生金额确定可变对价的最佳估计数。但包含可变对价的交易价格,应当不超过在相关不确定性消除时累计已确认收入极可能不会发生重大转回的金额。企业在评估累计已确认收入是否极可能("极可能",也可以理解为95%以上的可能性)不会发生重大转回时,应当同时考虑收入转回的可能性及其比重。每一资产负债表日,企业应当重新估计应计入交易价格的可变对价金额。

【例 11-8】长江公司自行研发的新产品正式投入市场,在与客户签订的合同中明确约定客户享有七天无理由退货权利,且该产品属于首次上市且在行业内也属于新产品。该事项需要分别以下两种情形考虑:

(1)长江公司没有该商品是否可能面临大量退回的估计经验,同行业也没有这方面的经验可供参考,则该项新产品收入应待无理由退货期终止后、不确定性消除时确认。

(2)该产品在行业内虽属于新产品,但此前已经由 A 公司率先推出并取得了成功。长江公司获悉 A 公司并未产生大量退货,并结合长江公司此前的市场调查,长江公司合理预计至少有 60%的产品不会退回。针对该种情形,长江公司如果 100%的确认产品收入,则有可能导致接近 40%的产品收入转回。因此,可以考虑按照 60%确认收入,剩余的 40%部分按新收入准则作为退款负债处理。

【例 11-9】某涂料厂与某客户签订了交付涂料的一年期合同。该项合同规定,一旦顾客的购买量达到一定水平,每罐涂料的价格将会追溯调整,如下所示:

1—1 000 000 罐——100 元

1 000 001—3 000 000 罐——90 元

3 000 000 罐以上——80 元

该涂料厂凭往年经验,估计本年的总销量大约在 2 800 000 罐,并且极可能不会低于 1 000 001 罐。

涂料厂在第一季度向客户销售 700 000 罐,收取的合同价格是每罐涂料 100 元。由于涂料厂认为其符合"极可能发生"的界限,因此使用每桶 90 元的销售价格确认收入。额外的每罐 10 元确认为"合同负债"。

2. 合同中存在重大融资成分

当合同各方以在合同中(或者以隐含的方式)约定的付款时间为客户或企业就该交易提供了重大融资利益时，合同中即包含了重大融资成分。

(1) 评估重大融资成分应考虑的因素

在评估一份合同是否存在重大融资成分时，企业应考虑的因素包括：

① 企业预计客户取得商品或服务的控制权与客户支付价款之间时间间隔的长短；

② 如果客户在取得商品或服务控制权时即以现金支付，应付金额是否会有重大不同；

③ 合同中的利率与相关市场中的现行利率。

(2) 表明企业与客户之间的合同未包含重大融资成分的情形

① 商品或服务的转移时间由客户自行决定。当商品或服务的转移时间可由客户自行决定时，预先获得这些商品或服务款项的企业无须反映货币时间价值的影响。例如，客户从电信企业处购买预付费电话卡，并自行决定何时使用预付话费通话，则企业无须考虑货币的时间价值。再如客户可自行决定兑换由企业提供的奖励积分的客户忠诚度计划。对于上述企业而言，尽管支付价款与客户取得商品或服务控制权之间可能存在重大的时间差，但其无须对货币的时间价值进行会计处理，即合同中不包含重大融资成分。

② 客户所承诺的对价金额的相当一部分是可变的，该对价金额或付款时间取决于某一未来事项是否发生，并且该事项不受企业或客户控制。

③ 合同对价与现销价之间的差额是因为向企业或客户提供融资之外的其他原因而产生的。例如，长期建筑及制造合同中约定有保留款项，即合同价格的一部分要保留到履约义务完成后或者到某一商定时点才支付，设定这样的支付条款可能与融资因素无关。

在实务操作中有一种简便方法，即如果企业预计客户取得商品或服务的控制权与客户支付价款间隔不超过一年，则可以不考虑合同中存在的重大融资成分。

合同中存在重大融资成分的，企业应当按照假定客户在取得商品控制权时即以现金支付的应付金额确定交易价格。该交易价格与合同对价之间的差额，应当在合同期间内采用实际利率法摊销。

【例 11-10】长江公司向黄河公司销售并交付一批货物，合同规定在未来 3 年，需要每年向长江公司支付 100 万元，该商品现销价为 260 万元。则长江公司应当按客户在取得商品控制权时的现价确定交易价格，应当确认收入 260 万元。支付总额 300 万与 260 万的差价 40 万元应当在合同期间内采用实际利率法摊销，并计入"财务费用"。

3. 非现金对价

客户支付非现金对价的，企业应当按照非现金对价在合同开始日的公允价值确定交易价格。非现金对价的公允价值不能合理估计的，企业应当参照其承诺向客户转让商品的单独售价间接确定交易价格。非现金对价的公允价值因对价形式(如股票本身价格的变化)以外的原因而发生变动的，应当作为可变对价，按照与计入交易价格的可变对价金额的限制条件相关的规定进行处理。合同开始日后非现金对价的公允价值因对价形式而发生变动的该变动金额不应计入交易价格。

【例11-11】A公司为B公司提供货运服务，B公司的支付对价为自己的股票，A公司作为以公允价值计量且其变动计入当期损益的金融资产，合同开始日2×20年3月1日公允价值为100万元，则合同开始日确定的交易价格为100万元，假设2×20年6月30日该股票的公允价值为105万元，这期间股票价格的变化不计入交易价格中。

4. 应付客户对价

企业应付客户(或向客户购买本企业商品的第三方)对价的，应当将该应付对价冲减交易价格，并在确认相关收入与支付(或承诺支付)客户对价二者孰晚的时点冲减当期收入，但应付客户对价是为了向客户取得其他可明确区分商品的除外。

企业应付客户对价是为了向客户取得其他可明确区分商品的，应当采用与本企业其他采购相一致的方式确认所购买的商品。企业应付客户对价超过向客户取得可明确区分商品公允价值的，超过金额应当冲减交易价格。向客户取得的可明确区分商品公允价值不能合理估计的，企业应当将应付客户对价全额冲减交易价格。

【例11-12】A公司向B公司销售一批货物，交易价格为10万元，A公司当月确认收入。次月B公司购入货物后向C公司销售，交易价格12万元。C公司取得货物发现商品有瑕疵，不符合规定标准，要求B公司折让3万元，B公司与A公司协商，要求A公司承担商品折让损失2万元，A公司同意支付2万元，则A公司应当冲减当期收入2万元。

四、将交易价格分摊至各单项履约义务

合同中包含两项或多项履约义务的，企业应当在合同开始日，按照各单项履约义务所承诺商品的单独售价的相对比例，将交易价格分摊至各单项履约义务。

单独售价，是指企业向客户单独销售商品的价格。企业在类似环境下向类似客户单独销售商品的价格，应作为确定该商品单独售价的最佳证据。单独售价无法直接观察的，企业应当综合考虑其能够合理取得的全部相关信息，采用市场调整法、成本加成法、余值法等方法合理估计单独售价。

① 市场调整法是指企业根据某商品或类似商品的市场售价考虑本企业的成本和毛利等进行适当调整后，确定其单独售价的方法。

② 成本加成法是指企业根据某商品的预计成本加上其合理毛利后的价格，确定其单独售价的方法。

③ 余值法是指企业根据合同交易价格减去合同中其他商品可观察的单独售价后的余值，确定某商品单独售价的方法。企业在商品近期售价波动幅度巨大，或者因未定价且未曾单独销售而使售价无法可靠确定时，可采用余值法估计其单独售价。

1. 合同折扣的分摊

合同折扣，是指合同中各单项履约义务所承诺商品的单独售价之和高于合同交易价格的金额。

对于合同折扣，企业应当在各单项履约义务之间按比例分摊。有确凿证据表明合同折扣仅与合同中一项或多项(而非全部)履约义务相关的，企业应当将该合同折扣分摊至相关一项或多项履约义务。

合同折扣仅与合同中一项或多项(而非全部)履约义务相关，且企业采用余值法估计单独售价的，应当首先按照规定在该一项或多项(而非全部)履约义务之间分摊合同折扣，然后采用余值法估计单独售价。

【例11-13】长江公司与客户签订合同，向其销售 A、B、C 三种产品，合同总价款为120万元，这三种产品构成 3 个单项履约义务。长江公司经常单独出售 A 产品，其可直接观察的单独售价为 50 万元，B 产品和 C 产品的单独售价不可直接观察，长江公司采用市场调整法估计 B 产品的单独售价为 25 万元，采用成本加成法估计 C 产品的单独售价为 75 万元。长江公司经常以 50 万元的价格单独销售 A 产品，并且经常将 B 产品和 C 产品组合在一起以 70 万元的价格销售。假定上述价格均不包含增值税。

这三种产品的单独售价合计为 150 万元，而该合同的价格为 120 万元，因此该合同的折扣为 30 万元，由于长江公司经常将 B 产品和 C 产品组合在一起以 70 万元的价格销售，该价格与其单独售价的差额为 30 万元，与该合同的折扣一致，而 A 产品单独销售的价格与其单独售价一致，证明该合同的折扣仅应归属于 B 产品和 C 产品。因此，在该合同下，分摊至 A 产品的交易价格为 50 万元，分摊至 B 产品和 C 产品的交易价格合计为 70 万元，长江公司应当进一步按照 B 产品和 C 产品的单独售价的相对比例将该价格在二者之间进行分摊。

因此，各产品分摊的交易价格分别为：

A 产品交易价格为 50 万元；

B 产品交易价格=25−(25÷100×30)=17.5(万元)；

C 产品交易价格=75−(75÷100×30)=52.5(万元)。

2. 分摊可变对价

合同中包含可变对价的，该可变对价可能与整个合同相关，也可能仅与合同中的某一特定组成部分有关，后者包括两种情形：一是可变对价可能与合同中的一项或多项(而非全部)履约义务有关；二是可变对价可能与企业向客户转让的构成单项履约义务的一系列可明确区分商品中的一项或多项(而非全部)商品有关。同时满足下列条件的，企业应当将可变对价及可变对价的后续变动额全部分摊至与之相关的某项履约义务，或者构成单项履约义务的一系列可明确区分商品中的某项商品：

① 可变对价的条款专门针对企业为履行该项履约义务或转让该项可明确区分商品所做的努力(或者是履行该项履约义务或转让该项可明确区分商品所导致的特定结果)。

② 企业在考虑了合同中的全部履约义务及支付条款后，将合同对价中的可变金额全部分摊至该项履约义务或该项可明确区分商品符合分摊交易价格的目标。

对于不满足上述条件的可变对价及可变对价的后续变动额，以及可变对价及其后续变动额中未满足上述条件的剩余部分，企业应当按照分摊交易价格的一般原则，将其分摊至合同中的各单项履约义务。对于已履行的履约义务，其分摊的可变对价后续变动额应当调整变动当期的收入。

五、履行每一单项履约义务时确认收入

企业应当在履行了合同中的履约义务，即客户取得相关商品控制权时确认收入。企业应当根据实际情况，首先判断履约义务是否满足在某一时段内履行的条件，如不满足，则该履约义务属于在某一时点履行的履约义务。对于在某一时段内履行的履约义务，企业应当选取恰当的方法来确定履约进度；对于在某一时点履行的履约义务，企业应当综合分析控制权转移的迹象，判断其转移时点。

1. 在某一时段内履行的履约义务

收入准则规定，满足下列条件之一的，属于在某一时段内履行履约义务；否则，属于在某一时点履行履约义务：

① 客户在企业履约的同时即取得并消耗企业履约所带来的经济利益。比如劳务派遣到另一家公司提供保安服务、代理服务、常年法律服务等大部分劳务行为，均符合此条件。

② 客户能够控制企业履约过程中在建的商品。这种情形比较少，主要是在客户控制的地方建造的，比如房地产开发企业委托建筑公司建造的不动产而发生的建筑劳务。

③ 企业履约过程中所产出的商品具有不可替代用途，且该企业在整个合同期间内有权就累计至今已完成的履约部分收取款项。具有不可替代用途，是指因合同限制或实际可行性限制，企业不能轻易地将商品用于其他用途。有权就累计至今已完成的履约部分收取款项，是指在由于客户或其他方原因终止合同的情况下，企业有权就累计至今已完成的履约部分收取能够补偿其已发生成本和合理利润的款项，并且该权利具有法律约束力。

【例 11-14】长江公司按照 A 客户的要求制作了一件特殊商品，该商品具有特定用途，除 A 客户可以使用外，其他单位或个人无法使用。A 客户应当根据制作进度分期支付费用，则该业务符合某一时段内履行履约义务的规定。

【例 11-15】黄河公司为一家房地产开发公司，该公司的预售房产在交房前陆续收到房款。房屋预售阶段，客户已经拿到了房号，这样由于合同的限制，该商品具有不可替代性，黄河公司不能轻易地将该商品用于其他用途。该业务符合某一时段内履行履约义务的规定，可以在预售之后，按照履约进度确认收入。

2. 某一时段内履行的履约义务的收入确认方法

对于在某一时段内履行的履约义务，企业应当在该段时间内按照履约进度确认收入。企业应当考虑商品的性质，采用以下方法确定恰当的履约进度：

(1) 产出法

产出法是根据已转移给客户的商品对于客户的价值确定履约进度，比如测量迄今为止已完成的履约情况、评估已实现的结果、已达到的里程碑、流逝的时间、已生产或已交付的产品等。

(2) 投入法

投入法是根据企业为履行履约义务的投入确定履约进度，通常可采用投入的材料数量、花费的人工工时或机器工时、发生的成本和时间进度等投入指标确定履约进度。当企业从事的工作或发生的投入是在整个履约期间内平均发生时，企业也可以按照直线法确认收入。

实务中，企业通常按照累计实际发生的成本占预计总成本的比例（即成本法）确定履约进度，累计实际发生的成本包括企业向客户转移商品过程中所发生的直接成本和间接成本。

资产负债表日，企业应当在按照合同的交易价格总额乘以履约进度扣除以前会计期间累计已确认的收入后的金额，确认为当期收入。

本期确认收入＝合同的交易价格×履约进度－以前期间已确认收入

本期确认费用＝合同预计总成本×履约进度－以前期间已确认费用

本期确认毛利＝本期确认收入－本期确认费用

在下列情形下，企业在采用成本法确定履约进度时，可能需要对已发生的成本进行适当的调整：

① 已发生的成本并未反映企业履行履约义务的进度。例如，因企业生产效率低下等原因而导致的非正常消耗，包括非正常消耗的直接材料、直接人工及制造费用等。

② 已发生的成本与企业履行履约义务的进度不成比例。

每一资产负债表日，企业应当对履约进度进行重新估计，该变化应当作为会计估计变更进行会计处理。

对于每一项履约义务，企业只能采用一种方法来确定其履约进度，并加以一贯运用，对于类似情况下的类似履约义务，企业应当采用相同的方法确定履约进度。

对于在某一时段内履行的履约义务，只有当其履约进度能够合理确定时，才应当按照履约进度确认收入。当履约进度不能合理确定时，企业已经发生的成本预计能够得到补偿的，应当按照已经发生的成本金额确认收入，直到履约进度能够合理确定为止。

【例11-16】2×20年3月丙公司承揽一项建筑工程，根据合同的约定总价款1 000万元，但成本如果超过1 000万元，则甲方仅支付成本价。5月30日已发生成本700万元，但由于天气原因，预计将要发生的成本无法合理估计。从以上情况可以看出丙公司无法确定履约进度，但已经发生的成本预计能够得到补偿，丙公司应当按照已经发生的成本金额确认收入。

3. 在某一时点履行的履约义务

当一项履约义务不属于在某一时段内履行的履约义务时，应当属于某一时点履行的履约义务。对于在某一时点履行的履约义务，企业应当在客户取得相关商品控制权时点确认收入。在确定商品控制权转移时，企业应当考虑下列迹象：

① 企业就该商品享有现时收款权利，即客户就该商品负有现时付款义务；

② 企业已将该商品的法定所有权转移给客户，即客户已拥有该商品的法定所有权；

③ 企业已将该商品实物转移给客户，即客户已占有该商品实物；

④ 企业已将该商品所有权上的主要风险和报酬转移给客户，即客户已取得该商品所有权上的主要风险和报酬；

⑤ 客户已接受该商品；

⑥ 其他表明客户已取得商品控制权的迹象。

"售后代管商品"除考虑控制权转移的迹象之外，还需考虑：该安排具有商业实质，例如商品是应客户的要求而订立的；属于客户的商品必须能够单独识别，例如单独存放在指定地点；该商品可随时交付给客户；企业不能自行使用该商品或将该商品提供给其他客户。

【例11-17】长江公司生产并销售打印机。2×20年11月1日，长江公司与零售商A公司签订销售合同，向其销售0.5万台打印机。由于A公司的仓储能力有限，无法在2×20年年底之前接收该批打印机，双方约定长江公司在2×21年3月1日按照B公司的指令按时发货，并将打印机运送至A公司指定的地点。2×20年12月31日，长江公司共有上述打印机库存1万台，其中包括0.5万台将要销售给A公司的打印机。然而，这0.5万台打印机和其余0.5万台打印机一起存放并统一管理，并且彼此之间可以互相替换。

本例中，尽管是由于B公司没有足够的仓储空间才要求A公司暂不发货，并按照其指定的时间发货，但是由于这0.5万台打印机与长江公司的其他产品可以互相替换，且未单独存放保管，长江公司在向A公司交付这些打印机之前，能够将其提供给其他客户或者自行使用。因此，这0.5万台打印机在2×20年12月31日不满足"售后代管商品"安排下确认收入的条件。

4. 主要责任人与代理人

企业应当根据其在向客户转让商品前是否拥有对该商品的控制权，来判断其从事交易时的身份是主要责任人还是代理人。

企业在向客户转让商品前能够控制该商品的，该企业为主要责任人，应当按照已收或应收对价总额确认收入(总额法确认收入)。企业在向客户转让商品前不能控制该商品的，该企业为代理人，按照预期有权收取的佣金或手续费的金额确认收入，该金额应当按照已收或应收对价总额扣除应支付给其他相关方的价款后的净额，或者按照既定的佣金或比例等确定(净额法确认收入)。

企业在判断其在向客户转让特定商品之前是否已经拥有对该商品的控制权时，不应仅局限于合同的法律形式，而应当综合考虑所有相关事实和情况进行判断，这些事实和情况包括：

① 转让商品的主要责任是企业还是第三方；

② 该商品的存货风险在商品转让前后由企业还是第三方承担；

③ 所交易商品的价格由企业还是第三方决定。

企业在判断其是主要责任人还是代理人时，应当以该企业在特定商品转让给客户之前是否能够控制该商品为原则。

【例11-18】2×20年6月,甲旅行社从A航空公司购买了一定数量的折扣机票以应对旅游旺季的购票需求。甲旅行社向旅客销售机票时,可自行决定机票的价格等,未售出的机票不能退还给A航空公司。甲旅行社向客户提供的特定商品为机票,并在确定特定客户之前已经预先从航空公司购买了机票,因此,该权利在转让给客户之前已经存在。甲旅行社从A航空公司购入机票后,可以自行决定该机票的价格、向哪些客户销售等,甲旅行社有能力主导该机票的使用并且能够获得其几乎全部的经济利益。因此,甲旅行社在将机票销售给客户之前,能够控制该机票,甲旅行社的身份是主要责任人。

第三节 具体收入的确认与计量

一、一般销售商品业务的账务处理

收入确认与计量的五步法主要是针对企业复杂销售业务营业收入的确认和计量。在实务中,企业大部分都是相对简单的业务,有些步骤不一定存在,则不需要完全按照上述步骤进行营业收入的确认与计量。例如,商品零售企业销售商品,不需要签订合同,则不需要识别客户合同和识别合同中的履约义务;又如,客户合同中不包括可变对价、重大融资成分、非现金对价及应付客户对价等,则合同规定的交易价格即为最终交易价格;再如,客户合同中的商品为单件商品,则不需要再单独识别合同中的履约义务及交易价格的分摊。

【例11-19】长江公司于2×20年11月15日销售一批A产品给黄河公司。A产品的销售价格为100 000元,增值税销项税额为13 000元,成本为90 000元,长江公司开出增值税专用发票并按合同约定的品种和质量发出A产品,黄河公司收到A产品并验收入库。根据合同约定,黄河公司须于20天内付款。

在这项交易中,长江公司未与黄河公司签订商品销售合同,不需要识别合同及履约义务;该项交易内容单一且价格固定,最终交易价格即为收到的货款,且不需要分摊。黄河公司收到商品并取得该商品的控制权,长江公司收到货款并根据专用发票等确认营业收入。长江公司2×20年11月15日的账务处理如下(单位:元):

借:应收账款——黄河公司　　　　　　　　　　　　　113 000
　　贷:主营业务收入　　　　　　　　　　　　　　　　100 000
　　　　应交税费——应交增值税(销项税额)　　　　　 13 000
同时
借:主营业务成本　　　　　　　　　　　　　　　　　　 90 000
　　贷:库存商品　　　　　　　　　　　　　　　　　　 90 000

销售商品的销售折扣是指企业在销售商品时,为鼓励购货方多购买商品或尽早付款而给予的价款折扣,包括商业折扣和现金折扣。

商业折扣是指企业为促进商品销售而在商品标价上给予的价格扣除。商业折扣的目的是鼓励购货方多购商品,商品标价扣除商业折扣后的金额,为双方的实际交易价格,即发票价格。由于会计记录是以实际交易价格为基础的,而商业折扣是在交易成立之前予以扣除的折扣,它只是购销双方确定交易价格的一种方式,因此,并不影响销售的会计处理结果。

现金折扣是指企业为鼓励购买方在规定的折扣期内付款而给予购买方的价格扣除。在附有现金折扣条件的情况下,企业选择总价法还是净价法进行会计处理,取决于对可变对价最佳估计数的判断。在总价法下,如果购买方能够在折扣期内付款,企业应按购买方取得的现金折扣金额调减营业收入;在净价法下,如果购买方未能在折扣期内付款,企业应按购买方丧失的现金折扣金额调增营业收入。

销售折让是指企业因售出商品的质量不合格等而给予购货方的价格减让。销售折让可能发生在销货方确认收入之前,也可能发生在销货方确认收入之后。如果销售折让发生在销货方确认收入之前,销货方应将直接从原定的销售价格中扣除给予购货方的销售折让后的金额作为实际销售价格,并据以确认收入;如果销售折让发生在销货方确认收入之后,销货方应按实际给予购货方的销售折让,冲减当期营业收入。

销售退回是指企业已经销售的商品,可能会由于质量、品种不符合购货合同的要求而被客户退回,客户在退货的同时,应退回企业原开具的增值税专用发票。收到退回的商品及销售退回证明单时,应开具红字增值税专用发票,退还货款或冲减应收账款,并冲减主营业务收入和增值税销项税额;由企业负担的发货及退货运杂费,计入销售费用;未确认收入的售出商品发生销售退回的,企业应由发出商品转回库存商品。

二、委托代销业务

委托代销业务是指委托方和受托方签订代销合同,委托受托方向终端客户销售商品。依据收入准则规定,在这种业务模式下,对于委托方企业来说:应当评估其向受托方转让商品时受托方是否已获得对该商品的控制权,如果没有,委托方不应在此时确认收入,通常应当在受托方售出商品时确认销售商品收入。

对于受托方企业来说:应当根据其在向客户转让商品前是否拥有对该商品的控制权,来判断其从事交易时的身份是主要责任人还是代理人,向客户转让商品前不能够控制该商品的,受托方为代理人,应当在商品销售后,按合同约定方法计算确定的手续费确认收入。

表明一项业务安排是委托代销安排的迹象包括但不限于:

一是受托方向最终客户出售商品之前,委托方拥有对商品的控制权;

二是委托方能够要求受托方将委托代销的商品退回或者将其销售给其他经销商;

三是尽管受托方可能被要求向委托支付一定金额的押金,但是其并没有承担对这些商品无条件付款的义务。

【例11-20】2×19年6月1日,大宝公司委托小宝公司销售"酷毕"耳机1 000个,耳机已经发出,每个成本为70元。合同约定小宝公司应按每个100元对外销售,大宝公司按不含增值税的销售价格的10%向小宝公司支付手续费。除非这些耳机在小宝公司存放期间内由于小宝公司的责任发生毁损或丢失,否则在"酷毕"耳机对外销售之前,小宝公司没有义务向大宝公司支付货款。小宝公司不承担包销责任，没有售出的"酷毕"耳机须全部退回给大宝公司。当月末，小宝公司对外实际销售1 000件，开出的增值税专用发票上注明的销售价格为100 000元，增值税税额为13 000元，款项收到后，小宝公司立即向大宝公司开具代销清单并支付货款。大宝公司收到小宝公司开具的代销清单时，向小宝公司开具一张相同金额的增值税专用发票。

此例中，大宝公司将"酷毕"耳机发送至小宝公司后，小宝公司虽然已经实物占有"酷毕"耳机，但是仅是接受大宝公司的委托销售"酷毕"耳机，并根据实际销售的数量赚取一定比例的手续费。大宝公司有权要求收回未销售的"酷毕"耳机，小宝公司也不能主导这些耳机的销售价格，可以判断出小宝公司没有取得这些耳机的控制权。

因此，大宝公司将"酷毕"耳机发送至小宝公司时，不应确认收入，而应当在小宝公司将"酷毕"耳机销售给最终客户时确认收入。小宝公司在此业务中属于代理人，应该按获取的手续费确认收入。

大宝公司的账务处理如下(单位：元)：

(1)发出耳机时：

借：委托代销商品——小宝公司 70 000
  贷：库存商品——"酷毕"耳机 70 000

(2)收到代销清单时：

借：应收账款——小宝公司 113 000
  贷：主营业务收入——"酷毕"耳机 100 000
    应交税费——应交增值税(销项税额) 13 000

借：主营业务成本——"酷毕"耳机 70 000
  贷：委托代销商品——小宝公司 70 000

借：销售费用——代销手续费 10 000
  应交税费——应交增值税(进项税额) 600
  贷：应收账款——小宝公司 10 600

(3)收到小宝公司支付的货款时：

借：银行存款 102 400
  贷：应收账款——小宝公司 102 400

小宝公司的账务处理如下所示(单位：元)：

(1)收到耳机时：

借：受托代销商品——大宝公司 100 000
  贷：受托代销商品款——大宝公司 100 000

(2)对实现外销售时：

借：银行存款 113 000
  贷：受托代销商品——大宝公司 100 000
    应交税费——应交增值税(销项税额) 13 000

(3) 收到大宝公司增值税专用发票时：

借：受托代销商品款——大宝公司　　　　　　　　　　　　100 000
　　应交税费——应交增值税——进项税额　　　　　　　　 13 000
　　贷：应付账款——大宝公司　　　　　　　　　　　　　　113 000

(4) 支付货款并计算代销手续费时：

借：应付账款——大宝公司　　　　　　　　　　　　　　　113 000
　　贷：银行存款　　　　　　　　　　　　　　　　　　　　102 400
　　　　其他业务收入——代销手续费　　　　　　　　　　　 10 000
　　　　应交税费——应交增值税(销项税额)　　　　　　　　　　600

三、分期收款销售

企业采用长期分期收款销售方式销售商品时，因收款期较长该项销售业务具有重大融资成分，在满足收入确认条件的情况下，应按照商品的现销价格确认收入。如果销售的商品不存在现销价格，则按照不含增值税的分期收款总额的现值确认收入，不含增值税的分期收款总额与确认收入额差额作为未实现融资收益。

【例11-21】2×19年1月1日，长江公司与黄河公司签订购销合同，长江公司将其生产的一套设备销售给黄河公司，该设备的售价为2 000万元，成本为1 500万元。根据合同约定黄河公司分4年于每年年末等额支付(即每年500万元)。在现销方式下，该设备的销售价格为1 700万元。增值税纳税义务在支付价款时发生，适用的增值税税率为13%，实际利率为6.84%。

长江公司应当确认的销售商品收入金额为1 700万元。长江公司的账务处理如下所示(单位：万元)：

借：长期应收款　　　　　　　　　　　　　　　　　　　　　2 000
　　贷：主营业务收入　　　　　　　　　　　　　　　　　　　1 700
　　　　未实现融资收益　　　　　　　　　　　　　　　　　　　300
借：主营业务成本　　　　　　　　　　　　　　　　　　　　1 500
　　贷：库存商品　　　　　　　　　　　　　　　　　　　　　1 500

未实现融资收益每年的分摊情况如表11-1所示。

表11-1　未实现融资收益分摊表　　　　　　　　　　单位：万元

年份	①年初摊余成本 (年初本金)	②利息收益 (本×利率)	③实际收款金额	④年末摊余成本 (①+②-③)
第1年	1 700	116.28	500	1 316.28
第2年	1 316.28	90.03	500	906.31
第3年	906.31	61.99	500	468.3
第4年	468.3	31.7*	500	0
合计	—	300	2 000	

*尾数调整：500-468.3 或 300-116.28-90.03-61.99。

每年分录为：

借：未实现融资收益②
  贷：财务费用②

收款时：

借：银行存款   565
  贷：长期应收款   500
    应交税费——应交增值税(销项税额) 65

四、附有客户额外购买选择权的销售

对于附有客户额外购买选择权的销售，企业应当评估该选择权是否向客户提供了一项重大权利。企业提供重大权利的，应当作为单项履约义务，将交易价格分摊至该履约义务，在客户未来行使购买选择权取得相关商品控制权时，或者该选择权失效时，确认相应的收入。客户额外购买选择权的单独售价无法直接观察的，企业应当综合考虑客户行使和不行使该选择权所能获得的折扣的差异、客户行使该选择权的可能性等全部相关信息后，予以合理估计。

合同中包含两项或多项履约义务的，企业应当在合同开始日，按照各单项履约义务所承诺商品的单独售价的相对比例，将交易价格分摊至各单项履约义务。企业不得因合同开始日之后单独售价的变动而重新分摊交易价格。

"客户奖励积分"属于"附有客户额外购买选择权的销售"的一种具体体现方式。依据上述规定，对于客户选择权的"客户奖励积分"，企业应当分析判断该积分兑换的选择权是否向客户提供了一项重大权利(具有实质性)。如果客户行使该选择权能兑换到额外有价值商品时，则通常认为该选择权向客户提供了一项重大权利。该选择权向客户提供了重大权利的，应当作为单项履约义务。在判断该权利是否重大时，应该考虑金额和性质进行综合判断。

【例11-22】2×19年1月1日，A教育公司开始推行一项奖励积分计划。根据该计划，学员在该公司每消费10元可获得1个积分，每个积分从次月开始在购买其他课程时可以抵减1元。假设截至2×19年3月31日，某学员共消费10 600 000元，已给学员开具发票，累计1 060 000积分，根据历史经验，该公司估计该积分的兑换率为95%。

该公司认为其授予学员的积分可以单独抵减课程价款，属于为学员提供了一项重大权利，应当作为一项单独的履约义务。学员购买课程单独售价合计为10 600 000元，考虑积分的兑换率，公司估计积分的单独售价为1 007 000元(1元×1 060 000个积分×95%)。该公司依据准则规定按照商品和积分单独售价的相对比例对交易价格进行分摊，具体如下：

分摊至课程的交易价格=10 600 000×10 600 000÷(10 600 000+1 007 000)=9 680 365.30
分摊至积分的交易价格=10 600 000×1 007 000÷(10 600 000+1 007 000)=919 634.70

因此，截至2×19年3月31日该公司应当确认课程收入9 132 420.09元(不含增值税)，同时确认合同负债867 579.91元(不含增值税)，A公司的账务处理如下所示(单位：元)：

借：银行存款 10 600 000
　　贷：主营业务收入 9 132 420.09
　　　　合同负债 867 579.91
　　　　应交税费——应交增值税(销项税额) 600 000.00

如果，在4月份按照估计的兑换率，学员在购课时使用积分抵减了购课价款，那么该公司应该做如下账务处理(单位：元)：

借：合同负债 867 579.91
　　贷：主营业务收入 867 579.91

五、附有销售退回条件的销售

附有销售退回条件的销售是指购买方依照有关合同有权退货的销售方式。对于附有销售退回条件的销售，企业应当在客户取得相关商品控制权时，按照因向客户转让商品而预期有权收取的对价金额(不包含预期因销售退回将退还的金额)确认收入，按照预期因销售退回将退还的金额确认负债；同时，按照预期将退回商品转让时的账面价值，扣除收回该商品转让时预计发生的成本后的余额，确认为一项资产，按照所转让商品转让时的账面价值，扣除上述资产成本净额结转成本。

【例11-23】长江公司是一家男装生产企业。2×19年11月1日，长江公司向黄河公司销售5 000件男装，单位销售价格为1 000元，单位成本为700元，开出的增值税专用发票上注明的销售价格为500万元，增值税为65万元。服装已经发出，但款项尚未收到。根据协议约定，黄河公司应于2×19年12月31日之前支付货款，在2×20年3月31日之前有权退还所购服装。

2×19年11月1日，长江公司根据过去的经验，估计该批男装的退货率约为20%。在2×19年12月31日，长江公司对退货率进行了重新评估，认为只有10%的男装会被退回。长江公司为增值税一般纳税人，服装发出时纳税义务已经发生。2×20年3月31日发生销售退回退货量为400件，款项已支付，实际发生退回时开具红字增值税专用发票。假定服装发出时控制权转移给黄河公司。长江公司账务处理如下(单位：元)：

(1)2×19年11月1日发出服装时：
借：应收账款 5 650 000
　　贷：主营业务收入 (4 000×1 000)4 000 000
　　　　应交税费——应交增值税(销项税额) 650 000
　　　　预计负债——应付退货款 (1 000×1 000)1 000 000
借：主营业务成本 (4 000×700)2 800 000
　　应收退货成本 (1 000×700)700 000
　　贷：库存商品 3 500 000
注：应收退货成本是一项资产

(2) 2×19 年 12 月 31 日前收到货款时：
借：银行存款　　　　　　　　　　　　　　　　　　　5 650 000
　　贷：应收账款　　　　　　　　　　　　　　　　　　　5 650 000

(3) 2×19 年 12 月 31 日，对退货率进行重新评估（估计退货数量为 500 件），补确认收入与成本、冲减负债和资产：
借：预计负债——应付退货款　　　　　　　　　　　500 000（500×1 000）
　　贷：主营业务收入　　　　　　　　　　　　　　　　　500 000
借：主营业务成本　　　　　　　　　　　　　　　　　350 000
　　贷：应收退货成本　　　　　　　　　　　　　　　　350 000（500×700）

(4) 2×20 年 3 月 31 日发生销售退回，实际退货量为 400 件，退货款项已经支付（不确定因素消失）：
借：库存商品　　　　　　　　　　　　　　　　　　280 000（400×700）
　　应交税费——应交增值税（销项税额）　　　　　52 000
　　预计负债——应付退货款　　　　　　　　　　　500 000
　　贷：应收退货成本　　　　　　　　　　　　　　　　280 000
　　　　主营业务收入　　　　　　　　　　　　　　　　100 000
　　　　银行存款　　　　　　　　　　　　　　　　　　452 000
借：主营业务成本　　　　　　　　　　　　　　　　　70 000
　　贷：应收退货成本　　　　　　　　　　　　　　　　70 000

第四节　费用

费用是企业在日常活动中发生的会导致所有者权益减少的、与向所有者分配利润无关的经济利益的总流出。

广义的费用包括生产费用和期间费用，生产费用分为直接费用和间接费用。直接费用是指在制造成本法下，直接进入到生产中的各项费用，主要指直接材料、直接人工等直接费用；属于企业辅助生产车间为生产产品提供动力等直接费用，应该在辅助生产成本核算。制造费用是最主要的间接费用，它核算企业为生产产品和提供劳务而发生的各项间接费用，包括车间管理人员的工资和福利费、折旧费、修理费、办公费、水电费、机物料消耗、劳动保护费等。

期间费用是指企业日常活动发生的不能计入特定核算对象的成本，而应计入发生当期损益的费用，包括管理费用、销售费用和财务费用。之所以不计入特定的成本核算对象，主要是因为期间费用是企业为组织和管理整个经营活动所发生的费用，与可以确定特定成本核算对象的材料采购、产成品生产等没有直接关系，因而期间费用不计入有关核算对象的成本，而是直接计入当期损益。

一、管理费用

管理费用包括企业董事会和行政管理部门在企业经营管理中发生的，或者应当由企业统一负担的公司经费、工会经费、劳动保险费、董事会费、聘请中介机构费、咨询费、诉讼费、业务招待费、办公费、差旅费、通信费、绿化费、管理人员工资及福利费等。

企业应通过"管理费用"科目,核算管理费用的发生和结转情况。该科目借方登记企业发生的各项管理费用,贷方登记期末转入"本年利润"科目的管理费用,结转后该科目应无余额。该科目按管理费用的费用项目进行明细核算。

企业在筹建期间发生的开办费,包括人员工资、办公费、培训费、差旅费、印刷费、注册登记费等,借记"管理费用"科目,贷记"银行存款"科目;企业行政管理部门人员的职工薪酬,借记"管理费用"科目,贷记"应付职工薪酬"科目。

企业按规定计算确定的应交矿产资源补偿费,借记"管理费用"科目,贷记"应交税费"等科目;企业行政管理部门发生的办公费、水电费、差旅费等以及企业发生的业务招待费、咨询费、研究费用等其他费用,借记"管理费用"科目,贷记"银行存款""研发支出"等科目;行政管理部门计提的固定资产折旧,借记"管理费用"科目,贷记"累计折旧"科目。

期末,应将"管理费用"科目余额转入"本年利润"科目,借记"本年利润"科目,贷记"管理费用"科目。

【例 11-24】 长江公司本月发生的工资费用为 4 000 万元,其中生产 A 产品的工人工资 1 320 万元,生产 B 产品的工人工资 1 430 万元,车间管理人员工资 500 万元,企业行政管理人员工资 750 万元。

长江公司的账务处理如下所示(单位:万元):

借:生产成本——A 产品　　　　　　　　　　　　　　1 320
　　　　　　——B 产品　　　　　　　　　　　　　　1 430
　　制造费用　　　　　　　　　　　　　　　　　　　　500
　　管理费用　　　　　　　　　　　　　　　　　　　　750
　　贷:应付职工薪酬——工资　　　　　　　　　　　　4 000

二、销售费用

销售费用是指企业在销售商品和材料过程中发生的费用。销售费用包括销售产品过程中发生的运输费、装卸费、包装费、保险费、展览费和广告费,以及为销售本企业商品而专设的销售机构(含销售网点、售后服务网点等)的职工薪酬、业务费等经营费用。商品流通企业在购买商品过程中发生的进货费用也包括在内。

企业在销售商品过程中发生的包装费、保险费、展览费和广告费、运输费、装卸费等费用,借记"销售费用"科目,贷记"库存现金""银行存款"等科目。企业发生的为销售本企业商品而专设的销售机构的职工薪酬、业务费等费用,借记"销售费用"科目,贷记"应付职工薪酬""银行存款""累计折旧"等科目。

期末,应将"销售费用"科目余额转入"本年利润"科目,借记"本年利润"科目,贷记"销售费用"科目。

【例11-25】企业用银行存款2 000元支付A产品的搬运费,相关账务处理如下所示:
  借:销售费用   2 000
    贷:银行存款   2 000

【例11-26】企业以银行存款支付广告费10 000元,相关账务处理如下所示:
  借:销售费用   10 000
    贷:银行存款   10 000

三、财务费用

财务费用科目是指企业为筹集生产经营所需资金等而发生的费用的科目。具体项目有:利息净支出(利息支出减利息收入后的差额)、汇兑净损失(汇兑损失减汇兑收益的差额)、金融机构手续费以及筹集生产经营资金发生的其他费用等。

企业发生的财务费用,借记"财务费用"科目,贷记"银行存款""应付利息"等科目。发生的应冲减财务费用的利息收入、汇兑损益、现金折扣,借记"银行存款""应付账款"等科目,贷记"财务费用"科目。

期末,应将"财务费用"科目余额转入"本年利润"科目,借记"本年利润"科目,贷记"财务费用"科目。

【例11-27】企业计提应由本期负担的银行借款利息为1 900元,相关账务处理如下所示:
  借:财务费用   1 900
    贷:应付利息   1 900

【例11-28】9月份初期,甲企业因为业务需要,用660 000元人民币换取100 000美元备用。但是隔年3月份时,因为业务取消,所以甲企业又把美元兑换为人民币,但是因为汇率的变动,100 000美元只换取了620 000元人民币,试编写相关会计分录。

在9月初兑换时:
  借:银行存款——美元   660 000
    贷:银行存款——人民币   660 000

在隔年3月份,发生40 000元人民币的损失时:
  借:银行存款——人民币   620 000
    财务费用——汇兑损失   40 000
    贷:银行存款——美元   660 000

【例11-29】甲企业通过网上银行向乙企业汇款,发生了200元的手续费,试编写相关分录。
  借:财务费用——金融机构手续费   200
    贷:银行存款   200

第五节 利润

一、利润的定义

利润是指企业在一定会计期间的经营成果，包括收入减去费用后的净额、直接计入当期利润的利得和损失等。其中，收入减去费用后的净额反映的是企业日常活动的经营成果；直接计入当期利润的利得和损失，是指直接计入当期损益的、最终会引起所有者权益发生增减变动的、与所有者投入资本或者向所有者分配利润无关的利得或者损失，反映的是企业非日常活动的经营成果。

二、利润的构成

根据我国企业会计准则的规定，企业的利润一般包括营业利润、利润总额和净利润三部分。

1. 营业利润

营业利润是指企业一定期间的日常活动取得的利润。其计算公式如下所示：

营业利润=营业收入−营业成本−税金及附加−销售费用−管理费用−财务费用−研发费用−资产减值损失−信用减值损失+其他收益+投资收益(或−投资损失)+公允价值变动收益(或−公允价值变动损失)+资产处置收益(或−资产处置损失)

2. 利润总额

利润总额=营业利润+营业外收入−营业外支出

营业外收入是指企业发生的与日常活动无直接关系的，直接计入当期损益的各项利得。包括的主要项目如下：非流动资产毁损报废利得、债务重组利得、非货币性资产交换利得、盘盈利得、政府补助利得、捐赠利得等。

营业外支出是指企业发生的与其日常活动无直接关系的各项损失，主要包括非流动资产毁损报废损失、债务重组损失、公益性捐赠支出、非常损失、盘亏损失等。

企业应通过"营业外收入""营业外支出"科目核算营业外收入、营业外支出的发生及结转情况。"营业外收入"科目贷方登记企业发生的各项营业外收入，借方登记期末转入"本年利润"的金额；"营业外支出"科目借方登记企业发生的各项营业外支出，贷方登记期末结转入本年利润的金额。结转后这两个科目应无余额。两个科目应按照营业外收入和营业外支出的项目进行明细核算。

3. 净利润

净利润=利润总额−所得税费用

式中，所得税费用是指企业按照会计准则的规定确认的当期所得税费用等。

三、净利润的结转与分配

企业应设置"本年利润"科目,用于核算企业当期实现的净利润或发生的净亏损。

1. 净利润的结转

会计期末,净利润的结转分为以下几个步骤:

1)将"收入"类科目转入"本年利润"的贷方,即:

借:主营业务收入
　　其他业务收入
　　营业外收入
　　投资收益
　　贷:本年利润

2)将"成本","费用"类科目转入"本年利润"的借方,即:

借:本年利润
　　贷:主营业务成本
　　　　其他业务成本
　　　　税金及附加
　　　　管理费用
　　　　销售费用
　　　　财务费用
　　　　资产减值损失
　　　　信用减值损失
　　　　公允价值变动损益
　　　　营业外支出
　　　　所得税费用

3)最后,用"本年利润"的贷方数减去借方数:

① 如果"本年利润"的贷方数减去借方数大于零,则表示该会计期间企业是盈利的,做如下账务处理:

借:本年利润
　　贷:利润分配——未分配利润

② 如果"本年利润"的贷方数减去借方数小于零,则表示该会计期间企业是亏损的,做如下账务处理:

借:利润分配——未分配利润
　　贷:本年利润

2. 利润分配

为了核算企业利润的分配(或亏损的弥补)和历年分配(或弥补)后的积存余额,设置"利润分配"账户,它属于所有者权益类账户,借方登记利润已分配额和亏损转入额,贷方登记利润转入额和亏损的弥补额,年末若为贷方余额表示未分配利润,若为借方余额表示未弥补的亏损。该账户设置明细账户,有"提取法定盈余公积""提取任意盈余公积""应付现金股利(或利润)""转作股本的普通股股利""未分配利润"等。年度终了,企业应将"利润分配"账户所属其他明细账户的余额转入"未分配利润"明细账户。结转后,除"未分配利润"明细账户外,其他明细账户应无余额。具体账务处理如下所示:

1) 提取盈余公积时:
  借:利润分配——提取法定盈余公积
      ——提取任意盈余公积
   贷:盈余公积——法定盈余公积
      ——任意盈余公积

2) 分配现金股利时:
  借:利润分配——应付现金股(或利润)
   贷:应付股利

3) 分配股票股利,同时办理增资手续时:
  借:利润分配——转作股本的股利
   贷:股本

4) 结转利润分配其他明细科目余额:
  借:利润分配——未分配利润
   贷:利润分配——提取法定盈余公积
      ——提取任意盈余公积
      ——应付现金股利(或利润)
      ——转作股本的股利

思 考 题

1. 确认收入的五步法是什么?
2. 如何对具有融资性质的分期收款销售进行会计处理?
3. 附有销售退回条件的销售如何进行会计处理?
4. 期间费用的构成有哪些?
5. 利润的三层含义是什么?

练 习 题

习题一:长江公司集团内部审计部门在对集团下属全资子公司审计时,就以下销售业务的会计处理产生了疑问:

资料1:2×19年1月1日,甲公司与A公司签订合同,向其销售一批产品,合同约定:该批产品将于两年之后交货,合同中包含两种可供选择的付款方式,即A公司可以在两年后交付产品时支付 449.44 万元，或者在合同签订时支付 400 万元，该合同的内含利率为 6%，A 公司选择在合同签订时支付货款；该批产品的控制权在交货时转移。甲公司于 2×19 年 1 月 1 日收到 A 公司支付的货款。

资料 2：丙公司与 D 客户订立了一份非独家软件使用授权许可合同，有效期为三年，交易的对价为 100 万元。软件为论文数据库、法规数据库。合同和惯例都表明，丙公司需要持续对数据库进行更新，维护数据库的功能。

资料 3：丁公司与 E 客户订立一项提供咨询服务的合同，服务的结果为向 E 客户提供的专业意见。专业意见与 E 客户特有的事实和情况相关。如果 E 客户基于并非丁公司未能按承诺履约之外的其他原因终止该咨询合同，合同要求 E 客户按丁公司已发生的成本加上 15%的毛利做出补偿。该 15%的毛利率近似于丁公司从类似合同赚取的毛利率。

假设上述所有资料的金额均不包含增值税，且不考虑增值税的影响。

要求：

(1)根据资料 1 编制甲公司 2×19 年 1 月 1 日至 2×20 年 12 月 31 日相关的会计分录。

(2)根据资料 2 和资料 3 分析，签订的销售合同是否属于一段时间内履行的履约义务，并说明理由。(答案中金额单位用元表示)

习题二：长江公司 2×19 年 7 月 15 日完成了一笔附有销售退回条件的商品销售，销售金额是 100 万元，成本是 80 万，根据以往经验退货率是 10%，请编制 7 月 15 日会计分录并根据以下几种情况编制会计分录：

(1)退货期满，如果实际退货 6%，小于原来估计的 10%。

(2)退货期满，如果实际退货 10%，和原来估计的金额相等。

(3)退货期满，如果实际退货 14%，大于原来估计的 10%。

第十二章
所得税会计

本章学习提示

学习内容：

了解所得税会计的概念、资产负债表债务法的内涵，掌握资产或负债的账面价值与计税基础的界定、可抵扣暂时性差异和应纳税暂时性差异的界定以及资产负债表债务法的核算原理。

学习要点：

1. 资产账面价值与计税基础的判定；
2. 负债账面价值与计税基础的判定；
3. 应纳税暂时性差异的判定；
4. 可抵扣暂时性差异的判定；
5. 递延所得税资产的确认；
6. 递延所得税负债的确认；
7. 应纳税所得额的确认和应交所得税的计算；
8. 各期所得税费用的确认。

第一节 所得税会计概述

所得税会计是研究处理会计收益和应税收益差异的会计理论和方法,是税务会计的一个分支,是反映企业所得税的确认、计量和报告的一整套会计原理、程序和方法。它诞生于西方的会计学领域,最早出现于 20 世纪初的美国。1953 年,美国会计师协会宣布采用应付税款法,这开启了所得税会计的历史进程。时至今日,所得税会计核算方法经历了递延法、利润表债务法、资产负债表债务法,经长期研究和实践已发展得较为成熟。

中国的所得税制度是伴随着中国经济体制改革的不断进行确立和发展起来的。随着经济体制改革的进行,中国原有的税制已不适应市场经济的要求,影响税收作用的发挥。因此,中国对税制进行了改革和调整。中国自 1992 年颁布《税收征管法》和 1993 年颁布《企业所得税条例》开始,就确立了会计制度服从税法的计税原则,1994 年财政部下发的《企业所得税处理的暂行规定》是中国企业所得税会计处理的主要依据。新税法的颁布,使税法标准与会计准则的差异不断扩大,中国会计和税法的改革正朝着各自独立的方向发展。

所得税会计产生的原因主要是会计收益与应税收益存在的差异所致。会计收益和应税收益是经济领域中两个不同的经济概念,分别遵循不同的原则,规范不同的对象,体现不同的要求。因此,同一企业在同一会计期间按照会计准则计算的会计收益与按照国家税法计算的应税收益之间出现差异是不可避免的,故在计算所得税时,不可能直接以会计收益为依据,而要按所得税法规定对会计收益进行调整后,才能正确地计算出应税收益,因而就产生了调整这一复杂过程的专门的所得税会计。

所得税会计的核算方法分为两大类,即应付税款法和纳税影响会计法。纳税影响会计法又分为资产负债表债务法和利润表债务法。目前我国会计准则要求企业采用资产负债表债务法。

一、纳税影响会计法

应付税款法,是指本期税前会计利润与应纳税所得额之间的差异造成的影响纳税的金额直接计入当期损益,而不递延到以后各期的会计处理方法。在应付税款法下,不需要确认税前会计利润与应纳税所得额之间的差异造成的影响纳税的金额,因此当期计入损益的所得税费用等于当期按应纳税所得额计算的应交所得税,显然这种方法不符合权责发生制。

纳税影响会计法认为,当会计与税务产生收入、支出上的暂时性差异(对于永久性差异,应付税款法与纳税影响会计法的处理相同)时,应当以会计口径的利润认定所得税费用,以税务口径的利润认定应交所得税,二者之差通过"递延所得税资产"科目、"递延所得税负债"科目调整。

【例 12-1】长江公司 2×20 年年初开始对某设备提取折旧,该设备原价为 40 万元,假定无残值,会计上采用两年期直线法提取折旧,税务口径认可四年期直线法折旧。假定每年的税前会计利润为 100 万元,所得税税率为 25%,设备折旧在会计、税务上的差异如表 12-1 所示,应付税款法的会计处理如表 12-2 所示,纳税影响会计法的会计处理如表 12-3 所示。

表 12-1　设备折旧在会计、税务上的差异　　　　　单位:万元

	2×20 年	2×21 年	2×22 年	2×23 年
会计口径	20	20	0	0
税务口径	10	10	10	10
暂时性差异	10	10	−10	−10

表 12-2　应付税款法的会计处理　　　　　单位:万元

项目	2×20 年	2×21 年	2×22 年	2×23 年
税前会计利润	100	100	100	100
暂时性差异	10	10	−10	−10
应税所得	110	110	90	90
应交所得税	27.5	27.5	22.5	22.5
所得税费用	27.5	27.5	22.5	22.5
净利润	72.5	72.5	77.5	77.5

表 12-3　纳税影响会计法的会计处理　　　　　单位:万元

项目	2×20 年	2×21 年	2×22 年	2×23 年
税前会计利润	100	100	100	100
暂时性差异	10	10	−10	−10
应税所得	110	110	90	90
应交所得税	27.5	27.5	22.5	22.5
递延所得税资产	借记 2.5	借记 2.5	贷记 2.5	贷记 2.5
所得税费用=会计口径利润×所得税税率	25	25	25	25
会计分录	借:所得税费用 　　递延所得税资产 　贷:应交税费——应交所得税　27.5	借:所得税费用 　　递延所得税资产 　贷:应交税费——应交所得税　27.5	借:所得税费用 　贷:递延所得税资产　2.5 　　应交税费——应交所得税　22.5	借:所得税费用 　贷:递延所得税资产　2.5 　　应交税费——应交所得税　22.5

【例 12-2】资料同【例 12-1】,如果将会计折旧口径与税务折旧口径互换(如表 12-4 所示),则纳税影响会计法的会计处理如表 12-5 所示。

表 12-4　设备折旧在会计、税务上的差异　　　　　单位:万元

	2×20 年	2×21 年	2×22 年	2×23 年
税务口径	20	20	0	0
会计口径	10	10	10	10
暂时性差异	10	10	−10	−10

表 12-5　纳税影响会计法的会计处理　　　　　单位:万元

项目	2×20 年	2×21 年	2×22 年	2×23 年
税前会计利润	100	100	100	100
暂时性差异	−10	−10	10	10

续表

项目	2×20 年	2×21 年	2×22 年	2×23 年
应税所得	90	90	110	110
应交所得税①	22.5	22.5	27.5	27.5
递延所得税负债②	贷记 2.5	贷记 2.5	借记 2.5	借记 2.5
所得税费用③=会计口径利润×所得税税率	25	25	25	25
会计分录	借：所得税费用③ 　贷：递延所得税负债② 　　　应交税费——应交所得税①		借：所得税费用③ 　　递延所得税负债② 　贷：应交税费——应交所得税①	

从上例可以看出，应付税款法中将按税法计算的应纳税额作为所得税费用的金额，体现不出会计准则与税法相关规定的差异，不符合权责发生制原则，而且计算出的净利润也不是一个纯粹的会计指标。所以为解决以上问题，纳税影响会计法应运而生。这里的"递延所得税资产"有待摊的含义(按照税法已经交纳税款，但会计上先不作为费用，留待以后摊进所得税费用)，而"递延所得税负债"有预提的含义(按照税法先不用交纳税款，但会计上已经作为费用，留待以后再纳税)。

二、资产负债表债务法的一般程序

在采用资产负债表债务法核算所得税的情况下，企业一般应于每一资产负债表日进行所得税的核算。企业合并等特殊交易或事项发生时，在确认因交易或事项取得的资产、负债时即应确认相关的所得税影响。企业进行所得税核算一般应遵循以下程序：

第一，按照相关会计准则规定确定资产负债表中除递延所得税资产和递延所得税负债以外的其他资产和负债项目的账面价值。

第二，按照会计准则中对于资产和负债计税基础的确定方法，以适用的税收法规为基础，确定资产负债表中有关资产和负债的计税基础。

第三，确定资产或负债的账面金额与其计税基础之间的差额，计算暂时性差异。对于存在差异的，区分应纳税暂时性差异和可抵扣暂时性差异，按资产负债表日所得税税率计算该差异产生的递延所得税负债和递延所得税资产。如果期初递延所得税负债和递延所得税资产余额小于资产负债表日产生的递延所得税负债和递延所得税资产额，对于两者之间的差额应进一步确认为当期的递延所得税负债和递延所得税资产；如果期初递延所得税负债和递延所得税资产的余额大于资产负债表日产生的递延所得税负债和递延所得税资产额，对于两者之间的差额应予以转销。

第四，计算应交所得税。按照税法规定对会计利润进行调整，计算企业应纳税所得额，按适用税率计算企业应交所得税。

应纳税所得额=收入总额-不征税收入-免税收入-各项扣除-以前年度亏损
应交所得税=应纳税所得额×所得税适用税率

第五，计算当期利润表中的所得税费用。根据当期应交所得税和当期进一步确认或转销的递延所得税负债和递延所得税资产计算当期所得税费用。

当期所得税费用=当期应交所得税税额+(期末递延所得税负债-期初递延所得税负债)-(期末递延所得税资产-期初递延所得税资产)

第二节 资产、负债的计税基础及暂时性差异

所得税会计核算的关键在于确定资产、负债的计税基础。资产、负债的计税基础的确定,与税收法规的规定密切关联。企业在取得资产、负债时,应当确定其计税基础。

一、资产与负债的计税基础

1. 资产的计税基础

资产的计税基础指企业收回资产账面价值的过程中,计算应纳税所得额时按照税法可以自应税经济利益中抵扣的金额。显然,资产的计税基础是税法允许未来抵税的资产价值,也就是未来不需要纳税的资产价值,即现在不能税前列支抵扣的金额。通常情况下,资产在取得时其入账价值与计税基础是相同的,后续计量过程中因会计准则规定与税法规定不同,可能造成账面价值与计税基础的差异。计算公式如下:

资产的计税基础=未来可税前列支的金额

某一资产负债表日的计税基础=成本-以前期间已税前列支的金额

例如固定资产、无形资产等长期资产在某一资产负债表日的计税基础是指其成本扣除按照税法规定已在本期及以前期间税前扣除的累计折旧额或累计摊销额后的金额。

2. 负债的计税基础

负债的计税基础,是指负债的账面价值减去未来期间计算应纳税所得税额时按照税法规定可予以抵扣的金额。用公式表示为:

负债的计税基础=账面价值-未来期间按照税法规定可予以税前扣除的金额

二、暂时性差异

暂时性差异指资产或负债的计税基础与其列示在会计报表上的账面价值之间的差异。根据暂时性差异对未来期间应税金额影响不同,分为应纳税暂时性差异和可抵扣暂时性差异。在以后年度,当会计报表上列示的资产收回或者列示的负债偿还时,该差异会产生应课税金额或扣除金额。

未作为资产或负债确认的项目,如果按照税法规定可以确定其计税基础,则可以计算相关的暂时性差异。

1. 可抵扣暂时性差异

可抵扣暂时性差异是指在确定未来收回资产或清偿负债期间的应纳税所得额时,将导致产生可抵扣金额的暂时性差异。该差异在未来期间转回时会减少转回期间的应纳税所得

额，减少未来期间的应缴所得税。在可抵扣暂时性差异产生当期，应当确认相关的递延所得税资产。可抵扣暂时性差异一般产生于以下情况：

(1) 资产的账面价值小于其计税基础

当资产的账面价值小于其计税基础时，从经济含义来看，资产在未来期间产生的经济利益少，按照税法规定允许税前扣除的金额多，而计入利润表的费用项目金额偏小。因此，未来期间计算的应纳税所得额将会小于会计利润。此账面价值与计税基础之间的差额，企业在未来期间可以减少应纳税所得额并减少应缴所得税，此情形下的暂时性差异为可抵扣暂时性差异。

出现这种情况的常见原因是，企业按照会计准则加速折旧、加速摊销、提取资产减值准备、确认资产公允价值下降等。这些会计处理会导致资产减少，而税收法规只承认依照税法计算的折旧额和摊销额，对于会计上所记载的资产减值损失、公允价值变动损失和超过税法规定标准计提的累计折旧和累计摊销的金额，则一概不予认可。这样，资产的账面价值较小，而其计税基础较大，两者之间形成了可抵扣暂时性差异。

(2) 负债的账面价值大于其计税基础

当负债的账面价值大于其计税基础时，负债产生的暂时性差异实质上是税法规定就该项负债可以在未来期间税前扣除的金额。即：负债产生的暂时性差异=账面价值-计税基础=账面价值-(账面价值-未来期间计税时按照税法规定可予税前扣除的金额)=未来期间计税时按照税法规定可予税前扣除的金额。

一项负债的账面价值大于其计税基础，意味着未来期间按照税法规定与该项负债相关的全部或部分支出可以从未来应税经济利益中扣除，减少未来期间的应纳税所得额和应缴所得税。

2. 应纳税暂时性差异

应纳税暂时性差异是指在确定未来收回资产或清偿负债期间的应纳税所得额时，将导致产生应税金额的暂时性差异。该差异在未来期间转回时，会增加转回期间的应纳税所得额，即在未来期间不考虑该事项影响的应纳税所得额的基础上，由于该暂时性差异的转回，会进一步增加转回期间的应纳税所得额和应缴所得税金额。应纳税暂时性差异通常产生于以下情况：

(1) 资产的账面价值大于其计税基础

资产的账面价值大于其计税基础，这就意味着，未来期间税法允许税前扣除的金额少，而计入利润表的费用项目的金额偏大，因此，未来期间计算的应纳税所得额将大于会计利润。此情形下的暂时性差异为应纳税暂时性差异。出现这种情况的常见原因是，企业按照会计准则记载了公允价值的上升，但税法一概不予认可。

(2) 负债的账面价值小于其计税基础

一项负债的账面价值为企业预计在未来期间清偿该项负债时的经济利益流出，而其计税基础代表的是账面价值在扣除税法规定未来期间允许税前扣除的金额之后的差额。因负债的账面价值与其计税基础不同产生的暂时性差异，本质上是税法规定就该项负债在未来期间可以税前扣除的金额(即与该项负债相关的费用支出在未来期间可予税前扣除的金额)。负债的账面价值小于其计税基础，则意味着就该项负债在未来期间可以税前抵扣的金额为负数，即应在未来期间应纳税所得额的基础上调增，增加应纳税所得额和应缴所得税金额，产生应纳税暂时性差异。

综上所述，暂时性差异产生的原因可总结如下：

资产的账面价值>计税基础，形成应纳税暂时性差异；
资产的账面价值<计税基础，形成可抵扣暂时性差异；
负债的账面价值>计税基础，形成可抵扣暂时性差异；
负债的账面价值<计税基础，形成应纳税暂时性差异。

三、具体资产项目的暂时性差异分析

1. 固定资产

账面价值=实际成本−会计累计折旧−固定资产减值准备

计税基础=实际成本−按照税法规定已在以前期间税前扣除的折旧额

初始确认时固定资产的入账价值一般等于计税基础。

后续计量时：账面价值=实际成本−累计折旧(会计)−减值准备

计税基础=实际成本−累计折旧(税收)

产生差异的原因：

① 折旧方法：会计准则规定，企业应当根据与固定资产有关的经济利益的预期实现方式合理选择折旧方法，包括可以采取加速折旧方法；税法除某些按照规定可以加速折旧的情况外，基本上可以税前扣除的是按照直线法计提的折旧。

② 折旧年限：会计准则根据固定资产的性质和使用情况合理确定；税法对每类固定资产的折旧年限都做出了规定。

③ 计提减值准备：会计准则下固定资产可以计提固定资产减值准备，计提后固定资产账面价值下降；税法规定按照会计准则规定计提的资产减值准备在资产发生实质性损失前不允许税前扣除。

【例12-3】长江公司2×20年12月购入的管理部门所用设备的原价为1 000万元，经济寿命为10年，净残值为0。该设备不符合税法规定的加速折旧条件。会计处理中按双倍余额递减法计提折旧，2×22年年底，该公司对该项固定资产计提了40万元的减值准备。则在2×22年年末：

固定资产的账面价值=实际成本−累计折旧(会计)−固定资产减值准备
=1 000−(200+160)−40=600(万元)

固定资产的计税基础=实际成本−按税法规定已在以前期税前扣除的折旧额
=1 000−(100+100)=800(万元)

这样，账面价值与计税基础之间就产生了200万元的暂时性差异。

下面我们来解读一下这 200 万元的暂时性差异的含义。

在会计处理上，所有的资产最终都会被列为利润表中的减项（即费用类项目），通俗来讲，资产是长期化了的费用，资产的价值最终都会进入利润表中，如库存商品在销售后会转变为利润表中的"营业成本"科目，管理部门的固定资产通过每个会计期间计提折旧以"管理费用"的方式进入利润表，在期末进行减值测试时如发生减值又会以"资产减值损失"项目进入利润表中。可见，资产的账面价值有多少，未来期间利润表中的减项就有多少。

在税务处理上，企业生产经营所发生的所有必要而合理的开支都可以享受税前扣除。换言之，所有的有形资产的成本最终都可以享受税前扣除。计税基础实际上就是指留待以后期间扣除的金额，也就是以后期间所得税纳税申报表中的减项。

上例中，固定资产的账面价值为 600 万元，这是它在未来期间在利润表中的减项。假如 ABC 公司一直使用该项固定资产，则该公司在未来 8 年通过管理费用、资产减值损失或营业外支出等形式所记载的利润表上的减项合计为 600 万元（不考虑时间价值）。

上例中，固定资产的计税基础为 800 万元，也就是它在未来期间纳税申报表中的减项（即"税前扣除数"）。假如长江公司一直使用该项固定资产，则税务机关允许该公司在未来 8 年的纳税申报表上每年扣除按照直线法计算的折旧额为 100 万元，8 年的扣除额合计为 800 万元。

由上述分析可见，暂时性差异 200 万元意味着未来计入利润表的减项小于计入纳税申报表的减项。也就是说，未来的会计利润数字将会比未来的应纳税所得额大 200 万元。在纳税申报时，税务机关会在会计利润的基础上作调减处理。准则把这种调减处理称为"可抵扣暂时性差异"。假设该公司未来适用 25%的所得税税率，则上述差额对未来期间应纳税额的影响，将会使得实际应纳税额比按照会计利润计算的数额少 50 万元。这是一种"预期好处"，符合企业会计准则关于资产的定义（资产是指企业过去的交易或事项形成的、由企业拥有或控制的、预期会给企业带来经济利益的资源。）因此，按照准则的规定，应当作为递延所得税资产入账，即借记"递延所得税资产"账户 50 万元。

2. 无形资产

(1) 初始确认时

① 除内部研究开发形成的无形资产以外，以其他方式取得的无形资产，初始确认时按照会计准则规定确定的入账价值与按照税法规定确定的成本之间一般不存在差异。

② 对于内部研究开发形成的无形资产，会计准则规定有关内部研究开发活动区分两个阶段，研究阶段的支出应当费用化计入当期损益，开发阶段符合资本化条件以后至达到预定用途前发生的支出应当资本化作为无形资产的成本；税法通常情况下，企业自行开发的无形资产，以开发过程中该资产符合资本化条件后至达到预定用途前发生的支出为计税基础（说明：通常情况下，企业自行开发的无形资产在初始确认时账面价值等于计税基础）。企业为开发新技术、新产品、新工艺发生的研究开发费用，未形成无形资产计入当期损益的，在按照规定据实扣除的基础上，按照研究开发费用的 50%加计扣除；形成无形资产的，

按照无形资产成本的 150%摊销。如该无形资产的确认不是产生于合并交易，同时在确认时既不影响会计利润也不影响应纳税所得额，则按照所得税会计准则的规定，不确认有关暂时性差异的所得税影响。

(2)后续计量

无形资产的后续计量中，会计与税收的差异主要产生于对无形资产是否需要摊销以及无形资产减值准备的提取。比如会计准则规定，使用寿命不确定的无形资产不要求摊销，税法则要求在不少于 10 年的期限内摊销；会计上提取的减值准备在税法上是承认的。

① 使用寿命不确定的无形资产：账面价值=实际成本-减值准备

计税基础=实际成本-累计摊销(税收)

② 有使用寿命的无形资产：账面价值=实际成本-累计摊销(会计)-减值准备

计税基础=实际成本-累计摊销(税收)

【例 12-4】长江公司斥资 600 万元购入某项专利权，法律保护期仅为 5 年，会计上采用年数总和法对其进行加速摊销。但税法规定应按直线法摊销。则第一年年底：

无形资产的账面价值=600-200=400(万元)

无形资产的计税基础=600-120=480(万元)

这样，账面价值与计税基础之间就产生了 80 万元的暂时性差异。

【例 12-5】长江公司 2×20 年年初开始研发某专利权，研究费用支付了 40 万元，开发费用支付了 100 万元，开发费用均满足资本化条件，专利权于当年的 7 月 1 日研发成功，达到预定可使用状态，7 月 2 日支付了注册费和律师费 20 万元。会计上、税务上均采用 5 年期直线法摊销。税法规定，企业发生的研究开发费用允许追扣 50%。则会计口径与税务口径的差异如表 12-6 所示。

表 12-6 长江公司无形资产会计口径与税务口径的差异   单位：万元

	会计口径	税务口径	差异
研究费用	计入管理费用 40 万元	计入应税支出 60 万元	20 万元属于非暂时性差异
开发费用	以 120 万元计入无形资产成本	以 170 万元计入无形资产成本	定义为可抵扣暂时性差异，但不确认递延所得税资产
	当年摊销 12 万元	当年计入应税支出 17 万元	5 万元作纳税调整处理，但不调整递延所得税资产
	年末无形资产账面价值为 108 万元	年末无形资产的计税基础为 153 万元	定义为可抵扣暂时性差异 45 万元，但不确认递延所得税资产

3. 以公允价值计量且其变动计入当期损益的金融资产

按照《企业会计准则第 22 号——金融工具确认和计量》的规定，以公允价值计量且其变动计入当期损益的金融资产于某一会计期间的账面价值为其公允价值。

税法规定：企业以公允价值计量的金融资产、金融负债以及投资性房地产等，持有期间公允价值的变动不计入应纳税所得额，在实际处置或结算时，处置取得的价款扣除其历史成本后的差额应计入处置或结算期间的应纳税所得额。按照该规定，以公允价值计量的金融资产在持有期间市价的波动在计税时不予考虑，有关金融资产在某一会计期末的计税基础为其取得成本，从而造成在公允价值变动的情况下，以公允价值计量的金融资产的账面价值与计税基础之间产生差异。

以公允价值计量且其变动计入当期损益的金融资产的账面价值=实际成本±公允价值变动

以公允价值计量且其变动计入当期损益的金融资产的计税基础=实际成本

可见，以公允价值计量且其变动计入当期损益的金融资产形成暂时性差异的原因在于，税法对于公允价值变动损益(未实现的浮动盈亏)一概不予认可。

企业持有的可供出售的金融资产计税基础的确定，与以公允价值计量且其变动计入当期损益的金融资产类似，可比照处理。

【例12-6】长江公司2×20年以100万元的价格购入某上市公司股票作为交易性金融资产处理。当年年末，该交易性金融资产价格升至300万元。

交易性金融资产的账面价值=实际成本+公允价值变动=100+200=300(万元)
交易性金融资产的计税基础=实际成本=100(万元)

该项交易性金融资产的账面价值与计税基础之间的暂时性差异200万元意味着未来该资产计入利润表的减项大于计入纳税申报表的减项，也就是说，未来的会计利润数字将会比未来的应纳税所得额小200万元，在纳税申报时，税务机关将会在会计利润的基础上作调增处理。准则把这种调增处理称作"应纳税暂时性差异"。假设该公司现在和未来均适用25%的所得税税率，则上述差额对未来期间应纳税额的影响，将会使得实际应纳税额比按照会计利润计算的应纳税额多50万元。这是一种"预期坏处"，符合企业会计准则关于负债的定义(即负债是企业过去的交易或事项形成的、预期会导致经济利益流出企业的现时义务)。准则要求企业计入"递延所得税负债"，即贷记"递延所得税负债"账户50万元。

4. 其他资产

因会计准则规定与税法规定不同，企业持有的其他资产，可能造成其账面价值与计税基础之间存在差异，如：

① 投资性房地产。企业持有的投资性房地产进行后续计量时，会计准则规定可以采用两种模式：一种是成本模式，采用该种模式计量的投资性房地产，其账面价值与计税基础的确定与固定资产、无形资产的相同；另一种是在符合规定条件的情况下，可以采用公允价值模式对投资性房地产进行后续计量。对于采用公允价值进行后续计量的投资性房地产，其计税基础的确定类似于交易性金融资产。

② 其他计提了资产减值准备的各项资产。有关资产计提了减值准备后，其账面价值会随之下降，而税法规定资产在发生实质性损失之前，不允许税前扣除，即其计税基础不会因减值准备和提取而变化，造成在计提资产减值准备以后的账面价值与计税基础之间产生差异。也就是说，减值准备在税法上一概不予承认。

四、具体负债项目的暂时性差异

对于绝大多数常规意义上的债务而言，由于资产负债表债务法的目的是计算暂时性差异对所得税的预期影响，而负债只存在欠债还钱的问题，既不影响当期的所得税，也不存在预期影响，因此，根本就不需要考虑负债的暂时性差异的问题。这是因为，短期借款、应付票据、应付账款、其他应付款等常规负债的确认和偿还，不会对未来期间的损益和应纳税所得额产生影响。故而，其"未来期间按照税法规定可予税前扣除的金额"为零，其计税基础等于账面价值，无暂时性差异。

对于极个别的负债项目(如预计负债，已经计入应纳税所得额的预收账款和应付职工薪酬)而言，虽然企业在履行给付义务时，其会计处理(即减记负债、减记资产)并不涉及利润表项目，但税法允许其将金额予以税前扣除。因此，可直接将该负债科目的金额列为"可抵扣暂时性差异"。

1. 预计负债

(1)企业因销售商品提供售后服务等原因确认的预计负债

① 按照或有事项准则规定，企业对于预计提供售后服务将发生的支出在满足有关确认条件时，销售当期即应确认为费用，同时确认预计负债。

② 如果税法规定，与销售产品相关的支出应于发生时税前扣除。因该类事项产生的预计负债在期末的计税基础为其账面价值与未来期间可税前扣除的金额之间的差额，即为零。

如果税法规定对于费用支出按照权责发生制原则确定税前扣除时点(即税法和会计准则一致)，则所形成负债的计税基础等于账面价值。

(2)其他事项确认的预计负债

企业按照或有事项准则规定确认预计负债，按照税法规定的计税原则确定其计税基础(题目中会给出税法规定)。

某些情况下，因有些事项确认的预计负债，税法规定其支出无论是否实际发生均不允许税前扣除，即未来期间按照税法规定可予抵扣的金额为0，账面价值等于计税基础。

【例12-7】长江公司2×20年因销售产品承诺提供3年的保修服务，在当年的利润表中确认了600万元的销售费用，同时确认了预计负债。该公司当前和未来适用的所得税税率为25%。计算该公司因预计负债所形成的暂时性差异。

$$账面价值=600(万元)$$

$$计税基础=账面价值-未来期间按照税法规定可予以税前扣除的金额=600-600=0(万元)$$

$$暂时性差异=600-0=600(万元)$$

现在，我们可以将负债的暂时性差异概括如下：

① 对于常规负债而言，未来期间负债的偿还既不影响利润的计算，也不存在税前扣除的问题，其暂时性差异等于零，即其计税基础(负债在未来期间清偿时不予税前抵扣的金额)等于账面价值。

② 对于那些在清偿时可予税前扣除的负债(如预计负债)来说,可直接将账面价值(负债在清偿时可予税前扣除的金额)列为可抵扣暂时性差异。

2. 预收账款(合同负债)

① 如果税法规定的收入确认时点与会计准则规定相同:

会计准则:企业在收到客户预付的款项时,因不符合收入确认条件,会计上将其确认为负债。

税法:税法中对于收入的确认原则一般与会计规定相同,即会计上未确认收入时,计税时一般亦不计入应纳税所得额,该部分经济利益在未来期间计税时可予税前扣除的金额为零,计税基础等于账面价值。

② 如果税法规定的收入确认时点与会计准则规定不同:

会计准则:不符合收入确认条件,作为负债反映。

税法:按照税法规定应计入当期纳税所得,未来期间可全额税前扣除,则计税基础为零。

3. 应付职工薪酬

会计准则:企业为获得职工提供的服务而给予的各种形式的报酬以及其他相关支出均应作为企业的成本费用,在未支付之前确认为负债。

税法:税法中对于合理的职工薪酬基本允许税前扣除,但税法中如果规定了税前扣除标准的,按照会计准则规定计入成本费用的金额超过规定标准部分,应进行纳税调整。因超过部分在发生当期不允许税前扣除,在以后期间也不允许税前扣除,即该部分差额对未来期间计税不产生影响,所产生的应付职工薪酬负债的账面价值等于计税基础。

4. 其他负债

一般情况下,计税基础等于账面价值,不产生暂时性差异,但计税时可能需要做纳税调整,如应交的罚款和滞纳金等。

五、特殊项目产生的暂时性差异

1. 未作为资产、负债确认的项目产生的暂时性差异

某些交易或事项发生以后,因为不符合资产、负债的确认条件而未体现为资产负债表中的资产或负债,但按照税法规定能够确定其计税基础的,其账面价值与计税基础之间的差异也构成暂时性差异。如企业发生的符合条件的广告费和业务宣传费支出,除另有规定外,不超过当期销售收入15%的部分准予扣除;超过部分准予在以后纳税年度结转扣除。该类费用在发生时按照会计准则规定即计入当期损益,不形成资产负债表中的资产,但按照税法规定可以确定其计税基础的,两者之间的差额也形成暂时性差异。

【例12-8】长江公司2×20年发生了1 000万元广告费支出,发生时已作为销售费用计入当期损益,税法规定,该类支出不超过当年销售收入15%的部分允许当期税前扣除,超过部分允许向以后年度结转税前扣除。长江公司2×19年实现销售收入5 000万元。

该广告费支出因按照会计准则规定在发生时已计入当期损益，不体现为期末资产负债表中的资产，如果将其视为资产，其账面价值为0。

因按照税法规定，该类支出税前列支有一定的标准限制，根据当期长江公司销售收入的15%计算，当期可予税前扣除750(5 000×15%)万元，当期未予税前扣除的250万可以向以后年度结转，其计税基础为250万元(作为"长期待摊费用")。

该项资产的账面价值0与其计税基础250万元之间产生了250万元的暂时性差异，该暂时性差异在未来期间可减少企业的应纳税所得额，为可抵扣暂时性差异。

2. 可抵扣亏损及税款抵减产生的暂时性差异

对于按照税法规定可以结转以后年度的未弥补亏损及税款抵减，虽不是因资产、负债的账面价值与计税基础不同产生的，但本质上可抵扣亏损和税款抵减与可抵扣暂时性差异具有同样的作用，均能减少未来期间的应纳税所得额和应交所得税，可将其视同可抵扣暂时性差异处理。

【例12-9】长江公司于2×20年因政策性原因发生经营亏损1 000万元，按照税法规定，该亏损可用于抵减以后5个年度的应纳税所得额。该公司预计其于未来5年期间能够产生足够的应纳税所得额弥补该亏损。

该经营亏损不是资产、负债的账面价值与其计税基础不同产生的，但从性质上可以减少未来期间企业的应纳税所得额和应交所得税，属于可抵扣暂时性差异。亏损发生时当作新增可抵扣暂时性差异，弥补亏损时，当作转回可抵扣暂时性差异。

第三节 递延所得税负债及递延所得税资产的确认

企业在计算确定了应纳税暂时性差异与可抵扣暂时性差异后，应当按照所得税会计准则规定的原则确认相关的递延所得税负债以及递延所得税资产。

一、递延所得税负债的确认和计量

1. 确认递延所得税负债的一般情形

除所得税准则中明确规定可不确认递延所得税负债的情况外，企业对于所有的应纳税暂时性差异均应确认相关的递延所得税负债。除直接计入所有者权益的交易或事项以及企业合并中取得的资产、负债相关的以外，在确认递延所得税负债的同时，应增加利润表中的所得税费用。

【例12-10】长江公司于2×20年12月23日购入某项机器设备，取得成本为500万元，会计上采用年限平均法计提折旧，使用年限为10年，净残值为0，因该资产长年处于强震动状态，计税时按双倍余额递减法计列折旧，使用年限及净残值与会计相同。长江公司适用的所得税税率为25%。假定该公司不存在其他会计与税收处理的差异。

2×21年12月31日

$$该项设备的账面价值=500-500÷10=450(万元)$$
$$资产计税基础=500-500×20\%=400(万元)$$
$$递延所得税负债余额=(450-400)×25\%=12.5(万元)$$

借：所得税费用　　　　　　　　　　　　　　　　　　12.5
　　贷：递延所得税负债　　　　　　　　　　　　　　　　　　12.5

2×22年12月31日

$$资产账面价值=500-500÷10×2=400(万元)$$
$$资产计税基础=500-500×20\%-400×20\%=320(万元)$$
$$递延所得税负债余额=(400-320)×25\%=20(万元)$$

借：所得税费用　　　　　　　　　　　　　　　　　　7.5
　　贷：递延所得税负债　　　　　　　　　　　　　　　7.5(20-12.5)

2. 递延所得税负债的计量

递延所得税负债应以相关应纳税暂时性差异转回期间适用的所得税税率计量。在我国，除享受优惠政策的情况外，企业适用的所得税税率在不同年度之间一般不会发生变化，企业在确认递延所得税负债时，可以以现行适用税率为基础计算确定，无论应纳税暂时性差异的转回期间如何，递延所得税负债的确认不要求折现。

二、递延所得税资产的确认和计量

1. 确认递延所得税负债的一般情形

准则规定，对于可抵扣暂时性差异，如果估计未来期间能够取得应纳税所得额，从而得以全部或者部分地利用那些可抵扣暂时性差异，则应以预期很可能取得的应纳税所得额为限，确认相关的递延所得税资产。计算公式为：

$$递延所得税资产=可抵扣暂时性差异×适用税率$$

① 递延所得税资产的确认应以未来期间很可能取得的应纳税所得额为限。因预期无法取得足够的应纳税所得额而未确认相关的递延所得税资产时，应在附注中进行披露。

② 确认递延所得税资产与递延所得税负债时，交易或事项发生时影响到会计利润或应纳税所得额的，相关的所得税影响应作为利润表中所得税费用的组成部分。

③ 对于按照税法规定可以结转以后年度的未弥补亏损和税款抵减，应视同可抵扣暂时性差异处理。在有关的亏损或税款抵减金额得到税务部门的认可或预计能够得到税务部门的认可且预计可利用未弥补亏损或税款抵减的未来期间内能够取得足够的应纳税所得额时，除准则中规定不予确认的情况外，应当以很可能取得的应纳税所得额为限，确认相应的递延所得税资产，同时减少确认当期的所得税费用。

④ 与直接计入所有者权益的交易或事项(如可供出售金融资产)相关的可抵扣暂时性差异，相应的递延所得税资产应计入"其他综合收益"。比如，对因可供出售金融资产的公

允价值下降而确认的递延所得税资产,借记"递延所得税资产"科目,贷记"其他综合收益"科目。

2. 不确认递延所得税资产的特殊情况

某些情况下,如果企业发生的某项交易或事项不是企业合并,并且交易发生时既不影响会计利润也不影响应纳税所得额,且该项交易中产生的资产、负债的初始确认金额与其计税基础不同,产生可抵扣暂时性差异的,所得税准则中规定在交易或事项发生时不确认相应的递延所得税资产。其原因在于,如果确认递延所得税资产,则需调整资产、负债的入账价值,对实际成本进行调整将违反会计核算中的历史成本原则,影响会计信息的可靠性。

【例12-11】长江公司于2×20年度发生研发支出共计200万元,其中研究阶段支出20万元,开发阶段不符合资本化条件支出为60万元,符合资本化条件支出为120万元,假定该项研发于2×20年7月30日达到预定用途,采用直线法按5年摊销。该企业2×20年税前会计利润为1 000万元,适用的所得税税率为25%。不考虑其他纳税调整事项。假定无形资产摊销计入管理费用。

无形资产2×20年按准则规定计入管理费用的金额=20+60+120÷5÷12×6=92(万元)
按税法规定2×20年应计入损益的金额=92+92×50%=138(万元)
2×20年纳税调减的金额=92×50%=46(万元)
2×20年应交所得税=(1 000−46)×25%=238.5(万元)
2×20年12月31日无形资产账面价值=120−120÷5÷12×6=108(万元)
计税基础=108×150%=162(万元)
可抵扣暂时性差异=162−108=54(万元),但不能确认递延所得税资产。

3. 递延所得税资产的计量

① 适用税率的确定。确认递延所得税资产时,应估计相关可抵扣暂时性差异的转回时间,以转回期间适用的所得税税率为基础计算确定。无论相关的可抵扣暂时性差异转回期间如何,递延所得税资产均不予折现。

② 递延所得税资产的减值。资产负债表日,企业应当对递延所得税资产的账面价值进行复核。如果未来期间很可能无法取得足够的应纳税所得额以利用可抵扣暂时性差异带来的利益,应当减记递延所得税资产的账面价值。递延所得税资产的账面价值减记以后,后续期间根据新的环境和情况判断能够产生足够的应纳税所得额以利用可抵扣暂时性差异,使得递延所得税资产包含的经济利益能够实现的,应相应恢复递延所得税资产的账面价值。

【例12-12】长江公司适用的所得税税率为25%,2×20年12月31日因职工教育经费超过税前扣除限额确认递延所得税资产10万元,2×21年度,长江公司工资薪金总额为4 000万元,发生职工教育经费90万元。税法规定,工资按实际发放金额在税前列支,企业发生的职工教育经费支出,不超过工资薪金总额2.5%的部分,准予扣除;超过部分准予在以后纳税年度结转扣除。甲公司2×21年12月31日下列会计处理中正确的是(   )。

A. 转回递延所得税资产10万元

B. 增加递延所得税资产 22.5 万元
C. 转回递延所得税资产 2.5 万元
D. 增加递延所得税资产 10 万元

2×19 年按税法固定可税前扣除的职工教育经费=4 000×2.5%=100（万元），实际发生的 90 万元当期可扣除，2×19 年超过税前扣除限额的部分本期可扣除 10 万元，应转回递延所得税资产=10×25%=2.5（万元），所以选项 C 正确。

三、适用税率变化对已确认递延所得税资产和递延所得税负债的影响

因税收法规的变化，导致企业在某一会计期间适用的所得税税率发生变化的，企业应对已确认的递延所得税资产和递延所得税负债按照新的税率重新计量。递延所得税资产和递延所得税负债的金额代表的是有关可抵扣暂时性差异或应纳税暂时性差异于未来期间转回时，导致企业应交所得税金额的减少或增加的情况。适用税率变动的情况下，应对原已确认的递延所得税资产及递延所得税负债的金额进行调整，反映税率变化带来的影响。

除直接计入所有者权益的交易或事项产生的递延所得税资产及递延所得税负债，相关的调整金额应计入所有者权益以外，其他情况下因税率变化产生的调整金额应确认为税率变化当期的所得税费用（或收益）。

第四节 所得税费用的确认与计量

一、所得税费用的概念

所得税费用是一个会计概念，所得税是指企业所得税。根据会计基本准则规定，费用是指企业在日常活动中发生的、会导致所有者权益减少的、与向所有者分配利润无关的经济利益的总流出。费用在经济利益很可能流出从而导致企业资产减少或者负债增加，而且经济利益的流出金额能够可靠计量时予以确认。符合费用定义和费用确认条件的项目，应当列入利润表。所得税费用是根据会计准则确定的。

从会计的角度来看，企业缴纳的所得税和其他费用一样，符合费用的定义和确认的条件，所以也属于一项费用，称为所得税费用。企业核算所得税，主要是为确定当期应缴所得税以及利润表中应确认的所得税费用。按照资产负债表债务法核算所得税的情况下，利润表中的所得税费用由两个部分组成：当期所得税和递延所得税。

从税法的角度来看，所得税是一项纳税义务，而不是一项费用，企业应该在不把所得税作为费用的前提下，计算应纳税所得额，缴纳所得税后，再对税后利润进行分配。《企业所得税法》第八条规定，企业实际发生的与取得收入有关的、合理的支出，包括成本、费用、税金、损失和其他支出，可以在计算应纳税所得额时扣除。《实施条例》第二十九条规定，企业所得税法第八条所称成本，是指企业在生产经营活动中发生的销售成本、销货成本、业务支出以及其他耗费。第三十条规定，企业所得税法第八条所称费用，是指企业在生产经营活动中发生的销售费用、管理费用和财务费用，已经计入成本的有关费用除外。

第三十一条规定，企业所得税法第八条所称税金，是指企业发生的除企业所得税和允许抵扣的增值税以外的各项税金及其附加。《企业所得税法》第十条规定，企业所得税税款在计算应纳税所得额时不得扣除。所以，税法上没有所得税费用之说。

二、当期所得税

当期所得税是指企业按照企业所得税法规定针对当期发生的交易和事项，确定应纳税所得额计算的应纳税额，即应缴所得税。当期所得税，应以适用的企业所得税法规定为基础计算确定。

企业在确定当期所得税时，对于当期发生的交易或事项，会计处理与税收处理是不同的，应在会计利润的基础上，按照适用税收法规的规定进行纳税调整，计算出当期应纳税所得额，按照应纳税所得额与适用所得税税率计算和确定当期应缴所得税。一般情况下，应纳税所得额可在会计利润的基础上，考虑会计与税收之间的差异，按照以下公式计算确定：

应纳税所得额=会计利润+按照会计准则规定计入利润表但计税时不允许税前扣除的费用±计入利润表的费用与按照税法规定可予税前抵扣的费用金额之间的差额±计入利润表的收入与按照税法规定应计入应纳税所得额的收入之间的差额-税法规定的不征税收入±其他需要调整的因素

三、递延所得税

递延所得税，是指按照所得税准则规定，应予确认的递延所得税资产和递延所得税负债，在期末应有的金额相对于原已确认金额之间的差额，即递延所得税资产及递延所得税负债当期发生额的综合结果。用公式表示即为：

递延所得税=(期末递延所得税负债-期初递延所得税负债)
-(期末递延所得税资产-期初递延所得税资产)

四、所得税费用的计量

企业在计算和确定当期所得税(即当期应缴所得税)以及递延所得税费用(或收益)的基础上，应将两者之和确认为利润表中的所得税费用(或收益)，但不包括直接计入所有者权益的交易或事项的所得税影响。即：

所得税费用(或收益)=当期所得税+递延所得税费用(-递延所得税收益)

综上所述，所得税费用的计算如表12-7所示：

表12-7 所得税费用计算过程

项目	计算过程	对应科目
当期所得税	在企业会计利润的基础上将其调整成应纳税所得额，计算应交纳给税务部门的所得税金额，即当期所得税	所得税费用(当期所得税)
递延所得税	按照所得税准则规定，当期应予确认递延所得税资产和递延所得税负债金额，即递延所得税资产及递延所得税负债当期发生额的综合结果，但不包括计入所有者权益的交易或事项的所得税影响	所得税费用(递延所得税)

第五节 资产负债表债务法的一般核算程序

一、资产负债表债务法的一般核算程序概述

① 按照相关会计准则规定,确定资产负债表中除递延所得税资产和递延所得税负债以外的其他资产和负债项目的账面价值。

② 按照会计准则中对于资产和负债计税基础的确定方法,以适用的税收法规为基础,确定资产负债表中有关资产、负债项目的计税基础。

③ 比较资产、负债的账面价值与其计税基础,对于两者之间存在差异的,分析其性质,除准则中规定的特殊情况外,应区分应纳税暂时性差异与可抵扣暂时性差异,以确定资产负债日递延所得税负债和递延所得税资产的应有金额,并与期初递延所得税资产和递延所得税负债的余额相比,确定当期应进一步确认的递延所得税资产和递延所得税负债金额或应予转销的金额,作为递延所得税。

④ 就企业当期发生的交易或事项,按照适用的税法规定计算并确定当期应纳税所得额,将应税所得税额与适用的所得税税率计算的结果确认为当期应交所得税。

⑤ 确定利润表中的所得税费用。

【例12-13】长江公司2×20年税前会计利润为1 000万元,所得税税率为25%,当年发生如下业务:

(1)甲公司自用的一幢办公楼于2×20年年初对外出租,办公楼的账面原价为1 000万元,甲公司一直采用10年期直线法折旧,无残值。出租开始日已提折旧300万元,甲公司对此投资性房地产采用公允价值模式进行后续计量,假定出租当日办公楼的公允价值等于账面价值,年末此办公楼的公允价值为800万元,税法认可此办公楼的原有的折旧标准。

(2)某销售部门用的固定资产自2×19年年初开始计提折旧,原价为200万元(税务上对此原价是认可的),假定无残值,会计上采用四年期双倍余额递减法提取折旧,税法上则采取五年期直线法折旧。

(3)2×20年4月1日甲公司购入乙公司的股票,初始取得成本为300万元,界定为以公允价值计量且其变动计入当期损益的金融资产(交易性金融资产),年末该股票的公允价值为363万元。

(4)年初因产品质量担保费用提取的预计负债为60万元,年末此项预计负债的余额为80万元。

(5)长江公司当年预收乙公司定金500万元,合同约定货物将于2×21年年初发出,该批货物的总价款为1 000万元,增值税税率为13%,商品的成本为800万元。假定税法认为,企业应在收到定金时确认收入,最终发货时再确认其余收入。

根据以上资料,长江公司2×20年所得税的会计处理如表12-8、12-9所示:

表 12-8 暂时性差异　　　　　　　　　单位：万元

项目	年初口径			年末口径			差异类型	差异变动金额
	账面价值	计税基础	差异	账面价值	计税基础	差异		
投资性房地产	700	700	0	800	600	200	新增应纳税暂时性差异	200
固定资产	100	160	60	50	120	70	新增可抵扣暂时性差异	10
交易性金融资产	0	0	0	363	300	63	新增应纳税暂时性差异	63
预计负债	60	0	60	80	0	80	新增可抵扣暂时性差异	20
预收账款	0	0	0	500	0	500	新增可抵扣暂时性差异	500

表 12-9 资产负债表债务法下所得税的核算过程　　　　　　　　单位：万元

项目	计算过程	
税前会计利润	1 000	
暂时性差异	投资性房地产产生的新增应纳税暂时性差异	200
	固定资产产生的新增可抵扣暂时性差异	10
	交易性金融资产产生的新增应纳税暂时性差异	63
	预计负债产生的新增可抵扣暂时性差异	20
	预收账款产生的新增可抵扣暂时性差异	500
应税所得	1 267=1 000−200+10−63+20+500	
应交税费	316.75=1 267×25%	
递延所得税资产	净新增可抵扣暂时性差异×税率	借记 132.5=(10+20+500)×25%
递延所得税负债	新增应纳税暂时性差异×税率	贷记 65.75=(200+63)×25%
本期所得税费用	250=316.75−132.5+65.75	

账务处理如下(单位：万元)：

借：所得税费用　　　　　　　　　　　　　　　　　　　250
　　递延所得税资产　　　　　　　　　　　　　　　　　132.5
　　贷：递延所得税负债　　　　　　　　　　　　　　　65.75
　　　　应交税费——应交所得税　　　　　　　　　　　316.75

二、资产负债表债务法下既有永久性差异又有暂时性差异时的会计处理

1. 永久性差异

(1) 永久性差异的概念

该差异仅影响发生当期，不影响以后期间，不存在不同会计期间摊配问题，如果此差异对应了资产或负债，则账面价值与计税基础相同。

(2) 永久性差异的分类

① 会计认定为收入的税务不认定，比如国债利息收入；

② 税务认定为费用而会计不认定，比如企业研发费用的追加扣税额；

③ 会计认定为费用而税务不认定，常见的有：超标的业务招待费、罚没支出、超过同期金融机构贷款利率标准的利息费用、超标的公益性捐赠支出、非公益性捐赠支出等；

④ 税务认定为收入而会计不认定。

(3)永久性差异对应的资产或负债其账面价值通常与计税基础一致

比如因罚没支出形成的"其他应付款",其账面价值与计税基础均为入账额,二者没有差异。

2. 资产负债表债务法下既有永久性差异又有暂时性差异时的会计处理程序

资产负债表债务法各差异的会计处理程序如表 12-10 所示。

表 12-10 资产负债表债务法各差异的会计处理程序

项目		计算方法
税前会计利润		来自会计口径利润
永久性差异	+	会计认可而税务上不认可的支出
		税务认可而会计上不认定的收入
	-	会计认可而税务上不认可的收入
		税务认可而会计上不认定的支出
暂时性差异	+	新增可抵扣暂时性差异
		转回应纳税暂时性差异
	-	转回可抵扣暂时性差异
		新增应纳税暂时性差异
应税所得		推算认定
应交税费		应税所得×税率
递延所得税资产	借记	新增可抵扣暂时性差异×税率
	贷记	转回可抵扣暂时性差异×税率
递延所得税负债	贷记	新增应纳税暂时性差异×税率
	借记	转回应纳税暂时性差异×税率
本期所得税费用		倒挤认定

【例 12-14】ABC 公司为房地产开发企业,对投资性房地产采用公允价值模式进行后续计量。

(1)2×20 年 1 月 1 日,ABC 公司以 30 000 万元总价款购买了一栋已达到预定可使用状态的公寓。该公寓总面积为 1 万平方米,每平方米单价为 3 万元,预计使用寿命为 50 年,预计净残值为零。ABC 公司计划将该公寓用于对外出租。

(2)2×20 年,ABC 公司出租上述公寓实现租金收入 750 万元,发生费用支出(不含折旧)150 万元。由于市场发生变化,ABC 公司出售了部分公寓,出售面积占总面积的 20%,取得收入 6 300 万元,所出售公寓于 2×20 年 12 月 31 日办理了房产过户手续。2×20 年 12 月 31 日,该公寓的公允价值为每平方米 3.15 万元。

其他资料:

ABC 公司所有收入与支出均以银行存款结算。

根据税法规定,在计算当期应纳所得税时,持有的投资性房地产可以按照其购买成本、根据预计使用寿命 50 年,按照年限平均法自购买日起至处置时停止计算的折旧额在税前扣除,持有期间公允价值的变动不计入应纳税所得额;在实际处置时,处置取得的价款扣除其历史成本减去按照税法规定计提折旧后的差额计入处置或结算期间的应纳税所得额,甲公司适用的所得税税率为25%。

ABC 公司当期不存在其他收入或成本费用,当期所发生的 150 万元费用支出可以全部在税前扣除,不存在未弥补亏损或其他暂时性差异。

不考虑除所得税外其他相关税费。

则 ABC 公司相关的账务处理如下所示(单位:万元):

(1)2×20 年 1 月 1 日,ABC 公司以 30 000 万元购买公寓

借:投资性房地产　　　　　　　　　　　　　　　　30 000
　　贷:银行存款　　　　　　　　　　　　　　　　　　　　30 000

2×20 年 12 月 31 日,公寓剩余部分公允价值增加至 1 200 万元

借:投资性房地产　　　　　　　　　　　　　　　　 1 200
　　贷:公允价值变动损益　　　　　　　　　　　　　　　　 1 200

ABC 公司实现租金收入和成本:

借:银行存款　　　　　　　　　　　　　　　　　　　 750
　　贷:其他业务收入　　　　　　　　　　　　　　　　　　 750

借:其他业务成本　　　　　　　　　　　　　　　　　 150
　　贷:银行存款　　　　　　　　　　　　　　　　　　　　 150

ABC 公司 12 月 31 日出售投资性房地产的会计分录如下:

借:银行存款　　　　　　　　　　　　　　　　　　 6 300
　　贷:其他业务收入　　　　　　　　　　　　　　　　　　 6 300

借:其他业务成本　　　　　　　　 6 000(30 000×20%)
　　贷:投资性房地产　　　　　　　　　　　　　　　　　 6 000

(2)公寓剩余部分的账面价值=31 500×80%=25 200(万元)

公寓剩余部分的计税基础=(30 000−30 000÷50)×80%=29 400×80%=23 520(万元)

暂时性差异=25 200−23 520=1 680(万元)

(3)ABC 公司的当期所得税计算如下:

　　=(应税收入−可抵扣成本费用)×适用税率

　　=(出售收入−出售成本+租金收入−费用−折旧)×25%

　　=(6 300−29 400×20%+750−150−30 000÷50)×25%

　　=(6 300−5 880+600−600)×25%

　　=420×25%=105(万元)

递延所得税负债=1 680×25%=420(万元)

所得税相关分录如下:

借:所得税费用　　　　　　　　　　　　　　　　　　 525
　　贷:应交税费——应交所得税　　　　　　　　　　　　　 105
　　　　递延所得税负债　　　　　　　　　　　　　　　　 420

思 考 题

1. 如何界定资产账面价值与计税基础？
2. 如何界定负债账面价值与计税基础？
3. 如何界定应纳税暂时性差异和可抵扣暂时性差异？
4. 如何确认递延所得税资产和递延所得税负债？
5. 如何计算应纳税所得额和应交所得税？
6. 如何计算各期所得税费用？

练 习 题

习题一：2×19 年 1 月 1 日，甲公司递延所得税资产的账面价值为 100 万元，递延所得税负债的账面价值为零。2×19 年 12 月 31 日，甲公司有关资产、负债的账面价值和计税基础如表 12-11 所示：

表 12-11 资产、负债的账面价值和计税基础

项目名称	账面价值（万元）	计税基础（万元）
固定资产	12 000	15 000
无形资产	900	1 350
预计负债	600	0

表 12-11 中，固定资产在初始计量时，入账价值与计税基础相同，无形资产的账面价值是当季末新增的符合资本化条件的开发支出形成的，按照税法规定对于研究开发费用形成无形资产的，按照形成无形资产成本的 150%作为计税基础。假定在确定无形资产账面价值及计税基础时均不考虑当季度摊销因素。

2×19 年度，甲公司实际净利润 8 000 万元，发生广告费 1 500 万元，按照税法规定准予从当年应纳税所得额中扣除的金额为 1 000 万元，其余可结转以后年度扣除。

甲公司适用的所得税税率为 25%，预计能够取得足够的应纳税所得额用于抵扣可抵扣暂时性差异的所得税影响，除所得税外，不考虑其他税费及其他因素影响。

要求：

(1) 对上述事项或项目产生的暂时性差异影响，分别证明是否应计入递延所得税负债或递延所得税资产，分别说明理由。

(2) 说明哪些暂时性差异的所得税影响应计入所有者权益。

(3) 计算甲公司 2×19 年度应确认的递延所得税费用。

习题二：ABC 公司 2×19 年税前会计利润为 1 000 万元，所得税税率为 25%，当年发生如下业务：

(1) 库存商品年初账面余额为 200 万元，已提跌价准备 80 万元；年末账面余额为 350

万元,相应的跌价准备为 110 万元。

(2)甲公司的商标权自 2×16 年年初开始摊销,原价为 90 万元(税务上对此原价是认可的),无残值,会计上采用 5 年期直线法摊销,2013 年年末商标权的可收回价值为 40 万元,税法上则采取 10 年期直线法摊销。

(3)2×16 年 10 月 1 日购入丙公司股票,初始成本为 80 万元,甲公司将此投资界定为交易性金融资产,2013 年年末此投资的公允价值为 110 万元。2×17 年 3 月 2 日甲公司抛售了丙公司股票,卖价为 120 万元,假定无相关交易费用。

(4)应收账款年初账面余额为 50 万元,坏账准备为 10 万元,年末账面余额为 30 万元,坏账准备为 2 万元。

根据以上资料,编制甲公司 2×19 年所得税的会计分录。(单位:万元)

习题三:甲公司 2×19 年税前会计利润为 100 万元,所得税税率为 25%,当年发生如下业务:

(1)罚没支出 10 万元。

(2)国债利息收入 6 万元。

(3)2×19 年 4 月 1 日甲公司购入乙公司的股票,初始取得成本为 200 万元,界定为交易性金融资产,年末该股票的公允价值为 230 万元。

(4)某销售部门用的固定资产自 2×18 年年初开始计提折旧,原价为 200 万元(税务上对此原价是认可的),假定无残值,会计上采用四年期、年数总和法提取折旧,税法上则采取 5 年期直线法计提折旧。

(5)2×19 年年初甲公司开始自行研制某专利权,历时 6 个月研究成功投入使用,于 2×19 年 7 月 1 日达到预计可使用状态,会计上采用 5 年期直线法摊销,假定无残值。该专利权在自行研发中耗费了 100 万元的研究费用、200 万元的开发费用,假定此开发费用符合资本化条件。另发生注册费、律师费 100 万元。税务上认可此专利权的分摊期限,但对研究开发费用追计 50%。

(6)甲公司因产品质量担保确认了预计负债,年初余额为 5 万元,当年新提了 3 万元,支付了产品质量担保费用 2.5 万元。

根据以上资料,编制甲公司 2×19 年所得税的会计分录。

第十三章 财务报表

本章学习提示

学习内容：

通过本章的学习，了解财务报表体系，财务报表的分类，财务报表的编制质量要求，资产负债表、利润表的内容与编制，现金流量表与所有者权益变动表的内容等。

学习要点：

1. 资产负债表的编制原理；
2. 利润表的编制原理；
3. 现金流量表直接法；
4. 现金流量表间接法；
5. 财务报表附注的主要内容。

第一节　财务报表概述

一、财务报表体系

财务报表是对企业财务状况、经营成果和现金流量的结构性表述，它是会计人员根据日常会计核算资料经收集、加工、汇总而形成的结果，是会计核算的最终产物。财务报表至少应当包括下列组成部分：资产负债表、利润表、现金流量表、所有者权益(或股东权益，下同)变动表、附注。

(1)主要财务报表

四大财务报表主要包括：资产负债表、利润表、现金流量表、所有者权益变动表。这些财务报表是相互联系的，它们从不同的角度说明企业的财务状况、经营成果和现金流量情况。资产负债表主要反映企业某一时点的财务状况；利润表主要反映企业某一时期的经营成果，即利润或亏损的情况；现金流量表主要反映企业某一时期现金和现金等价物的流入、流出和现金净变动额的情况；所有者权益变动表主要提供企业在一定会计期间所有者权益各项目的增减变动情况的信息。

(2)财务报表附注

由于上述财务报表格式和项目的局限性，它只能提供一些规定性的会计信息，但在企业生产经营过程中还会产生很多非规定性的会计信息，这些会计信息对于信息的使用者正确理解财务报表和进行预测决策都具有重要的作用。因此，对财务报表进行说明和通过财务报表的表外项目，对不宜或者不能纳入财务报表的信息进行披露，以及对表内指标进行说明和解释是极为必要的。从理论上来讲，财务报表的说明和表外项目是财务报表的扩展和延伸，是财务报表体系中不可缺少的组成部分。

财务报表的说明和表外项目经常表现为财务报表附注。财务报表附注是对在资产负债表、利润表、现金流量表和所有者权益变动表中列示项目的文字描述或明细资料，以及对未能在这些报表中列示项目的说明等。财务报表附注的主要内容包括：财务报表的编制基础；遵循企业会计准则的声明；重要会计政策的说明，包括财务报表项目的计量基础和会计政策的确定依据等；重要会计估计的说明，包括下一会计期间内很可能导致资产、负债账面价值重大调整的会计估计的确定依据等；会计政策和会计估计变更以及差错更正的说明；对已在资产负债表、利润表、现金流量表和所有者权益变动表中列示的重要项目的进一步说明等；或有和承诺事项、资产负债表日后非调整事项、关联方关系及其交易等需要说明的事项。

二、财务报表的分类

企业的财务报表可以按照不同的标准进行分类。

(1)按编报期间的不同分类

按照财务报表编报期间的不同，可以分为中期财务报表和年度财务报表。中期财务报表是以短于一个完整会计年度的报告期间为基础编制的财务报表，包括月报、季报和半年报等。中期财务报表至少应当包括资产负债表、利润表、现金流量表和附注。其中，中期资产负债表、利润表和现金流量表应当是完整报表，其格式和内容应当与年度财务报表相一致。与年度财务报表相比，中期财务报表的附注披露可适当简略。一般来说，月报要求简明扼要，反映及时；年报要求列示完整，反映全面；而季报在会计信息的详细程度方面，则介于上述二者之间。

(2) 按编制范围分类

按照财务报表编制的范围不同，可以分为个别财务报表和合并财务报表。个别财务报表是指独立核算的企业用来反映其本身财务状况、经营成果及现金流量等情况的财务报表；合并财务报表是指以母公司和子公司组成的企业集团为会计主体，以母公司和子公司单独编制的个别财务报表为基础，由母公司编制的综合反映企业集团财务状况、经营成果及其现金流量情况的财务报表。

(3) 按反映内容分类

按照财务报表反映内容的不同，可以分为静态报表和动态报表。静态报表是指综合反映企业某一特定日期资产、负债和所有者权益状况的报表，一般根据各个账户的"期末余额"填列，如资产负债表；动态报表是指综合反映企业在一定时期的经营情况或现金流动情况的报表，一般根据有关账户的"发生额"填列，如利润表和现金流量表。

此外，按照财务报表的编制单位，可以分为单位报表和汇总报表；按照财务报表的主从关系，可以分为基本报表和附属报表等。

三、财务报表编制的质量要求

财务报表是传递会计信息的基本形式，为了保证财务报表所提供的信息能够及时、准确、完整地反映企业的财务状况和经营成果，最大限度地满足各有关方面的需要，企业在编制财务报表时，应严格遵守企业会计准则的规定，必须做到真实可靠、相关可比、全面完整、编报及时、便于理解。

(1) 真实可靠

财务报表中的各项数据必须真实可靠，如实地反映企业的财务状况和经营成果。由于日常的会计核算以及编制财务报表过程中，涉及大量的数字计算，因此只有准确认真地计算，才能保证数字的真实。这就要求编制财务报表必须以核对无误后的账簿记录和其他有关资料为依据，不能使用估计或推算的数据，更不能以任何方式弄虚作假。如果财务报表所提供的资料不真实或者可靠性很差，则不仅不能发挥财务报表的应有作用，而且还会由于错误的信息，导致财务报表使用者对企业的财务状况、经营成果和现金流动情况做出错误的评价与判断，致使报表使用者做出错误的决策。所以，真实可靠是财务报表编制质量中最基本的要求。

(2) 相关可比

企业财务报表所提供的财务会计信息必须与报表使用者进行决策所需要的信息相关，并且便于报表使用者在不同企业之间及同一企业前后各期之间进行横向和纵向的比较。只有提供相关并且可比的信息，才能使报表使用者分析企业在整个社会特别是同业中的地位，了解、判断企业过去、现在的情况，预测企业未来的发展趋势，进而为报表使用者的决策服务。

(3) 全面完整

财务报表应当反映企业经济活动的全貌，全面反映企业的财务状况、经营成果和现金流量情况，才能满足各方面对会计信息的需要。在我国，企业会计准则对财务报表的种类、各报表的内容都做出了统一规定。凡是国家要求提供的财务报表，各企业必须全部编制并报送，不得漏编和漏报；对于应当填列的报表指标，无论是表内项目还是表外补充资料，必须全部填列，不得随意取舍。

(4) 编报及时

及时性是信息的重要特征，财务报表信息只有及时地传递给信息使用者，才能为使用者的决策提供依据。否则，即使是真实可靠和内容完整的财务报表，由于编制、报送不及时，对报表使用者来说，也是没有任何价值的。这就要求企业在平时认真做好日常核算工作，做到日清月结；期末，有关会计人员协作配合，及时编制财务报表并及时报送。随着市场经济和信息技术的迅速发展，财务报表的及时性要求将变得日益重要。

(5) 便于理解

可理解性是指财务报表提供的信息可以为使用者所理解。企业对外提供的财务报表是为广大财务报表使用者提供企业过去、现在和未来的有关资料，为企业目前或潜在的投资者和债权人提供决策所需的会计信息，因此，编制的财务报表应清晰明了、便于理解。

第二节　资产负债表

资产负债表是反映企业在某一特定日期财务状况的财务报表。它是根据"资产=负债+所有者权益"这一会计恒等式编制而成的。在持续经营的企业，资产负债表反映各个期末(月末、季末、年末)企业拥有的或者控制的经济资源，企业所承担的债务和企业所有者所享有的权益。资产负债表是企业主要财务报表之一，每个独立核算的企业都应按期单独编制，并及时对外报送。

资产负债表提供的信息资料包括：企业在某一特定日期所拥有的经济资源及其分布情况，企业资产的构成及其状况；企业在某一特定日期的负债总额及其结构，目前与未来需要支付的债务数额；企业所有者权益的情况，企业现有的投资者在企业资产总额中所占的份额等会计信息。总之，通过资产负债表，企业管理者和企业外部的报表使用者，可以全面了解企业编表日的资产、负债和所有者权益的静态状况，总括评价和分析企业的财务状况，预测企业未来财务状况的变动趋势，从而做出相应的决策。

一、资产负债表的格式和内容

目前，国际上流行的资产负债表格式主要有两种：一种是报告式的，即按上下顺序依次排列资产、负债及所有者权益项目；另一种是账户式的，即报表左右对称结构。我国采用账户式的资产负债表，其格式见表13-1。

表 13-1　资产负债表

会企 01 表

编制单位：　　　　　　　　　　　　　　年　月　日　　　　　　　　　　　　单位：元

资产	年初余额	期末余额	负债和所有者权益	年初余额	期末余额
流动资产：			流动负债：		
货币资金			短期借款		
交易性金融资产			交易性金融负债		
衍生金融资产			衍生金融负债		
应收票据及应收账款			应付票据及应付账款		
预付款项			预收款项		
其他应收款			合同负债		
存货			应付职工薪酬		
合同资产			应交税费		
持有待售资产			其他应付款		
一年内到期的非流动资产			持有待售负债		
其他流动资产			一年内到期的非流动负债		
流动资产合计			其他流动负债		
非流动资产：			流动负债合计		
债权投资			非流动负债：		
其他债权投资			长期借款		
长期应收款			应付债券		
长期股权投资			其中：优先股		
其他权益工具投资			永续债		
其他非流动金融资产			长期应付款		
投资性房地产			预计负债		
固定资产			递延收益		
在建工程			递延所得税负债		
生产性生物资产			其他非流动负债		
油气资产			非流动负债合计		
无形资产			负债合计		
开发支出			所有者权益(或股东权益)：		
商誉			实收资本(或股本)		
长期待摊费用			其他权益工具		
递延所得税资产			其中：优先股		
其他非流动资产			永续债		
非流动资产合计			资本公积		
			减：库存股		
			其他综合收益		
			盈余公积		
			未分配利润		
			所有者权益(或股东权益)合计		
资产合计			负债及所有者权益(或股东权益)合计		

账户式资产负债表分左右两方。左方为资产，全部项目按资产的流动性强弱(即资产的变现能力)排列：流动性强的资产排在前面，流动性弱的资产排在后面。右方为负债及所

有者权益，全部项目按偿还期限顺序排列：需要在一年以内或者长于一年的一个营业周期内偿还的流动负债排在前面，在一年以上或者长于一年的一个营业周期以上才能偿还的长期负债排在中间，在企业清算之前不需偿还的所有者权益项目排在最后。

资产负债表中资产类项目金额合计与负债和所有者权益类项目金额合计必须相等。对于资产负债表中有关重要项目的明细资料，以及其他有助于理解和分析资产负债表的重要事项，如企业已抵押资产、或有事项以及会计政策变更等，应在财务报表附注中逐一列示和说明。另外，资产负债表除了列示各项资产、负债和所有者权益项目的期末余额，还需列示这些项目的年初余额，通过对年初数与期末数的比较，可以了解各项资产、负债及所有者权益的变动。

二、资产负债表的作用

① 资产负债表向人们揭示了企业拥有或控制的能用货币表现的经济资源，即资产的总规模及具体的结构。资产中有经营类资产如存货、固定资产，也有投资类资产如交易性金融资产和长期股权投资等，我们可以通过计算不同类别的资产占总资产的比重来分析一个企业是经营主导型，还是投资主导型，又或者是两者并重型。而不同类型的企业的利润表和现金流量表也会有不同特点，所以我们还可以分析不同类型的企业的经营成果及现金流量与其资产负债表所体现出的企业类型是否匹配。

② 将流动资产(一年内可以或准备转化为现金的资产)、速动资产(流动资产中变现能力较强的货币资金、债权、短期投资等)与流动负债(一年内应清偿的债务责任)联系起来分析，可以评价企业的短期偿债能力。这种能力对企业的短期债权人尤为重要。

③ 通过对企业债务规模、债务结构及与所有者权益的对比，可以对企业的长期偿债能力及举债能力(潜力)做评价。一般而言，企业的所有者权益占负债与所有者权益的比重越大，企业清偿长期债务的能力越强，企业进一步举借债务的潜力也就越大。

④ 通过对企业不同时点资产负债表的比较，可以对企业财务状况的发展趋势做出判断。可以肯定地说，企业某一特定日期(时点)的资产负债表对信息使用者的作用极其有限。只有把不同时点的资产负债表结合起来分析，才能把握企业财务状况的发展趋势。同样，将不同企业同一时点的资产负债表进行对比，还可对不同企业的相对财务状况做出评价。

⑤ 通过对资产负债表与利润表有关项目的比较，可以对企业各种资源的利用情况做出评价。如可以考察资产收益率、净资产报酬率、存货周转率、应收账款周转率等。

三、资产负债表的局限性

资产负债表固然有其重要作用，但是其局限性也不能视而不见。一味相信反而会走向反面，贻误决策。资产负债表的局限性主要有以下四点：

① 不同资产项目采用不同的计量属性，可能导致资产负债表所提供的信息缺乏相关性。

从不同的时间、空间、角度去观察企业的资产和负债，会有不同的价值体现。不同情况下哪种计量属性提供的信息更科学，更能真实反映企业的资产和负债，就是不同计量属性产出的原因。大部分情况下应用历史成本计价，因为历史成本提供的数据真实可靠，有据可查，具有账目稳定性，不用经常调账，减少了会计工作的烦琐，简化了核算手续。但是成本计价没有考虑货币的时间价值，比如说通货膨胀，计量的价值不能根据市场变化而变化，这样就需要其他类型的计量属性加以补充。重置成本主要适用于固定资产、无形资产的盘盈并购。可变现净值主要适用于存货的期末计价，即运用成本与可变现净值孰低法确定存货价值。现值适用于非流动资产的计价，如租赁租金的计量。公允价值主要适用于金融资产、金融负债、投资性房地产和外币业务期末汇率的结算。

② 货币计量是会计的一大特点，会计信息主要是能用货币表述的信息，因此，资产负债表难免遗漏许多无法用货币计量的企业重要经济资源和义务的信息。

如企业的人力资源（包括人数、知识结构和工作态度），固定资产在全行业的先进程度，企业品牌和企业文化等。诸如此类的信息对决策均具有影响力，然而因无法数量化，或至少无法用货币计量，现行实务并不将其作为资产和负债纳入资产负债表中。

③ 资产负债表的信息包含了许多估计数。例如，坏账准备、固定资产累计折旧和无形资产摊销，分别基于对预期信用损失、固定资产使用年限和无形资产摊销期限等因素的估计，估计的数据难免主观，从而影响信息的可靠性。

④ 理解资产负债表的含义必须依靠报表阅读者的判断。资产负债表有助于解释、评价和预测企业的长、短期偿债能力和经营绩效，然而此表本身并不直接披露这些信息，而要靠报表使用者自己加以判断。各家企业所采用的会计政策可能完全不同，所产生的信息当然有所区别，简单地根据报表数据评价和预测偿债能力以及经营绩效，并据以评判优劣，难免有失偏颇。所以，要理解资产负债表的含义并做出正确的评价，不能仅仅局限于资产负债表信息本身，而要借助其他相关信息。

四、资产负债表的资料来源

资产负债表的各项目均需填列"年初数"和"期末数"两栏。其中，"年初数"栏内各项数字，应根据上年年末资产负债表的"期末数"栏内所列数字填列，如果上年度资产负债表规定的各个项目的名称和内容同本年度不相一致，应对上年年末资产负债表各项目的名称和数字按照本年度的规定进行调整，填入表中"年初数"栏内。"期末数"则可为月末、季末或年末的数字，其资料来源有以下几个方面：

① 根据总账科目余额填列。资产负债表中的有些项目，可直接根据有关总账科目的余额填列，如"交易性金融资产""短期借款""应付职工薪酬"等项目；有些项目，则需根据几个总账科目的余额计算填列，如"货币资金"项目，需根据"库存现金""银行存款""其他货币资金"三个总账科目的期末余额合计数填列。

② 根据明细科目余额计算填列。有些项目，需根据明细科目余额计算填列。"应付票据及应付账款"项目，应根据"应付票据"科目的期末余额，以及"应付账款"和"预付账款"科目所属的相关明细科目的期末贷方余额合计数填列。

③ 根据总账科目和明细账科目余额分析计算填列。如"长期借款"项目，需要根据"长期借款"总账科目余额扣除"长期借款"科目所属的明细科目中将在一年内到期且企业

不能自主地将清偿义务展期的长期借款后的金额计算填列。

④ 根据有关科目余额减去其备抵科目余额后的净额填列。"应收票据及应收账款"项目，应根据"应收票据"和"应收账款"科目的期末余额(包括"预收账款"各明细科目的借方余额等)，减去"坏账准备"科目中相关坏账准备期末余额后的金额填列。

⑤ 综合运用上述填列方法分析填列。如资产负债表中的"存货"项目，需要根据"原材料""库存商品""委托加工物资""周转材料""材料采购""在途物资""发出商品""材料成本差异"等总账科目期末余额的分析汇总数，再减去"存货跌价准备"科目余额后的净额填列。"固定资产"项目，应根据"固定资产"科目的期末余额，减去"累计折旧"和"固定资产减值准备"科目的期末余额后的金额，以及"固定资产清理"科目的期末余额填列。

五、资产负债表各项目的填列方法

1. 资产项目的填列方法

① "货币资金"项目，反映企业库存现金、银行结算户存款、外埠存款、银行汇票存款、银行本票存款、信用卡存款、信用证保证金存款等的合计数。本项目应根据"库存现金""银行存款""其他货币资金"科目期末余额的合计数填列。

② "交易性金融资产"项目，反映资产负债表日企业分类为以公允价值计量且其变动计入当期损益的金融资产，以及企业持有的直接指定为以公允价值计量且其变动计入当期损益的金融资产的期末账面价值。该项目应根据"交易性金融资产"科目的相关明细科目期末余额分析填列。自资产负债表日起超过一年到期且预期持有超过一年的以公允价值计量且其变动计入当期损益的非流动金融资产的期末账面价值，在"其他非流动金融资产"项目反映。

③ "应收票据及应收账款"项目，反映资产负债表日以摊余成本计量的、企业因销售商品、提供服务等经营活动应收取的款项，以及收到的商业汇票，包括银行承兑汇票和商业承兑汇票。该项目应根据"应收票据"和"应收账款"科目的期末余额，减去"坏账准备"科目中相关坏账准备期末余额后的金额填列。如"预收账款"科目所属各明细科目期末有借方余额，应在此项目中列示。

④ "预付款项"项目，反映企业预付给供货单位的款项。本项目应根据"预付款项"和"应付账款"科目所属各明细科目的期末借方余额合计数，减去"坏账准备"账户中有关预付账款计提的坏账准备期末余额后的金额填列。如"预付款项"科目所属各明细科目期末有贷方余额的，应在资产负债表"应付账款"项目内填列。

⑤ "其他应收款"项目，应根据"应收利息""应收股利"和"其他应收款"科目的期末余额合计数，减去"坏账准备"科目中相关坏账准备期末余额后的金额填列。

⑥ "存货"项目，反映企业期末在库、在途和在加工中的各种存货的余额，包括各种材料、商品、在产品、半成品、委托代销商品、委托加工物资等。本项目应根据"原材料""委托代销商品""委托加工物资""周转材料""材料采购""在途物资""发出商品"

"生产成本"等科目的期末余额合计,减去"受托代销商品款""存货跌价准备"科目期末余额后的金额填列。材料采用计划成本核算,以及库存商品采用计划成本核算或售价核算的企业,还应按加或减材料成本差异、商品成本差异后的数额填列。

⑦ "合同资产"项目。企业应按照《企业会计准则第14号——收入》的相关规定,根据本企业履行履约义务与客户付款之间的关系在资产负债表中列示合同资产。"合同资产"项目应根据"合同资产"科目、"合同负债"科目的相关明细科目期末余额分析填列,同一合同下的合同资产和合同负债应当以净额列示,其中净额为借方余额的,应当根据其流动性在"合同资产"或"其他非流动资产"项目中填列,已计提减值准备的,还应减去"合同资产减值准备"科目中相关的期末余额后的金额填列。

⑧ "持有待售资产"项目,反映资产负债表日划分为持有待售类别的非流动资产及划分为持有待售类别的处置组中的流动资产和非流动资产的期末账面价值。该项目应根据"持有待售资产"科目的期末余额,减去"持有待售资产减值准备"科目的期末余额后的金额填列。

⑨ "一年内到期的非流动资产"项目,反映将于一年内(含一年)到期的非流动资产。本项目应根据有关科目的期末余额填列。

⑩ "其他流动资产"项目,反映企业除以上流动资产项目外的其他流动资产。本项目应根据有关科目的期末余额填列。如其他流动资产价值较大,应在财务报表附注中披露其内容和金额。如按照《企业会计准则第14号——收入》的相关规定确认为资产的合同取得成本和合同履约成本,应当根据"合同取得成本"科目和"合同履约成本"科目的明细科目初始确认时摊销期限不超过一年或一个正常营业周期的,在此项目中填列。已计提减值准备的,还应按减去"合同取得成本减值准备"科目和"合同履约成本减值准备"科目中相关的期末余额后的金额填列。

⑪ "债权投资"项目,反映资产负债表日企业以摊余成本计量的长期债权投资的期末账面价值。该项目应根据"债权投资"科目的相关明细科目期末余额,减去"债权投资减值准备"科目中相关减值准备的期末余额后的金额分析填列。自资产负债表日起一年内到期的长期债权投资的期末账面价值,在"一年内到期的非流动资产"项目反映。企业购入的以摊余成本计量的一年内到期的债权投资的期末账面价值,在"其他流动资产"项目反映。

⑫ "其他债权投资"项目,反映资产负债表日企业分类为以公允价值计量且其变动计入其他综合收益的长期债权投资的期末账面价值。该项目应根据"其他债权投资"科目的相关明细科目期末余额分析填列。自资产负债表日起一年内到期的其他长期债权投资的期末账面价值,在"一年内到期的非流动资产"项目反映。企业购入的以公允价值计量且其变动计入其他综合收益的一年内到期的其他债权投资的期末账面价值,在"其他流动资产"项目反映。

⑬ "长期应收款"项目,反映企业的长期应收款项,包括融资租赁产生的应收款项、采用递延方式具有融资性质的销售商品和提供劳务等产生的应收款项等。实质上构成对被投资单位净投资的长期权益,也通过本项目反映。本项目应根据"长期应收款"科目的期

末余额,减去相应的"未实现融资收益"和"坏账准备"科目所属相关明细科目期末余额后的金额填列。

⑭ "长期股权投资"项目,反映企业不准备在一年内(含一年)变现的各种股权性质的投资。本项目应根据"长期股权投资"科目的期末余额,减去"长期股权投资减值准备"科目中有关股权投资减值准备期末余额后的金额填列。

⑮ "其他权益工具投资"项目,反映资产负债表日企业指定为以公允价值计量且其变动计入其他综合收益的非交易性权益工具投资的期末账面价值。该项目应根据"其他权益工具投资"科目的期末余额填列。

⑯ "投资性房地产"项目,反映企业采用成本模式计量的投资性房地产的成本。企业采用公允价值模式计量投资性房地产的,也通过本项目反映。本项目应根据"投资性房地产"科目的期末余额,减去"投资性房地产累计折旧(摊销)"科目和"投资性房地产减值准备"科目的期末余额后的金额填列。

⑰ "固定资产"项目,反映资产负债表日企业固定资产的期末账面价值和企业尚未清理完毕的固定资产清理净损益。该项目应根据"固定资产"科目的期末余额,减去"累计折旧"和"固定资产减值准备"科目的期末余额后的金额,以及"固定资产清理"科目的期末余额填列。

⑱ "在建工程"项目,反映资产负债表日企业尚未达到预定可使用状态的在建工程的期末账面价值和企业为在建工程准备的各种物资的期末账面价值。该项目应根据"在建工程"科目的期末余额,减去"在建工程减值准备"科目的期末余额后的金额,以及"工程物资"科目的期末余额,减去"工程物资减值准备"科目的期末余额后的金额填列。

⑲ "生产性生物资产"项目,反映企业(农业)持有的生产性生物资产的原价。本项目应根据"生产性生物资产"科目的期末余额,减去"生产性生物资产累计折旧"科目和"生产性生物资产减值准备"科目期末余额后的金额填列。

⑳ "油气资产"项目,反映企业(石油天然气开采)持有的矿区权益和油气井及相关设施的原价。本项目应根据"油气资产"科目的期末余额,减去"累计折耗"科目的期末余额后的金额填列。

㉑ "无形资产"项目,反映企业各项无形资产的原价扣除摊销额后的净额。本项目应根据"无形资产"科目的期末余额,减去"累计摊销""无形资产减值准备"科目期末余额后的金额填列。

㉒ "商誉"项目反映企业合并中形成的商誉价值。本项目应根据"商誉"科目的期末余额,减去相应减值准备后的金额填列。

㉓ "长期待摊费用"项目,反映企业尚未摊销的、摊销期限在一年以上(不含一年)的各种费用,如经营租赁方式租入固定资产发生的改良支出。本项目应根据"长期待摊费用"科目的期末余额扣除将于一年内(含一年)摊销的数额后的余额填列。

㉔ "递延所得税资产"项目,反映企业确认的可抵扣暂时性差异产生的递延所得税资产。本项目应根据"递延所得税"科目的期末余额填列。

㉕ "其他非流动资产"项目，反映企业除以上资产以外的其他长期资产。本项目应根据有关科目的期末余额填列。如其他长期资产价值较大的，应在财务报表附注中披露其内容和金额。

2. 负债项目的填列方法

① "短期借款"项目，反映企业借入尚未归还的一年期以下(含一年)的借款。本项目应根据"短期借款"科目的期末余额填列。

② "交易性金融负债"项目，反映资产负债表日企业承担的交易性金融负债，以及企业持有的直接指定为以公允价值计量且其变动计入当期损益的金融负债的期末账面价值。该项目应根据"交易性金融负债"科目的相关明细科目期末余额填列。

③ "应付票据及应付账款"项目，反映资产负债表日企业因购买材料、商品和接受服务等经营活动应支付的款项，以及开出、承兑的商业汇票，包括银行承兑汇票和商业承兑汇票。该项目应根据"应付票据"科目的期末余额，以及"应付账款"和"预付账款"科目所属的相关明细科目的期末贷方余额合计数填列。

④ "预收款项"项目，反映企业预收的购买单位的货款。本项目应根据"预收款项"和"应收账款"科目所属各明细科目的期末贷方余额合计数填列。如"预收款项"科目所属各明细科目期末有借方余额，应在本表"应收账款"科目内填列。

⑤ "合同负债"项目。企业应按照《企业会计准则第14号——收入》的相关规定，根据本企业履行履约义务与客户付款之间的关系在资产负债表中列示合同资产或合同负债。"合同负债"项目应分别根据"合同资产"科目、"合同负债"科目的相关明细科目期末余额分析填列，同一合同下的合同资产和合同负债应当以净额列示，其中净额为贷方余额的，应当根据其流动性在"合同负债"或"其他非流动负债"项目中填列。

⑥ "应付职工薪酬"项目，反映企业根据有关规定应付给职工的工资、职工福利、社会保险费、住房公积金、工会经费、职工教育经费、非货币性福利、辞退福利等各种薪酬。本项目应根据"应付职工薪酬"科目的期末余额填列。

⑦ "应交税费"项目，反映企业按照税法等规定计算应交纳的各种税费，包括增值税、消费税、营业税、所得税、资源税、土地增值税、城市维护建设税、房产税、土地使用税、车船使用税、教育费附加、矿产资源补偿费等。本项目应根据"应交税费"科目的期末余额填列；如"应交税费"科目期末为借方余额，应以"-"号填列。

⑧ "其他应付款"项目，应根据"应付利息""应付股利"和"其他应付款"科目的期末余额合计数填列。

⑨ "持有待售负债"项目，反映资产负债表日处置组中与划分为持有待售类别的资产直接相关的负债的期末账面价值。该项目应根据"持有待售负债"科目的期末余额填列。

⑩ "一年内到期的非流动负债"项目，反映企业将于一年内(含一年)到期的非流动负债。

⑪ "其他流动负债"项目，反映企业除以上流动负债以外的其他流动负债。本项目

应根据有关科目的期末余额填列。

⑫ "长期借款"项目，反映企业借入尚未归还的一年期以上(不含一年)的借款本息。本项目应根据"长期借款"科目的期末余额填列。

⑬ "应付债券"项目，反映企业发行的尚未归还的各种债券的本息。本项目应根据"应付债券"科目的期末余额填列。

⑭ "长期应付款"项目，反映企业除长期借款和应付债券以外的其他长期应付款。本项目应根据"长期应付款"科目的期末余额，减去"未确认融资费用"科目期末余额后的金额填列。

⑮ "预计负债"项目，反映企业确认的对外提供担保、未决诉讼、产品质量保证、重组义务、亏损性合同等预计负债。本项目应根据"预计负债"科目的期末余额填列。

⑯ "递延所得税负债"项目，反映企业确认的应纳税暂时性差异产生的所得税负债。本项目应根据"递延所得税负债"科目的期末余额填列。

⑰ "其他非流动负债"项目，反映企业除以上长期负债项目以外的其他长期负债。本项目应根据有关科目的期末余额减去将于一年内(含一年)到期偿还数后的余额填列。

注：按照《企业会计准则第14号——收入》的相关规定确认为预计负债的应付退货款，应当根据"预计负债"科目下的"应付退货款"明细科目是否在一年或一个正常营业周期内清偿，在"其他流动负债"或"预计负债"项目中填列。

3. 所有者权益项目的填列方法

① "实收资本(或股本)"项目，反映企业实际收到的资本(或股本)总额。本项目应根据"实收资本"(或"股本")科目的期末余额填列。

② "资本公积"项目，反映企业资本公积的期末余额。本项目应根据"资本公积"科目的期末余额填列。

③ "库存股"项目反映企业收购、转让或注销的本公司股份金额。本项目应根据"库存股"科目的期末余额填列。

④ "其他综合收益"项目，反映企业其他综合收益的期末余额。本项目应根据"盈余公积"科目的期末余额填列。

⑤ "盈余公积"项目，反映企业盈余公积的期末余额。本项目应根据"盈余公积"科目的期末余额填列。

⑥ "未分配利润"项目，反映企业尚未分配的利润。本项目应根据"本年利润"科目和"利润分配"科目的余额计算填列。未弥补的亏损在本项目内以"－"号填列。

表13-1为一般企业(适用于已执行新金融准则或新收入准则的企业)资产负债表的格式。

第三节 利 润 表

利润表是反映企业在一定会计期间经营成果的报表。利润表是根据"收入－费用＝利润"这一公式编制的。通过利润表可以从总体上了解企业收入、成本和费用及净利润(或亏损)的实现及构成情况；同时，通过利润表提供的不同时期的比较数字(本月数、本年累计数、上年数),可以分析和评价企业的资本在经营过程中是否得到了保全;考核企业管理者的经营管理水平和经营业绩;预测企业的获利能力;帮助企业管理者进行经营决策;帮助所有者和债权人进行投资决策等。当然,要使利润表自身孤立地发挥上述作用是困难的,它往往需要通过整个财务报表和大量的非财务信息及信息使用者的职业判断来进行。

根据财务报表列报准则相关规定,对于费用的列报,企业应当采用"功能法"列报,即按照费用在企业所发挥的功能进行分类列报,通常分为从事经营业务发生的成本、管理费用、销售费用和财务费用等,并且将营业成本与其他费用分开披露。对企业而言,其活动通常可以划分为生产、销售、管理、融资等,在每种活动上发生的费用所发挥的功能并不相同,因此,按照费用功能法将其分开列报,有助于使用者了解费用发生的活动领域。

一、利润表的格式和内容

利润表的格式主要有单步式和多步式两种,我国企业的利润表一般采用多步式。

多步式利润表的利润计算是通过多步骤来完成的,在这种利润表中,不同性质的收入与费用相互配比,计算出不同层次意义上的"利润"指标。它的理论基础是,企业在一定会计期间所实现的利润是由不同性质的收入和费用(或成本)带来的,利润的计算应当反映这种不同性质的收入与费用配比结果,所以利润要经过多次计算来完成。多步式利润表的结构通常采用上下加减的报告式,它将利润的计算划分为多个步骤。根据我国企业会计准则的规定,利润表中净利润的计算通过以下三个步骤:

第一个步骤是计算营业利润:

营业利润=营业收入-营业成本-税金及附加-销售费用-管理费用-财务费用-研发费用-资产减值损失-信用减值损失+其他收益+投资收益(-投资损失)+公允价值变动收益(-公允价值变动损失)+资产处置损益(-资产处置损失)

第二个步骤是计算利润总额:

利润总额=营业利润+营业外收入-营业外支出

第三个步骤是计算净利润:

净利润=利润总额-所得税费用

综合收益总额=净利润(分为持续经营的净利润和非持续经营净利润)+其他综合收益(分为不能重分类进损益的其他综合收益和将重分类进损益的其他综合收益)

我国的利润表除反映上述内容之外,对于普通股或潜在普通股已公开交易的企业,以及正处于公开发行普通股或潜在普通股过程中的企业,还应在利润表中列示每股收益的信息。

二、利润表的编制方法

利润表各项目的填列方法如下:

① "营业收入"项目,反映企业确认的经销售商品、提供劳务等主营业务取得的收

入以及除主营业务活动以外的其他经营活动实现的收入,包括出租固定资产、出租无形资产等。本项目应根据"主营业务收入"科目和"其他业务收入"科目的发生额分析填列。

② "营业成本"项目,反映企业确认销售商品、提供劳务等主营业务收入时应结转的成本以及除主营业务活动以外的其他经营活动所发生的支出,如销售材料的成本、出租固定资产折旧额等。本项目应根据"主营业务成本"科目和"其他业务成本"科目的发生额分析填列。

③ "税金及附加"项目,反映企业经营活动发生消费税、城市维护建设税、资源税、土地增值税、城镇土地使用税、房产税、车船税、印花税、教育费附加、矿产资源补偿费、排污费等。本项目应根据"税金及附加"科目的发生额分析填列。

④ "销售费用"项目,反映企业在销售商品和材料、提供劳务的过程中所发生的各项费用。本项目应根据"销售费用"科目的发生额分析填列。

⑤ "管理费用"项目,反映企业本期发生的管理费用。本项目应根据"管理费用"科目的发生额分析填列。

⑥ "研发费用"项目,反映企业进行研究与开发过程中发生的费用化支出。该项目应根据"管理费用"科目下的"研发费用"明细科目的发生额分析填列。

⑦ "财务费用"项目,反映企业本期发生的财务费用。本项目应根据"财务费用"科目的发生额分析填列。

财务费用中的"其中:利息费用"项目,反映企业为筹集生产经营所需资金等而发生的应予费用化的利息支出。该项目应根据"财务费用"科目的相关明细科目的发生额分析填列。

财务费用中的"利息收入"项目,反映企业确认的利息收入。该项目应根据"财务费用"科目的相关明细科目的发生额分析填列。

⑧ "资产减值损失"项目,反映企业计提各项资产减值准备所形成的损失。本项目应根据"资产减值损失"科目的发生额分析填列。

⑨ "信用减值损失"项目,反映企业按照《企业会计准则第22号——金融工具确认和计量》的要求计提的各项金融工具减值准备所形成的预期信用损失。该项目应根据"信用减值损失"科目的发生额分析填列。

⑩ "其他收益"项目,反映计入其他收益的政府补助等。该项目应根据"其他收益"科目的发生额分析填列。

⑪ "投资收益"项目,反映企业以各种方式对外投资所提取的扣除投资损失后的净收益,其中包括分得的投资利润、债券投资的利息收入以及认购股票取得的股利和收回投资时发生的收益等。本项目应根据"投资收益"科目的发生额分析填列。如果为投资净损失,本项目用"-"号填列。

⑫ "公允价值变动收益"项目,反映企业交易性金融资产、交易性金融负债,以及采用公允价值模式计量的投资性房地产、衍生工具、套期保值业务等公允价值变动形成的应计入当期损益的利得或损失。本项目应根据"公允价值变动损益"科目的发生额分析填列,如为净损失,本项目以"-"号填列。

⑬ "资产处置收益"项目，反映企业出售划分为持有待售的非流动资产(金融工具、长期股权投资和投资性房地产除外)或处置组(子公司和业务除外)时确认的处置利得或损失，以及处置未划分为持有待售的固定资产、在建工程、生产性生物资产及无形资产而产生的处置利得或损失。债务重组中因处置非流动资产产生的利得或损失和非货币性资产交换中产生的利得或损失也包括在本项目内。该项目应根据"资产处置损益"科目的发生额分析填列，如为处置损失，以"-"号填列。

⑭ "营业利润"项目，反映企业实现的营业利润等。如为亏损，本项目以"-"号填列。

⑮ "营业外收入"项目，反映企业发生的除营业利润以外的收益，主要包括债务重组利得、与企业日常活动无关的政府补助、盘盈利得、捐赠利得(企业接受股东或股东的子公司直接或间接的捐赠，经济实质属于股东对企业的资本性投入的除外)等。该项目应根据"营业外收入"科目的发生额分析填列。

⑯ "营业外支出"项目，反映企业发生的除营业利润以外的支出，主要包括债务重组损失、公益性捐赠支出、非常损失、盘亏损失、非流动资产毁损报废损失等。该项目应根据"营业外支出"科目的发生额分析填列。

⑰ "利润总额"项目，反映企业实现的利润。如为亏损，以"-"号填列。

⑱ "所得税费用"项目，反映企业从当期损益中扣除的所得税。本项目应根据"所得税费用"科目的发生额分析填列。

⑲ "净利润"项目，反映企业交纳所得税后的利润。如为净亏损，以"-"号填列。

"(一)持续经营净利润"和"(二)终止经营净利润"项目，分别反映净利润中与持续经营相关的净利润和与终止经营相关的净利润，如为净亏损，以"-"号填列。这两个项目应按照《企业会计准则第42号——持有待售的非流动资产、处置组和终止经营》的相关规定分别列报。

⑳ "其他综合收益的税后净额分为不能重分类进损益的其他综合收益和将重分类进损益的其他综合收益，其中将不能重分类进损益的其他综合收益项目包括四项，如"权益法下不能进损益的其他综合收益"和"其他权益工具投资公允价值变动"项目，应根据"其他综合收益"科目的相关明细科目的发生额分析填列。

能重分类进损益的其他综合收益项目目前在利润表中有六个项目：

其中"其他债权投资公允价值变动"项目，反映企业分类为以公允价值计量且其变动计入其他综合收益的债权投资发生的公允价值变动。企业将一项以公允价值计量且其变动计入其他综合收益的金融资产重分类为以摊余成本计量的金融资产，或重分类为以公允价值计量且其变动计入当期损益的金融资产时，之前计入其他综合收益的累计利得或损失从其他综合收益中转出的金额作为该项目的减项。该项目应根据"其他综合收益"科目下的相关明细科目的发生额分析填列。

"金融资产重分类计入其他综合收益的金额"项目，反映企业将一项以摊余成本计量的金融资产重分类为以公允价值计量且其变动计入其他综合收益的金融资产时，计入其他综合收益的原账面价值与公允价值之间的差额。该项目应根据"其他综合收益"科目下的相关明细科目的发生额分析填列。

"其他债权投资信用减值准备"项目，反映企业按照《企业会计准则第22号——金融工具确认和计量》(2017年修订)第十八条分类为以公允价值计量且其变动计入其他综合收益的金融资产的损失准备。该项目应根据"其他综合收益"科目下的"信用减值准备"明细科目的发生额分析填列。

㉑ 合收益总额为净利润与其他综合收益之和。

㉒ 每股收益"项目，反映企业一定期间的收益额与期末普通股股数之比，分为基本每股收益和稀释每股收益，其中基本每股收益的计算公式为：

$$基本每股收益 = 收益额 \div 期末普通股股数$$

如果企业除发行普通股外，还发行了可转换为普通股的其他证券，那么在计算每股收益时，应考虑具有稀释作用的约当普通股，经过稀释后的每股收益计算公式为：

$$稀释每股收益 = (普通股收益额 + 普通股当量收益额) \div (普通股股数 + 普通股平均当量)$$

三、利润表的编制要求

利润表是企业对外报送的重要财务报表，各单位在编制利润表时都应当遵循公认的会计准则和国家的有关规定。具体来讲，利润表的编制要求有以下几点：

1)利润表应当反映企业在一定会计期间的经营成果情况，一般应按月编制。利润表期间为公历月份、季度、半年度和年度。

2)利润表应当标明企业的名称和计算损益的会计期间、货币单位和报表编号。

3)利润表应以人民币"元"为单位，元以下填制"分"。采用外币作为记账本位币的企业应将以外币反映的利润表折合为人民币反映的利润表。

4)企业应当编制比较利润表。如果前期的项目名称和内容与报告期不一致，应将前期的项目名称和内容按报告期的项目和内容进行调整，以使项目口径可比。

5)利润表"上期金额"栏反映上年度累计实际发生数，"本期金额"栏应反映各项目本年年初起至本月月末止的累计实际发生数。

6)利润表中有关重要项目的明细资料以及有助于理解和分析利润表的事项，应在利润表的补充资料中说明。利润表的补充资料中应说明以下有关内容：①有关会计政策的变化；②有关具体项目的补充说明；③难以在利润表表内反映的内容或业务情况；④在报告期内由于会计方法发生变更而产生的影响；⑤未经批准的利润分配方案的说明。

另外，月份利润表和年度利润表在栏目上略有区别：月份利润表包括"本月数"和"本年累计数"两栏，而年度利润表包括"上年数"和"本年累计数"两栏。

表13-2为一般企业(适用于已执行新金融准则或新收入准则的企业)利润表的格式。

表 13-2 利润表

会企 02 表

编制单位：　　　　　　　　　　　年　月　日　　　　　　　　　　单位：元

项目	本期金额	上期金额
一、营业收入		
减：营业成本		
税金及附加		
销售费用		
管理费用		
研发费用		
财务费用		
其中：利息费用		
利息收入		
资产减值损失		
信用减值损失		
加：其他收益		
投资收益(损失以"-"号填列)		
其中：对联营企业和合营企业的投资收益		
净敞口套期收益		
公允价值变动收益(损失以"-"号填列)		
资产处置损益(损失以"-"号填列)		
二、营业利润(损失以"-"号填列)		
加：营业外收入		
减：营业外支出		
其中：非流动资产处置损失		
三、利润总额(损失以"-"号填列)		
减：所得税费用		
四、净利润(损失以"-"号填列)		
（一）持续经营净利润(净损失以"-"号填列)		
（二）终止经营净利润(净损失以"-"号填列)		
五、其他综合收益的税后净额		
（一）不能重分类进损益的其他综合收益		
1.重新计量设定受益计划变动额		
2.权益法下不能转损益的其他综合收益		
3.其他权益工具投资公允价值变动		
4.企业自身信用风险公允价值变动		
（二）将重分类进损益的其他综合收益		
1.权益法下可转损益的其他综合收益		
2.其他债权投资公允价值变动		
3.金融资产重分类计入其他综合收益的金额		
4.其他债权投资信用减值准备		
5.现金流量套期储备		
6.外币财务报表折算差额		
……		
六、综合收益总额		
七、每股收益		
（一）基本每股收益		
（二）稀释每股收益		

第四节　现金流量表

现金流量表是反映企业一定会计期间现金和现金等价物流入和流出的报表。编制现金流量表的目的是为报表使用者提供一定会计期间内现金流入与流出的有关信息，汇总说明企业在一定会计期间内经营、投资和筹资活动的情况。报表使用者利用这些信息，同时辅之以其他财务报表和有关媒介披露的信息，可以评估企业以下几方面的事项：① 企业偿还债务及支付股利的能力以及对外筹资的需要；② 企业的净利润与经营活动所产生的净现金流量发生差异的原因；③ 预测企业未来获取或支付现金的能力；④ 会计年度内影响或不影响现金的投资活动与筹资活动。

前述利润表和资产负债表在提供会计信息方面都具有十分重要的作用，但是也有一定的局限性。例如，利润表中提供的净利润，是按照权责发生制原则而不是按照收付实现制原则确认收入和费用而得到的计算结果，所以利润表虽然能够反映企业一定期间营业活动的成果，显示企业的盈利能力，但它不能说明企业从营业活动中获得了多少可供周转使用的现金；虽然能够反映报告期内筹资活动和投资活动的损益，但不能说明筹资活动和投资活动提供了多少或运用了多少现金。至于不涉及现金收支的投资和筹资活动，利润表根本不予反映。资产负债表主要是反映企业某一特定日期的财务状况，说明某一特定日期资产和权益变动的结果，并显示了企业的偿债能力，但它不能反映企业财务状况的变动情况。虽然通过不同时期资产负债表的比较，在一定程度上反映了企业财务状况的变动情况，但不能说明财务状况的变动原因，很难从期末和期初金额的比较中直接提供企业投资和筹资活动提供现金流量的信息。而现金流量表的编制可以弥补这两种财务报表的不足。它不仅综合地反映了企业净利润与现金净流量的关系，而且通过经营活动和投资、筹资业务对现金流入、流出的影响，揭示了企业财务状况变动的原因。因而，现金流量表是反映企业经营全貌、揭示企业现金来源和运用的报表，是连接资产负债表和利润表的纽带和桥梁。

一、现金的概念

现金流量表是以现金为编制基础、按收付实现制原则编制的。这里的现金是指广义概念上的现金，它包括现金及现金等价物。具体来讲，它由库存现金、银行存款、其他货币资金和现金等价物几个部分组成。其中，现金等价物是指企业所拥有的期限短(到期日在三个月以内)、流动性强、易于转化为已知金额现金的、价值变动风险很小的投资(除特别注明外，以下所指的现金均含现金等价物)。现金等价物虽然不是现金，但当企业需要时往往可以随时变现，具有很强的支付能力，因而可视同为现金。企业应根据具体情况，确定现金等价物的范围，并且要一贯性地保持其划分标准。

二、现金流量的分类

现金流量表通常将企业一定期间内产生的现金流量归为经营活动产生的现金流量、投资活动产生的现金流量和筹资活动产生的现金流量三类。下面分别说明这三类现金流量的内容：

(1) 经营活动产生的现金流量

经营活动，是指企业除投资活动和筹资活动以外的所有交易和事项。经营活动的现金流入主要是指销售商品或提供劳务等所收到的现金；经营活动的现金流出主要是指购买货物、接受劳务、制造产品、广告宣传、推销产品、缴纳各项税费等所支付的现金。通过现金流量表中所列示的经营活动产生的现金流量，可以说明企业经营活动对现金流入和流出净额的影响程度。

在我国，企业经营活动产生的现金流量以直接法填列。直接法，是指通过现金收入和现金支出的主要类别列示经营活动的现金流量。同时，企业还应在补充资料中用间接法披露将净利润调节为经营活动现金流量、不涉及现金收支的重大投资和筹资活动、现金及现金等价物净变动情况等信息。

(2) 投资活动产生的现金流量

投资活动，是指企业长期资产的购建和不包括在现金等价物范围内的投资及其处置活动。投资活动的现金流入主要包括收回投资收到的现金，分得的股利、利润或取得债券利息收入收到的现金，以及出售固定资产、无形资产和其他长期资产收到的现金等；投资活动的现金流出则是指购买固定资产、无形资产和其他长期资产所支付的现金。以及进行权益性或债权性投资等所支付的现金。投资活动产生的现金流量中不包括将现金转换为现金等价物这类投资活动产生的现金流量。通过现金流量表所反映的投资活动所产生的现金流量，可以分析企业通过投资获取现金流量的能力，以及投资产生的现金流量对企业现金流量净额的影响程度。

(3) 筹资活动产生的现金流量

筹资活动，是指导致企业资本及债务规模和构成发生变化的活动。筹资活动的现金流入主要包括吸收权益性投资所收到的现金，发行债券收到的现金或借款收到的现金等；筹资活动的现金流出主要包括偿还债务所支付的现金，发生筹资费用所支付的现金，分配利润或偿付利息所支付的现金，融资租赁所支付的现金等。通过现金流量表中所反映的筹资活动产生的现金流量，可以分析企业筹资的能力，以及筹资产生的现金流量对企业现金流量净额的影响程度。

需要注意的是，并不是所有的现金转换都会引起现金流量净额的变化。例如，现金流量表只需反映同时使现金项目与非现金项目产生增减变动的业务，对于现金形式之间的转换业务(如企业从银行提现)和仅涉及非现金各项目之间增减变动的业务，不影响现金流量净额的，一般不予反映。但是，有些涉及投资和筹资活动的业务，如用固定资产进行长期投资等，尽管不涉及当期的现金收支，却会对以后各期的现金流量产生影响，故也需要在现金流量表的补充资料中予以披露，对于涉及现金收支的投资与筹资活动，应当直接在现金流量表内的"投资活动产生的现金流量或筹资活动产生的现金流量"中予以反映。

三、现金流量表的格式与内容

现金流量表主要由正表和补充资料两大部分构成，其格式和内容见表13-3和表13-4。

表 13-3 现金流量表   会企 03 表

编制单位：　　　　　　　　　　年　月　日　　　　　　　　　　单位：元

项目	本期金额	上期金额
一、经营活动产生的现金流量		
销售商品、提供劳务收到的现金		
收到的税费返还		
收到的其他与经营活动有关的现金		
经营活动现金流入小计		
购买商品、接受劳务支付的现金		
支付给职工以及为职工支付的现金		
支付的各项税费		
支付的其他与经营活动有关的现金		
经营活动现金流出小计		
经营活动产生的现金流量净额		
二、投资活动产生的现金流量		
收回投资所收到的现金		
取得投资收益所收到的现金		
处置固定资产、无形资产和其他长期资产所收回的现金净额		
处置子公司及其他营业单位收到的现金净额		
收到的其他与投资活动有关的现金		
投资活动现金流入小计		
购建固定资产、无形资产和其他长期资产所支付的现金		
投资所支付的现金		
取得子公司及其他营业单位支付的现金净额		
支付的其他与投资活动有关的现金		
投资活动现金流出小计		
投资活动产生的现金流量净额		
三、筹资活动产生的现金流量		
吸收投资所收到的现金		
取得借款所收到的现金		
收到的其他与筹资活动有关的现金		
筹资活动现金流入小计		
偿还债务所支付的现金		
分配股利、利润或偿付利息所支付的现金		
支付的其他与筹资活动有关的现金		
筹资活动现金流出小计		
筹资活动产生的现金流量净额		
四、**汇率变动对现金及现金等价物的影响额**		
五、**现金及现金等价物净增加额**		
加：期初现金及现金等价物余额		
六、**期末现金及现金等价物余额**		

表 13-4 现金流量表补充资料

项目	行次	金额
1. 将净利润调节为经营活动的现金流量		
净利润		
加：资产减值准备		
信用减值损失		

(续表)

项目	行次	金额
固定资产折旧、油气资产折耗、生产性生物资产折旧		
无形资产摊销		
长期待摊费用摊销		
处置固定资产、无形资产和其他长期资产的损失(收益以"-"填列)		
固定资产报废损失(收益以"-"填列)		
净敞口套期损失(收益以"-"填列)		
公允价值变动损失(收益以"-"填列)		
公允价值变动损失(收益以"-"填列)		
财务费用(收益以"-"填列)		
投资损失(收益以"-"填列)		
递延所得税资产减少(增加以"-"填列)		
递延所得税负债增加(减少以"-"填列)		
存货的减少(增加以"-"填列)		
经营性应收项目的减少(增加以"-"填列)		
经营性应付项目的增加(减少以"-"填列)		
其他经营活动产生的现金流量净额		
2．不涉及现金收支的投资和筹资活动		
债务转为资本		
一年内到期的可转换公司债券		
融资租入固定资产		
3．现金及现金等价物净增加情况		
现金的期末余额		
减：现金的期初余额		
加：现金等价物的期末余额		
减：现金等价物的期初余额		
现金及现金等价物净增加额		

1. 直接法

企业应当采用直接法列示经营活动产生的现金流量。直接法，是指通过现金收入和现金支出的主要类别列示经营活动的现金流量。采用直接法编制经营活动的现金流量时，一般以利润表中的营业收入为起算点，调整与经营活动有关项目的增减变动，然后计算出经营活动的现金流量。

直接法下现金流量表主要项目的编制方法如下：

(1) 经营活动产生的现金流量

1) "销售商品、提供劳务收到的现金"项目，反映企业本年销售商品、提供劳务收到的现金，以及以前年度销售商品、提供劳务于本年收到的现金(包括应向购买者收取的增值税销项税额)和本年预收的款项，减去本年销售本年退回商品和以前年度销售本年退回商品支付的现金。企业销售材料和代购代销业务收到的现金，也在本项目反映。

现金流量表的编制通常要利用资产负债表、利润表、补充资料，所以，要掌握利用会计科目填列现金流量表。

反映销售商品、提供劳务收到的现金，由三笔会计分录组成：
借：货币资金

  贷：主营业务收入等
    应交税费——应交增值税(销项税额)
 借：货币资金
  贷：应收账款(应收票据)
 借：货币资金
  贷：预收账款(合同负债)

  在这里，假设第一笔分录通过应收账款或预收账款(合同负债)过渡一下，这样"销售商品、提供劳务收到的现金"的会计分录为：

 借：货币资金
  贷："三收"(应收账款、应收票据、预收账款(合同负债))

  即"三收"的贷方发生额对应的是"销售商品、提供劳务收到的现金"
  利用"三收"的账户，有：
  "三收"的贷方发生额="三收"的期初借方余额－"三收"期末借方余额+"三收"的借方发生额

  "三收"的期初借方余额及期末借方余额利用资产负债表查表可得，但要注意预收账款(合同负债)贷方余额填列在借方时要用负数，应收账款不能包含坏账准备；"三收"的借方发生额的对应科目为营业收入(利润表)，应交税费——应交增值税(销项税额)(一般利用增值税的补充资料)，会计分录为：

 借："三收"(应收账款、应收票据、预收账款(合同负债))
  贷：营业收入
    应交税费——应交增值税(销项税额)

  以上假设"三收"的贷方对应的是货币资金，但应该考虑以下特殊情况(将导致"三收"减少，但没有导致实际现金流入)：

  ① 确认坏账。"三收"的贷方对应的不是货币资金，而是"坏账准备"科目，增加了"三收"的贷方，但没有收到货币资金，因此要把确认的坏账从"三收"的贷方发生额中剔除出去。会计分录为：

 借：坏账准备
  贷：应收账款

  ② 票据的贴息。例如，应收票据票面金额为 2 000 000 元，用于贴息，收到现金 1 900 000 元，贴现利息为 100 000 元，贴息部分应从"三收"的贷方发生额中剔除出去。会计分录为：

 借：银行存款   1 900 000
  财务费用   100 000
  贷：应收票据   2 000 000

  ③ 以前期间确认的坏账，本期又收回了，在该笔业务中"三收"余额没有发生变化，但现金流入却增加了，因此应把以前期间确认的坏账，本期又收回的金额增加为本期"销售商品、提供劳务收到的现金"。会计分录为：

 借：应收账款

　　　　贷：坏账准备
　　借：银行存款
　　　　贷：应收账款
或者：
　　借：银行存款
　　　　贷：坏账准备

2）"收到的税费返还"项目，反映企业收到返还的所得税、增值税、营业税、消费税、关税和教育费附加等各种税费返还款。

3）"收到其他与经营活动有关的现金"项目，反映企业经营租赁收到的租金等其他与经营活动有关的现金流入，金额较大的应当单独列示。

4）"购买商品、接受劳务支付的现金"项目，反映企业本年购买商品、接受劳务实际支付的现金(包括增值税进项税额)，以及本年支付以前年度购买商品、接受劳务的未付款项和本年预付款项，减去本年发生的购货退回收到的现金。企业购买材料和代购代销业务支付的现金，也在本项目反映。

该项目由三笔会计分录组成：
　　借：存货
　　　　应交税费——应交增值税(进项税额)
　　　　贷：货币资金
　　借：应付账款(应付票据)
　　　　贷：货币资金
　　借：预付账款
　　　　贷：货币资金

在这里，可假设第一笔分录通过应付账款或预付账款过渡一下，这样"购买商品、接受劳务支付的现金"的会计分录为：
　　借："三付"(应付账款、应付票据、预付账款)
　　　　贷：货币资金

即"三付"的借方发生额对应的即是"购买商品、接受劳务支付的现金"。

"三付"(应付账款、应付票据、预付账款)的借方发生额="三付"的期初贷方余额-"三付"期末贷方余额+"三付"的贷方发生额。"三付"的期初贷方余额及期末贷方余额利用资产负债表查表可得，但要注意预付账款期初、期末借方余额填列在贷方时要用负数；"三付"的贷方发生额的对应科目为存货借方发生额的一部分、应交税费——应交增值税(进项税额)(一般利用增值税的补充资料)，会计分录为：
　　借：存货
　　　　应交税费——应交增值税(进项税额)
　　　　贷："三付"

存货的借方发生额=存货的期末借方余额-存货的期初借方余额+存货的贷方发生额。存货的期末借方余额及期初借方余额利用资产负债表查表可得，但要注意不能包含存货跌价准备(此处的"存货"是存货科目的账面余额);存货的贷方发生额的对应科目为营业成本(利润表)、待处理财产损溢等补充资料)。

  借:营业成本(待处理财产损溢)
    贷:存货

这里要重点关注的是,存货的借方发生额对应的不全部是"三付",如借记存货,贷记累计折旧、应付职工薪酬等,需要将这些并不导致"三付"增加的项目从存货借方发生额中剔除。相关会计分录如下:

  借:制造费用
    贷:累计折旧(应付职工薪酬)
  借:存货
    贷:制造费用

5)"支付给职工以及为职工支付的现金"项目,反映企业本年实际支付给职工的工资、薪金、各种津贴和补贴等职工薪酬(包括代扣代缴的职工个人所得税)。

  借:应付职工薪酬
    贷:货币资金

"应付职工薪酬"的借方发生额="应付职工薪酬"的期初贷方余额−"应付职工薪酬"的期末贷方余额+"应付职工薪酬"的贷方发生额。"应付职工薪酬"的期初贷方余额及期末贷方余额利用资产负债表查表可得,"应付职工薪酬"的贷方发生额利用补充资料,注意剔除支付给在建工程人员的工资及其他费用。

6)"支付的各项税费"项目,反映企业本年发生并支付、以前各年发生本年支付以及预交的各项税费,包括所得税、增值税、消费税、印花税、房产税、土地增值税、车船使用税、教育费附加等。

  借:应交税费
    贷:货币资金

"应交税费"的借方发生额="应交税费"的期初贷方余额−"应交税费"的期末贷方余额+"应交税费"的贷方发生额。"应交税费"的期初贷方余额及期末贷方余额利用资产负债表查表可得,"应交税费"的贷方发生额利用:①利润表中的税金及附加、所得税费用(要考虑补充资料中的递延所得税资产或负债);②利用补充资料管理费用项目中的印花税、房产税、车船税、土地使用税;③利用补充资料增值税项目中的销项税、进项税等。相关会计分录为:

  借:税金及附加
    贷:应交税费——应交消费税等
  借:所得税费用
    递延所得税资产(或贷方)
    贷:应交税费——应交所得税
      递延所得税负债(或借方)
  借:管理费用

　　　　贷：应交税费——应交房产税(车船税、土地使用税)
　缴纳印花税的会计分录是：
　借：管理费用
　　　　贷：银行存款

　7)"支付其他与经营活动有关的现金"项目，反映企业经营租赁支付的租金、差旅费、业务招待费、保险费、罚款支出等其他与经营活动有关的现金流出，金额较大的应当单独列示。

　主要利用补充资料中的管理费用、营业费用、营业外支出等，首先将管理费用、营业费用、营业外支出汇总；然后扣除非付现成本(固定资产累计折旧、无形资产累计摊销、长期待摊费用摊销等)；最后扣除已经在现金流量表其他项目中体现的费用(印花税、房产税、车船税、土地使用税、应付职工薪酬等)。

　(2)投资活动产生的现金流量

　① "收回投资收到的现金"项目，反映企业出售、转让或到期收回除现金等价物以外的对其他企业进行长期股权投资而收到的现金，但处置子公司及其他营业单位收到的现金净额除外。

　如处置交易性金融资产的会计分录为：
　借：货币资金(倒挤)
　　　公允价值变动损益(利用补充资料、利润表)
　　　　贷：交易性金融资产——成本(利用补充资料、资产负债表)
　　　　　　　　　　　　——公允价值变动(利用补充资料、资产负债表)
　　　　　　投资收益(或者在借方)(利用补充资料、利润表)

　该分录中的"投资收益"既包括处置交易性金融资产的获利，也包括"公允价值变动损益"余额结转的部分。

　② "取得投资收益收到的现金"项目，反映企业除现金等价物以外的对其他企业进行的长期股权投资等分回的现金股利和利息等。

　在这里要注意的是，只要分回的能够确定是现金股利和利息，无论是否计入投资收益会计科目，均在该项目中体现。如果是投资的收回，不能确定是现金股利或利息的，则在"收回投资收到的现金"中体现。

　③ "处置固定资产、无形资产和其他长期资产收回的现金净额"项目，反映企业出售、报废固定资产、无形资产和其他长期资产所取得的现金(包括因资产毁损而收到的保险赔偿收入)，减去为处置这些资产而支付的有关费用后的净额。

　④ "处置子公司及其他营业单位收到的现金净额"项目，反映企业处置子公司及其他营业单位所取得的现金，减去相关处置费用以及子公司及其他营业单位持有的现金和现金等价物后的净额。

　⑤ "购建固定资产、无形资产和其他长期资产支付的现金"项目，反映企业购买、建造固定资产、取得无形资产和其他长期资产所支付的现金及增值税款等，以及用现金支付的应由在建工程和无形资产负担的职工薪酬。

　⑥ "投资支付的现金"项目，反映企业取得除现金等价物以外的对其他企业进行的

长期股权投资所支付的现金以及支付的佣金、手续费等附加费用，但取得子公司及其他营业单位支付的现金净额除外。

⑦ "取得子公司及其他营业单位支付的现金净额"项目，反映企业购买子公司及其他营业单位购买出价中以现金支付的部分，减去子公司及其他营业单位持有的现金和现金等价物后的净额。

⑧ "收到其他与投资活动有关的现金""支付其他与投资活动有关的现金"项目，反映企业除上述①至⑦项目外收到或支付的其他与投资活动有关的现金，金额较大的应当单独列示。

(3)筹资活动产生的现金流量

① "吸收投资收到的现金"项目，反映企业以发行股票、债券等方式筹集资金实际收到的款项，减去直接支付的佣金、手续费、宣传费、咨询费、印刷费等发行费用后的净额。

② "取得借款收到的现金"项目，反映企业举借各种短期、长期借款而收到的现金。

③ "偿还债务支付的现金"项目，反映企业为偿还债务本金而支付的现金。

④ "分配股利、利润或偿付利息支付的现金"项目，反映企业实际支付的现金股利、支付给其他投资单位的利润或用现金支付的借款利息、债券利息。

⑤ "收到其他与筹资活动有关的现金""支付其他与筹资活动有关的现金"项目，反映企业除上述①至④项目外收到或支付的其他与筹资活动有关的现金，金额较大的应当单独列示。

(4) "汇率变动对现金及现金等价物的影响"项目，反映下列项目之间的差额

① 企业外币现金流量折算为记账本位币时，采用现金流量发生日的即期汇率或近似的汇率折算的金额。

② 企业外币现金及现金等价物净增加额按年末汇率折算的金额填列。

2. 间接法

现金流量表间接法的基本原理是以企业报告期内按照权责发生制计算的净利润为起点，经过对有关项目的调整，转换为按照收付实现制计算出来的企业当期经营活动产生的现金净流量的方法，以便于将净利润与经营活动产生的现金流量净额进行比较，了解净利润与经营活动产生的现金流量差异的原因，从现金流量的角度分析净利润的质量。净利润反映的是企业一定期间的经营成果，但是在现行的会计系统中，净利润并不仅仅包括经营活动的收入和支出，还包括因筹资活动而产生的"财务费用"、因投资活动而产生的"投资收益(损失)"以及一次性项目"营业外收入"和"营业外支出"。另外，在经营活动产生的现金流量表中还包含了一些净利润没有涉及的项目，如本期支付的长期待摊费用中尚未摊销完的部分等。因此，要将净利润换算为经营活动的现金流量，就必须对这些项目进行调整。

对于调整项目，我们可以将其分为以下四类进行分析。

1)纳入了净利润的计算中，但是没有发生实际的现金流动。这类项目包括：计提的资产减值准备、信用减值损失、无形资产摊销、长期待摊费用的摊销和固定资产折旧。这类业务的本期发生数作为费用纳入了净利润的计算，但是并没有发生实际的现金流出，所以应当加回到净利润中。

对于固定资产折旧，存在"固定资产折旧——制造费用——存货成本"的摊销线路，因此，并不是所有的固定资产折旧都包含在净利润中，我们用一个例子来解释这一点。

例：A 企业的期初存货为 0，本期购买了 1 000 元原材料投入生产，并于年内生产完毕。本期生产用固定资产折旧的摊销额为 1 000 元。A 企业本年度共销售一半的产品，售价为 1 500 元，故其销售成本为 1 000 元。在这里，若忽略所得税的因素，则 A 企业当年的净利润为 500 元。由此得知实际的现金流量=1 500-1 000=500 元。按间接法计算出的经营活动现金流量为：净利润 500 元加固定资产折旧 1 000 元加存货减少的 1 000 元，即经营活动产生的现金流量为 500 元。

本例中的实际经营活动现金流量为 500 元，这说明尽管生产用的固定资产折旧并没有全部包含在经营利润中，但是，通过全额抵消固定资产折旧并同时对存货的变动进行调整，可以得出与实际数相同的结果。

2) 不属于企业的经营活动，但损失(收益)被包括在净利润中。这类项目包括：处置固定资产、无形资产和其他长期资产的损益以及固定资产报废损失、财务费用、投资收益(投资损失)。这类调整项目属于投资活动范围，但被包括在净利润的计算中。因此，无论这些项目是否发生了实际的现金流动，在将净利润调整为经营活动的现金流量过程中，必须对这些项目进行调整。具体的调整方法为：如果是收益性项目就减；如果是损失(费用)性项目就加。

需要注意的是，这里调整的财务费用并不等同于利润表上的财务费用，而仅指投资活动、筹资活动的财务费用。

3) 属于企业的经营活动，但调整数仅为期间内项目的变化数。这类项目包括：递延所得税资产、负债项目、经营性应收项目、存货以及经营性应付项目。

① 递延所得税资产的减少(递延所得税负债的增加)。递延所得税资产减少，意味着计入当期的所得税费用的金额大于当期应交的所得税金额，其差额没有发生现金流出，但在计算净利润时已经扣除。所以，在将净利润调整为经营活动现金流量时，应将这部分加回。这里无须考虑企业是否已经实际缴纳了所得税。

② 经营性应收项目的减少。对于经营性应收项目有如下等式：

经营性应收项目期初余额-本期收到的期初经营性应收项目+本期发生的经营性应收项目-本期收到的本期发生的经营性应收项目=经营性应收项目期末余额

调整可得：

经营性应收项目的减少=本期收到的期初经营性应收项目-(本期发生的经营性应收项目-本期收到的本期发生的经营性应收项目)

其中，本期收到的期初经营性应收项目属于没有包括在净利润中的现金流入，应当加上；算式中的后者指的是当期的经营性收入中未收到的现金部分，由于净利润中包含了所有收到现金和未收到现金的收入，所以在计算经营活动的现金流量时，这部分必须减去。

③ 存货的减少(减：存货的增加)。

存货的减少=本期发出的存货-本期形成的存货=本期发出的期初存货+(本期发出的本期形成的存货-本期形成的存货)=本期发出的期初存货 (本期形成的存货-本期发出的本期形成的存货)

首先，考虑本期形成的存货已结清所有货款。本期发出的期初存货的成本被包括在已计算的净利润中，但这部分的成本并没有发生实际的现金流出，所以应当加回。等式中的第二项表示的是本期形成的没有使用的存货，这部分存货发生了实际的现金流出，但是没有被包括在净利润中，所以应当减去。其次，考虑包含了应付项目的情形，可同时调整经营性应付项目的增加，即使在未完全为存货支付现金的情况下，计算出来的经营活动现金流量与实际数量也相等。

④ 经营性应付项目的增加。经营性应付项目的调整往往是其他调整项目的伴生品，其调整方向与对应项目的调整方向相反，正如前面有关递延税款和存货的调整。但这并不意味着在做其他项目调整时要进行相应的经营性应付项目的调整。相反，我们可以对各个项目进行单独调整并先不考虑应付项目的影响，而后对应付项目做单独调整。

4）其他。其他项目包含了一些特殊的交易和事项，如涉及存货的一些项目等。现金流量表上间接法下的"存货的减少"项是按照资产负债表上的期初数和期末数直接计算的。这实际上是假定这些项目的所有变化都是和经营活动有关的，但当企业以存货对外投资或交换固定资产时，情况就不一样了。

第五节　所有者权益变动表

一、所有者权益变动表的结构和内容

所有者权益变动表是反映构成所有者权益的各组成部分当期的增减变动情况的财务报表。所有者权益变动表不仅包括一定时期所有者权益总量的变动情况，还包括所有者权益增减变动的重要结构性信息，使报表使用者明确理解所有者权益增减变动的根源。

二、所有者权益变动表的结构及编制方法

1. 在所有者权益变动表上，企业至少应当单独列示反映下列信息的项目
① 综合收益总额；
② 会计政策变更和差错更正的累积影响金额；
③ 所有者投入资本和向所有者分配利润等；
④ 提取的盈余公积；
⑤ 实收资本、其他权益工具、资本公积、其他综合收益、专项储备、盈余公积、未分配利润的期初和期末余额及其调节情况。

2. 所有者权益变动表以矩阵的形式列示
所有者权益变动表以矩阵的形式列示，具体格式如表 13-5 所示。

3. 所有者权益变动表的编制
所有者权益变动表的各项目均需填列"本年金额"和"上年金额"两栏。

表13-5 所有者权益变动表(本年金额)(合并报表表格式)

年度_____

会企04表

单位：元

项目	本年金额												
	归属于母公司所有者权益											少数股东权益	所有者权益总计
	实收资本(股本)	其他权益工具			资本公积	减：库存股	其他综合收益	专项储备	盈余公积	一般风险储备	未分配利润		
		优先股	永续债	其他									
一、上年末余额													
加：会计政策变更													
前期差错更正													
同一控制下企业合并													
其他													
二、本年期初余额													
三、本年增减变动金额(减少以"-"号填列)													
(一)综合收益总额													
(二)所有者投入和减少资本													
1. 所有者投入的普通股													
2. 其他权益工具持有者投入资本													
3. 股份支付计入所有者权益的金额													
4. 其他													
(三)利润分配													
1.提取盈余公积													
2.提取一般风险准备													
3.对所有者(或股东)的分配													
4.其他													
(四)所有者权益内部结转													
1.资本公积转增资本(或股本)													
2.盈余公积转增资本(或股本)													
3.盈余公积弥补亏损													
4.设定受益计划变动额结转留存收益													
5.其他													
(五)专项储备													
1.本期提取													
2.本期使用													
(六)其他													
四、本期期末余额													

① 所有者权益变动表"上年年末金额"栏内各项数字，应根据上年度所有者权益变动表"本年金额"栏内所列数字填列。

注：上年度所有者权益变动表规定的各个项目的名称和内容同本年度不一致的，应对上年度所有者权益变动表各项目的名称和数字按照本年度的规定进行调整，填入所有者权益变动表的"上年金额"栏内。

② 所有者权益变动表"本年金额"栏内各项数字一般应根据"实收资本(股本)""其他权益工具""资本公积""库存股""其他综合收益""专项储备""盈余公积""一般风险储备""未分配利润""少数股东权益"科目的发生额分析填列。

③ 企业的净利润及其分配情况作为所有者权益变动的组成部分，不需要单独编制利润分配表列示。

所有者权益变动表(上年金额)相关表格与表 13-5 相同。

第六节　财务报表附注

一、财务报表附注的性质及作用

财务报表附注是对在资产负债表、利润表、现金流量表和所有者权益变动表等报表中列示项目的文字描述或明细资料，以及对未能在这些报表中列示项目的说明等，其具体作用体现在以下几个方面：①有利于会计信息使用者全面理解财务报表内所提供的信息；②有利于会计使用者更加详细地了解企业的财务状况和经营成果；③有利于会计信息使用者做出正确的预测和决策。

二、财务报表附注的内容

1. 企业的基本情况
① 企业注册地、组织形式和总部地址。
② 企业的业务性质和主要经营活动。
③ 母公司及其最终集团母公司的名称。
④ 财务报告的批准报出者和财务报告批准报出日。

2. 财务报表的编制基础
财务报表的编制基础是指财务是在持续经营基础上还是非持续经营基础上编制的。企业一般是在持续经营基础上编制财务报表，清算、破产属于非持续经营基础。

3. 遵循企业会计准则的声明
企业应当明确说明编制的财务报表符合企业会计准则的要求，真实、公允地反映了企业的财务状况、经营成果和现金流量等有关信息，以此明确企业编制财务报表所依据的制度基础。

如果企业编制的财务报表只是部分地遵循了企业会计准则，附注中不得做出这种表述。

4. 重要会计政策和会计估计

企业应当披露采用的重要会计政策和会计估计，不重要的会计政策和会计估计可以不予披露。

(1) 重要会计政策的说明

由于企业经济业务的复杂性和多样化，某些经济业务可以有多种会计处理方法，即存在不止一种可供选择的会计政策。企业在发生某项经济业务时，必须从允许的会计处理方法中选择适合本企业特点的会计政策，企业选择不同的会计处理方法，可能极大地影响企业的财务状况和经营成果，进而编制出不同的财务报表。为了有助于使用者理解，有必要对这些会计政策加以披露。

需要特别指出的是，说明会计政策时还需要披露下列两项内容：

① 财务报表项目的计量基础。会计计量属性包括历史成本、重置成本、可变现净值、现值和公允价值，这直接影响报表使用者的分析，这项披露要求便于使用者了解企业财务报表的项目是按何种计量基础计量的，如存货是按成本还是可变现净值计量等。

② 会计政策的确定依据。主要是指企业在运用会计政策过程中所做的对报表中确认的项目金额最具影响的判断。这些判断对在报表中确认的项目金额具有重要影响。因此，这项披露要求有助于使用者理解企业选择和运用会计政策的背景，增加财务报表的可理解性。

(2) 重要会计估计的说明

企业应当披露会计估计中所采用的关键假设和不确定因素的确定依据。这些关键假设和不确定因素在下一个会计期间内很可能导致对资产、负债账面价值进行重大调整。强调对会计估计的披露要求，有助于提高财务报表的可理解性。

5. 会计政策和会计估计变更以及差错更正的说明

披露的主要内容包括：

① 会计政策变更的性质、内容和原因。

② 当期和各个列报前期财务报表中受影响的项目名称和调整金额。

③ 无法进行追溯调整的，说明该事实和原因以及开始应用变更后的会计政策的时点、具体应用情况。

④ 会计估计变更的内容和原因。

⑤ 会计估计变更对当期和未来期间的影响数。

⑥ 会计估计变更的影响数不能确定的，披露这一事实和原因。

6. 重要报表项目的说明

企业对报表重要项目的说明，应当按照资产负债表、利润表、现金流量表、所有者权益变动表及其项目列示的顺序，采用文字和数字描述相结合的方式进行披露。报表重要项目的明细金额合计，应当与报表项目金额相衔接。在披露顺序上，一般应当按照资产负债表、利润表、现金流量表、所有者权益变动表的顺序及其项目列示的顺序。具体的重要项目包括：交易性金融资产，应收账款，存货，其他流动资产，可供出售金融资产，持有至到期投资，长期股权投资，投资性房地产，固定资产，生产性生物资产和公益性生物资产，油气资产，无形资产，商誉的形成来源、账面价值的增减变动情况，递延所得税资产和递延所得税负债，资产减值准备，所有权受到限制的资产，交易性金融负债，职工薪酬，应交税费，短期借款和长期借款，应付债券，长期应付款，营业收入，公允价值变动收益，投资收益，减值损失，资产减值损失，营业外收入，营业外支出，所得税费用，政府补助的种类和金额，每股收益，非货币性资产交换，股份支付，债务重组，借款费用，外币折算，企业合并，租赁，或有事项，终止经营的年度分部报告，资产负债表日后项目，关联方关系及其交易。

7. 其他需要说明的重要事项

(1) 或有事项

财务报表附注还应及时披露企业所发生的或有事项。或有事项的披露主要包括以下内容：

1) 预计负债。①预计负债的种类、形成原因及经济利益流出不确定性的说明；②各类预计负债的期初、期末余额和本期变动情况；③与预计负债有关的预期补偿金额和本期已确认的预期补偿金额。

2) 或有负债(不包括极小可能导致经济利益流出企业的或有负债)。①或有负债的种类及其形成原因，包括已贴现商业承兑汇票、未决诉讼、未决仲裁、对外提供担保等形成的或有负债；②经济利益流出不确定性的说明；③或有负债预计产生的财务影响，以及获得补偿的可能性；无法预计的，应当说明原因。

3) 企业通常不应当披露或有资产。但或有资产很可能会给企业带来经济利益的，应当披露其形成的原因、预计产生的财务影响等。

(2) 资产负债表日后事项

资产负债表日后事项具体包括：①每项重要的资产负债表日后非调整事项的性质、内容，以及其对财务状况和经营成果的影响，无法做出估计的，应当说明原因；②资产负债表日后，企业利润分配方案中拟分配的以及经审议批准宣告发放的股利或利润。

(3) 关联方关系及其交易

在企业财务决策和经营决策中，一方控制、共同控制另一方或对另一方施加重大影响，以及两方或两方以上同受一方控制、共同控制或重大影响的，构成关联方。关联方之间的相互关系即为关联方关系，关联方之间发生转移资源、劳务或义务的事项，不论是否收取价款均被视为关联方交易。由于关联方的特殊关系，可能会对会计信息的质量产生重大影响，为了不使会计信息使用者产生误导，应对关联方及其交易的情况在财务报表附注中，即通过财务报表的说明和表外项目进行披露。按照企业会计制度规定，关联方关系及交易应披露以下主要内容：

1) 企业无论是否发生关联方交易，均应当在附注中披露与母公司和子公司有关的下列信息：

① 母公司和子公司的名称。母公司不是该企业最终控制方的，还应当披露最终控制

方名称。母公司和最终控制方均不对外提供财务报表的,还应当披露母公司之上与其最相近的对外提供财务报表的母公司名称。

② 母公司和子公司的业务性质、注册地、注册资本(或实收资本、股本)及其变化。

③ 母公司对该企业或者该企业对子公司的持股比例和表决权比例。

2) 企业与关联方发生交易的,应当在附注中披露该关联方关系的性质、交易类型及交易要素。交易要素至少应当包括:

① 交易的金额。

② 未结算项目的金额、条款和条件,以及有关提供或取得担保的信息。

③ 未结算应收项目的金额、条款和条件,以及有关提供或取得担保的信息。

④ 定价政策。

3) 关联方交易应当对关联方以及交易类型予以披露。类型相似的关联方交易,在不影响财务报表阅读者正确理解关联方交易对财务报表影响的情况下,可以合并披露。

4) 企业只有在提供确凿证据的情况下,才能披露关联方交易是公平交易。

第七节 财务报表的审计

从目前的情况看,对企业财务信息质量的评价,首先体现在注册会计师出具的审计报告上。为此,会计信息使用者在分析企业相关的会计信息时,应首先关注企业的审计报告。

我们这里所说的审计报告,是指注册会计师根据中国注册会计师审计准则的规定,在实施审计工作的基础上对被审计单位财务报表发表审计意见的书面文件。正确认识和理解财务审计报告的目标、作用、类型及内容,对财务信息使用者正确判断企业的财务状况有着重要的影响。

一、财务报表审计的委托人

现代企业普遍采用经营权与所有权相分离的形式。企业的所有者向企业注入资本后,由经营者经营企业,使企业的资产增值并获利,并向所有者分配利润。大多数所有者不参与企业的经营活动,他们只能通过阅读其投资的企业的财务报表来了解企业的经营状况,做出自己的决策(持有或转让投资)。企业的经营者往往在报表的编制中粉饰企业的财务状况和经营成果,误导企业所有者的决策。因此,企业的所有者只能聘请公正的第三方,也就是注册会计师对企业所编制的财务报表进行审计,并对财务报表是否按照适用的会计准则和相关的会计制度编制,是否在所有重大方面公允地反映了被审计单位的财务状况、经营成果和现金流量进行审计。

二、审计报告的作用

一般认为,注册会计师签发的针对企业年度财务报表出具的审计报告,具有鉴证作用、保护作用和证明作用。

1. 鉴证作用

注册会计师签发的审计报告，不同于政府审计和内部审计的审计报告，是以超然独立的第三方身份，对被审计单位财务报表的合法性、公允性发表意见。这种客观意见，具有鉴证作用。这种鉴证作用，得到了政府及其各部门和社会各界的普遍认可。政府有关部门，如财政部门、税务部门等了解、掌握企业的财务状况和经营成果的主要依据是企业提供的财务报表。财务报表是否合法、公允，主要依据注册会计师的审计报告做出判断。股份制企业的股东，主要依据注册会计师的审计报告来判断被投资企业的财务报表是否公允地反映了企业财务状况和经营成果，以进行投资决策等。

2. 保护作用

注册会计师通过审计，可以对被审计单位的财务报表出具不同类型审计意见的审计报告，以提高或降低财务报告信息使用者对财务报表的信赖程度，能够在一定程度上对被审计单位的财产、债权人和股东的权益及企业利害关系人的利益起到保护作用。如投资者为了减少投资风险，在进行投资之前，必须要查阅被投资企业财务报表和注册会计师的审计报告，了解被投资企业的经营情况和财务状况。投资者根据注册会计师的审计报告做出投资决策，可以降低其投资风险。

3. 证明作用

审计报告是对注册会计师审计任务完成情况及其结果所做的总结，它可以表明审计工作的质量并明确注册会计师的审计责任。因此，审计报告可以对审计工作质量和注册会计师的审计责任起证明作用。通过审计报告，可以证明注册会计师在审计过程中是否实施了必要的审计程序，是否以审计工作底稿为依据发表审计意见，发表的审计意见是否与被审计单位的实际情况相一致，审计工作的质量是否符合要求。通过审计报告，可以证明注册会计师审计责任的履行情况。

三、注册会计师出具的审计报告

财务报表审计是注册会计师的一项法定审计业务。财政部制定的《中国注册会计师审计准则第 1101 号——注册会计师的总体目标和审计工作的基本要求》和《中国注册会计师审计准则第 1501 号——对财务报表形成审计意见和出具审计报告》，对企业财务报表审计的目标、范围和审计报告做出了详细规定。

1. 财务报表审计的目标

注册会计师的目标是：①在评价根据审计证据得出的结论的基础上，对财务报表形成审计意见；②通过书面报告的形式清楚地表达审计意见。

2. 注册会计师对财务报告的评价内容

注册会计师应当依据适用的财务报告编制基础特别评价下列内容：
1) 财务报表是否恰当地披露了所选择和运用的重要会计政策。

做出这一评价时，注册会计师应当考虑会计政策与被审计单位的相关性，以及会计政策是否以可理解的方式予以表述。

2) 所选择和运用的会计政策是否符合适用的财务报告编制基础，并适合被审计单位的具体情况

3) 管理层做出的会计估计是否合理

4) 财务报表列报的信息是否具有相关性、可靠性、可比性和可理解性。

做出这一评价时，注册会计师应当考虑：

① 应当包括的信息是否均已包括，这些信息的分类、汇总或分解及描述是否适当；

② 财务报表的总体列报(包括披露)是否由于包括不相关的信息或有碍正确理解所披露事项的信息而受到不利影响。

5) 财务报表是否做出充分披露，使预期使用者能够理解重大交易和事项对财务报表所传递信息的影响

6) 财务报表使用的术语(包括每一财务报表的标题)是否适当。

3. 审计报告

(1) 审计意见

审计报告的第一部分应当包含审计意见。如果认为财务报表在所有重大方面均按照适用的财务报告编制基础的规定编制并实现公允反映，注册会计师应当发表无保留意见。

当存在下列情形之一时，注册会计师应当按照《中国注册会计师审计准则第1502号——在审计报告中发表非无保留意见》的规定，在审计报告中发表非无保留意见：

① 根据获取的审计证据，得出财务报表整体存在重大错报的结论；

② 无法获取充分、适当的审计证据，不能得出财务报表整体不存在重大错报的结论。

如果财务报表没有实现公允反映，注册会计师应当就该事项与管理层讨论，并根据适用的财务报告编制基础的规定和该事项得到解决的情况，决定是否有必要按照《中国注册会计师审计准则第1502号——在审计报告中发表非无保留意见》的规定在审计报告中发表非无保留意见。

如果对财务报表发表无保留意见，除非法律法规另有规定，审计意见应当使用"我们认为，后附的财务报表在所有重大方面按照[适用的财务报告编制基础(如企业会计准则等)]的规定编制，公允反映了[……]"的措辞。

如果适用的财务报告编制基础是国际财务报告准则、国际公共部门会计准则或者其他国家或地区的财务报告准则，注册会计师应当在审计意见部分指明适用的财务报告编制基础是国际财务报告准则、国际公共部门会计准则，或者指明财务报告编制基础所属的国家或地区。

(2) 形成审计意见的基础

审计报告应当包含标题为"形成审计意见的基础"这部分。该部分应当紧接在审计意见部分之后，并包括下列方面：

① 说明注册会计师按照审计准则的规定执行了审计工作；

② 提及审计报告中用于描述审计准则规定的注册会计师责任的部分；

③ 声明注册会计师按照与审计相关的职业道德要求独立于被审计单位，并履行了职业道德方面的其他责任。声明中应当指明适用的职业道德要求，如中国注册会计师职业道德守则；

④ 说明注册会计师是否相信获取的审计证据是充分、适当的，为发表审计意见提供了基础。

(3) 管理层对财务报表的责任

审计报告应当包含标题为"管理层对财务报表的责任"的部分。审计报告中应当使用特定国家或地区法律框架下的恰当术语，而不必限定为"管理层"。在某些国家或地区，恰当的术语可能是"治理层"。

管理层对财务报表的责任部分应当说明管理层负责下列方面：

① 按照适用的财务报告编制基础的规定编制财务报表，使其实现公允反映，并设计、执行和维护必要的内部控制，以使财务报表不存在由于舞弊或错误导致的重大错报；

② 评估被审计单位的持续经营能力和使用持续经营假设是否适当，并披露与持续经营相关的事项（如适用）。对管理层评估责任的说明应当包括描述在何种情况下使用持续经营假设是适当的。

(4) 注册会计师对财务报表审计的责任

审计报告应当包含标题为"注册会计师对财务报表审计的责任"这一部分。

注册会计师对财务报表审计的责任部分应当包括下列内容：

1) 说明注册会计师的目标是对财务报表整体是否不存在由于舞弊或错误导致的重大错报获取合理保证，并出具包含审计意见的审计报告。

2) 说明合理保证是高水平的保证，但并不能保证按照审计准则执行的审计在某一重大错报存在时总能发现。

3) 说明错报可能由于舞弊或错误导致。

在说明错报可能由于舞弊或错误导致时，注册会计师应当从下列两种做法中选取一种：

① 描述如果合理预期错报单独或汇总起来可能影响财务报表使用者依据财务报表做出的经济决策，则通常认为错报是重大的；

② 根据适用的财务报告编制基础，提供关于重要性的定义或描述。

4) 说明在按照审计准则执行审计工作的过程中，注册会计师运用职业判断，并保持职业怀疑。

5) 通过说明注册会计师的责任，对审计工作进行描述。这些责任包括：

① 识别和评估由于舞弊或错误导致的财务报表重大错报风险，设计和实施审计程序以应对这些风险，并获取充分、适当的审计证据，作为发表审计意见的基础。由于舞弊可能涉及串通、伪造、故意遗漏、虚假陈述或凌驾于内部控制之上，未能发现由于舞弊导致的重大错报的风险高于未能发现由于错误导致的重大错报的风险。

② 了解与审计相关的内部控制，以设计恰当的审计程序，但目的并非对内部控制的有效性发表意见。当注册会计师有责任在财务报表审计的同时对内部控制的有效性发表意

见时，应当略去上述"目的并非对内部控制的有效性发表意见"的表述。

③ 评价管理层选用会计政策的恰当性和做出会计估计及相关披露的合理性。

④ 对管理层使用持续经营假设的恰当性得出结论。同时，根据获取的审计证据，就能对被审计单位持续经营能力产生重大疑虑的事项或情况是否存在重大不确定性得出结论。如果注册会计师得出结论认为存在重大不确定性，审计准则要求注册会计师在审计报告中提请报表使用者关注财务报表中的相关披露；如果披露不充分，注册会计师应当发表非无保留意见。注册会计师的结论基于截至审计报告日可获得的信息。然而，未来的事项或情况可能导致被审计单位不能持续经营。

⑤ 评价财务报表的总体列报（包括披露）、结构和内容，并评价财务报表是否公允反映相关交易和事项。

⑥ 说明注册会计师与治理层就计划的审计范围、时间安排和重大审计发现等事项进行沟通，包括沟通注册会计师在审计中识别的值得关注的内部控制缺陷。

⑦ 对于上市公司财务报表审计，要指出注册会计师就已遵守与独立性相关的职业道德要求向治理层提供声明，并与治理层沟通可能被合理认为影响注册会计师独立性的所有关系和其他事项，以及相关的防范措施（如适用）。

⑧ 对于上市公司财务报表审计，以及决定按照《中国注册会计师审计准则第1504号——在审计报告中沟通关键审计事项》的规定沟通关键审计事项的其他情况，说明注册会计师从与治理层沟通过的事项中确定哪些事项对本期财务报表审计最为重要，因而构成关键审计事项。注册会计师应当在审计报告中描述这些事项，除非法律法规禁止公开披露的事项，或在极少数情形下，注册会计师合理预期在审计报告中沟通某事项造成的负面后果超过在公众利益方面产生的益处，因而确定不应在审计报告中沟通该事项。

思 考 题

1. 简述财务报表体系。
2. 财务报表的种类有哪些？
3. 财务报表的编制要求是什么？
4. 什么是财务报表附注？
5. 什么是资产负债表？什么是利润表？什么是现金流量表？
6. 编制现金流量表的直接法与间接法是什么？
7. 简述财务报表审计的四种意见类型。